珞珈环境法学译丛

教育部人文社会科学
重点研究基地

武汉大学
环境法研究所

《环境与发展国际盟约（草案）》评注

世界自然保护联盟环境法中心
环 境 法 国 际 理 事 会

胡斌 译 秦天宝 审校

WUHAN UNIVERSITY PRESS
武汉大学出版社

图书在版编目(CIP)数据

《环境与发展国际盟约(草案)》评注/世界自然保护联盟环境法中心,环境法国际理事会;胡斌译.—武汉:武汉大学出版社,2015.7
珞珈环境法学译丛
ISBN 978-7-307-15576-3

Ⅰ.环… Ⅱ.①世… ②环… ③胡… Ⅲ.国际法—环境保护法—草案—世界 Ⅳ.D996.9

中国版本图书馆 CIP 数据核字(2015)第 072546 号

责任编辑:辛　凯　　责任校对:汪欣怡　　版式设计:马　佳

出版发行:**武汉大学出版社**　(430072　武昌　珞珈山)
(电子邮件:cbs22@whu.edu.cn 网址:www.wdp.com.cn)
印刷:武汉中科兴业印务有限公司
开本:720×1000　1/16　印张:17.5　字数:250 千字　插页:1
版次:2015 年 7 月第 1 版　　2015 年 7 月第 1 次印刷
ISBN 978-7-307-15576-3　　定价:39.00 元

本书对地理实体的指定，以及材料的展示，并不代表世界自然保护联盟或环境法国际理事会对关于任何国家、领土、地区或其政府之法律地位以及边界划分问题表示任何观点。

本书所公布的观点并不一定就是世界自然保护联盟或环境法国际理事会的观点。

本《盟约》第四版的制定及出版是“伊丽莎白·豪伯环境法和政策基金会（加拿大、美国、德国）”资助的一个项目。

出版：世界自然保护联盟，瑞士格朗

世界自然保护联盟环境法项目，德国波恩

环境法国际理事会，德国波恩

1995 年第一版

2000 年第二版

2004 年第三版

2010 年第四版

索引：世界自然保护联盟环境法项目（2010 年）。环境与发展国际《盟约》、《盟约（草案）》第四版：最新版。与环境法国际理事会合作制定。瑞士格朗：世界自然保护联盟 . xxxii+206 页。

ISBN：978-2-8317-1286-4 第四版

2-8317-0764-1 第三版

2-8317-0524-X 第二版

2-8317-0288-7 第一版

版面设计：Barbara Weiner，出版封面主管

印刷：medienHaus Plump GmbH，Rheinbreitbach

联系方式：

IUCN Publications Services

International Council of Environmental Law（ICEL）

RueMauverney 28
1196 Gland
瑞士
Tel. ：++41 22 999 0000
Fax：++41 22 999 0010
books@ iucn. org
www. iucn. org/publications

Postfach 12 03 69
53045 Bonn
德国
Tel. ：++49 228-2692228
Fax：++49 228-2692251
icel@ intlawpol. org
www. i-c-e-l. org

同时提供世界自然保护联盟出版物目录。
本书采用 100 克/m² 纸张平版印刷。

目　录

中文版序言

《环境与发展国际盟约（草案）》（以下简称《盟约》）旨在达成一个国际框架协议，以巩固和发展现有的环境与发展的法律原则。

自从17年前来自全球的顶尖专家起草了第一版以来，《盟约》经历了三次更新，以确保其符合国际公法领域的最新发展。

《盟约》可以追溯到1982年联合国大会通过的《世界自然宪章》，以及世界环境和发展委员会（又称为“布伦特兰委员会”）专家工作组的建议。为了把软法文件转化为具有国际约束力的条款，世界自然保护联盟环境法委员会（CEL）与环境法国际理事会（ICEL）合作，起草了第一版并提交给1992年召开的联合国环境与发展大会。后来，为了把这次大会的成果吸收进来并解决一些例如国际义务方面的复杂问题，又及时召开了数次会议，《盟约》的正式文本被提交给1995年召开的联合国国际公法大会。

随后，出现了一些新的情况，国家的履约也取得了进展；为整合环境与发展问题，世界自然保护联盟和环境法国际理事会在1999年对《盟约》文本作了一个评估。原有的和新的合作伙伴也提供了很多有价值的建议，随后在联合国总部大楼条约签署办公室举办了一次文本修订会议。在1999年召开的第54届联合国大会上，第二版被提交给联合国会员国。

第二版发布不到5年的时间，在约翰内斯堡全球峰会后，《盟约》的文本有必要加以更新。针对履行和可持续发展的社会及经济支柱等问题，起草者开展了广泛的评估。经过本次实质性的修订，2004年发布的第三版表明环境法根本的法律原则正被更稳固地建立起来。

在第三版颁布后的6年时间里，《盟约（草案）》继续发挥其作为一个权威的参考文献和备忘录的功能，为全世界的立法者、公务人员和利益相关者的工作提供支持，使他们在起草新的或修订已有政策和法律的时候，能够体现出国际环境法的原则与规则。《盟约（草案）》根据2008年世界自然保护联盟第四次世界保护大会决议的要求，为适应本领域的最新发展情况，环境法国际理事会于2010年召集了一次会议，世界自然保护联盟环境法委员会的前三任主席也参与其中。本次逐条评估修改所形成的第四版，在联合国第65届大会期间生物多样性高级别会议（High-level Event on Biodiversity）上被提交给联合国成员国。

《盟约（草案）》以世界自然保护联盟政策和法律第31号丛书的形式发布，被分为两个部分，英文版包括《盟约（草案）》的条款和大量解释并提供每个条款的法律出处的注释。同时，文件还包括了贡献者清单、缩略词表、国际法律文件列表以及关键词索引。此外，还要对那些用专业和热忱把条款翻译成德文、意大利文和西班牙文的朋友和伙伴们表示特别的感谢。

我们非常感谢武汉大学环境法研究所的胡斌博士和秦天宝教授承担中文版的翻译工作，翻译文本如实地表述了《盟约（草案）》的精髓，将有利于促进国际社会的合作，使人们更多地关注环境法律和政策在维护国际和平与安全中所发挥的作用。

Walfgang E. Burhenne

沃尔夫冈·E. 伯荷尼

环境法国际理事会执行主席

第四版序言

在第三版颁布后的6年时间里，《环境与发展国际盟约（草案)》继续发挥其作为一个权威的参考文献和备忘录的功能，为全世界的立法者、公务人员和利益相关者的工作提供支持，使他们在起草新的或修订已有政策和法律的时候，能够体现出国际环境法和发展的原则与规则。最高政治层面对环境问题给予了更多的关注，这是环境法律和政策在维护国际和平和安全中所发挥的作用的一个令人鼓舞的表现。

尽管第三版的《环境与发展国际盟约（草案)》巩固并发展了已有的有关环境和发展的法律原则，取得了成功，它还是应当依据最新的形势发展来进行更新，特别是要符合联合国大会及其专门机构及项目的最新决定。

有鉴于此，根据2008年世界自然保护联盟第四次世界保护大会第4.101号决议的要求，环境法国际理事会被授权修订《环境与发展国际盟约（草案)》。

于是，环境法国际理事会召集其成员，包括世界自然保护联盟环境法委员会的成员，对第三版提出修改意见。经过一年多的准备、编辑和评估，环境法国际理事会和世界自然保护联盟环境法项目召集了所有的参与者参加了于2010年1月14日—15日在德国波恩举行的会议，探讨修订问题。

来自不同领域的18名专家都作出了各自的贡献，世界自然保护联盟环境法委员会的前三任主席也参与其中，保持了《环境与发展国际盟约（草案)》的延续性。在Donald W. Kaniaru主席的主持下，专家们经过2天的深入讨论，对《环境与发展国际盟约（草案)》的所有条款进行了逐条的评估，并针对注释提出了修订及补充意见。

非常感谢Dinah Shelton承担了更新评注的辛苦工作，非常感谢Peter Sand贯穿始终的辛勤付出。

最后，非常感谢伊丽莎白·豪伯环境法和政策基金会所提供的坚定支持，包括举办会议和发表《环境与发展国际盟约（草案）》及其以前的版本。

Walfgang E. Burhenne
沃尔夫冈·E. 伯荷尼
环境法国际理事会执行主席

第三版序言

《环境与发展国际盟约（草案）》是一张蓝图，其目标是达成一个国际框架（或伞状）协定，以便巩固并发展与环境和发展相关的现有法律原则。意图是想让本《环境与发展国际盟约》一直保持成一个“活着的文件”直到它被当做多边谈判的一个基础，这也是那些参与这一项目的人们所希望和期待的。

基于这一方式，在第一版正式发布仅 3 年后《环境与发展国际盟约》就开始制定第二版了。在联合国国际法十年结束之际，在 1999 年 11 月 17 日，第二版被提交给联合国会员国。

虽然第二版发布至今还不到 5 年的时间，但是国际环境法领域已经取得了重要的新发展，新千年之初的快速发展证明有必要对《环境与发展国际盟约》再作一次评估。

正是基于这样的原因，世界自然保护联盟环境法委员会和环境法国际理事会（ICEL）于 2003 年 3 月 10 日至 11 日在世界自然保护联盟环境法中心（波恩）召集了一个小型的专家会议。会议的主要目的是评估约翰内斯堡可持续发展世界峰会的成果对本《环境与发展国际盟约》的影响，特别是对国际协议实施问题的影响。同时，大家认为把《环境与发展国际盟约》文本当做一个整体来进行修订是合适和便利的，还要考虑到，自第二版以来与《环境与发展国际盟约》相关的其他国际法的新进展。为方便更新过程，本次会议详查了许多重要的新条约和软法文件，包括《约翰内斯堡宣言》及其《实施计划》。

这一广泛评估带来的一个结果是，《环境与发展国际盟约》文本作了多方面的变动。在更新《环境与发展国际盟约》时重点关注了“社会及经济支柱”问题，这就避免了掉进仅聚焦于“环境支柱”这一陷阱。变动的性质和范围就自然导致了会议结束后对

《环境与发展国际盟约》的修订。

在会议开端，绝大多数与会者认为《环境与发展国际盟约》的整体构架和内容应当保持不变，本文本身只需要细小的修订。但是，随着讨论的深入，与会者发现了越来越多的细节需要调整，这样所需的变动就超出了预想的范围。简而言之，《环境与发展国际盟约》改动的范围之大充分证明了此次评估会议及制定第三版的必要性。

从另一个视角来看，《环境与发展国际盟约》又经历了一轮实质性修订这一事实充分表明，环境法本身在持续地发展，而且环境法的基本法律原则也被建设得越来越稳固。通过确保《环境与发展国际盟约》文本能够体现这些新进展，即发挥其作为一个权威的参考文献和备忘录的功能，为全世界的立法者、公务人员和利益相关者的工作提供支持，使他们在起草新或修订已有政策和法律的时候，能够体现出国际环境法和发展的原则与规则。

遵照以前的做法，2003 年 3 月会议的与会者被收录进贡献者花名册中。感谢他们在会议期间及会后的投入。同时还要感谢世界自然保护联盟环境法委员会主席 Nicholas Robinson 先生以及他的前任 Parvez Hassan 先生，他们对《环境与发展国际盟约》投入了持续的关注和信心。

非常感谢 Dinah Shelton 女士，她为第三版继续充当了报告员，为了反映出会议所作出的决定并据此对《环境与发展国际盟约》进行修订，她为制定《环境与发展国际盟约》的修订版承担了大量辛苦的工作。

最后同样重要的是，非常感谢伊丽莎白·豪伯环境法和政策基金会（加拿大）所提供的支持，它促成了此次会议的召开；同时也要感谢联合国，它委派联合国秘书处的成员、特别是法律事务办公室的成员，积极参加了这次评估会议。

Walfgang E. Burhenne
沃尔夫冈·E. 伯荷尼
世界自然保护联盟环境法委员会指导委员会委员
环境法国际理事会执行主席

第二版序言

1995 年,《环境与发展国际盟约（草案)》在联合国国际公法大会上被启动。Edith Brown-Weiss 教授在这个场合的讨论中指出有必要制定一个框架条约以便把环境与发展的问题结合起来。

从那时起，在国际上及区域层面都产生了数个新的国际协议,协议主题涉及跨界及洄游鱼类、荒漠化以及决策的公众参与。国家实践也在逐步地寻求把环境与发展整合在一起。考虑到国际公法取得的这些新进展，作为盟约的两个发起人，世界自然保护联盟(IUCN）环境法委员会和环境法国际理事会（ICEL）对文本做了一个评估，目的是为了反映出这些新进展。

我们广泛邀请各方对《盟约》的文本进行评论，收到了来自全世界各地的大量的有价值的评论，我们感到很高兴。我们也针对 1994 年以来所有缔结的新条约作了一个清单①，要求一个小规模法律专家组对收到的评论以及新条约对《盟约》的影响进行评估,并适当修订《盟约》的文本。我们也咨询了《地球宪章》的起草者以确保这两个文件中的原则能保持统一。

我们确信，为了把那些影响到环境与发展的部门条约所体现的原则编织在一起，越来越有必要制定一个框架协议，在 1999 年 5 月 20 日至 22 日，世界自然保护联盟和环境法国际理事会召集这个小规模法律专家组召开了一次会议。参与制定《盟约》第一版的一位贡献者，来自乌拉圭的 Ramon Piriz-Ballon 大使主持了这次会议，会议是在联合国总部大楼条约签署办公室进行的。不只一个会

① 脚注列举了 1994 年以来通过的主要条约。

议代表提出，会议召开的地点是一个好预兆，针对所需的修订更新，这一地点有助于鼓励勤奋的工作、激烈的争论以及批判性评估。在会议过程中，争议得到了协调解决，后文的修订文本体现了达成的共识。

非常感谢 Dinah Shelton 教授，作为会议的报告员，她收集到了所有已作出决定的事项，她还根据需要对《盟约》的评注进行了修改。有许多人都对本次修订作出了评论和贡献，这里就不一一详列。我们把 1999 年 5 月会议的与会者列进了贡献者清单之中。

经常有人问我们：这个《盟约》的前景会如何。自从这一项目开始以来，我们的回答都是始终如一的。通过国际谈判达成一个具有约束力的协定，这需要各国的广泛同意。虽然许多国家都表达了促进可持续发展的强烈愿望，但是在不少国家内部，针对环境可持续发展的法律规定还是存在着不少的争议。我们清楚地认识到，涉及可持续发展的国际法的法典化还需要很长的时间。各方的共识正在增加，这有利于达成一个类似于本《盟约》的框架协定。许多国家正在考虑或者已经决定采取一个类似的框架法以整合其国内的部门法。很明显，本《盟约》对国际规范进一步巩固后，将会有助于它们在国内层面的融合及实施，这一观点也得到了越来越多的共识。

同时，在国际谈判中，外交官指出他们正在把本《盟约》当做一个备忘录来使用，以确保各种条约义务都能符合可持续发展，并在新的谈判中协调他们的立场；为此，我们深受鼓舞。同时，我们也获知，许多国家的立法者以及主管部长和公务人员正在把本《盟约》当做是一个权威的借鉴和有价值的备忘录，用于旨在促进可持续发展的国家立法之中。

因此，我们决定继续努力加强这一整体框架协定，为它的进展争取足够的支持。我们充分认识到，在国际谈判的过程中，本《盟约》条款的内容将会发生改变。这是可以预期的。但是，如果 1992 年联合国环境与发展大会的与会国的期望能够被实现，一个类似于本《盟约》的框架协定将会极大地促进迈向可持续发展的进程。

Walfgang E. Burhenne
沃尔夫冈·E. 伯荷尼
环境法国际理事会执行主席

Nicholas A. Robinson
尼古拉斯·A. 罗宾逊
世界自然保护联盟环境法委员会主席

第一版序言

《联合国宪章》负责管理国家之间的关系。《世界人权宣言》适用于国家与个人的关系。是时候设计一个盟约来管理人类与环境之间的关系了。

《联合国秘书长 1990 年报告》

1992 年是一个具有重大历史意义的分水岭，这一年召开了世界有史以来最大的一次国际会议，即联合国环境与发展大会。共有 178 个国家的代表参加了此次大会，其中包括许多国家元首和政府首脑。联合国环境与发展大会行动规划，即《21 世纪议程》，明确了将环境与发展问题结合起来的具体步骤。联合国环境与发展大会进一步认可了环境法的作用，它可以指导所有国家去努力实现环境与发展的结合。①

对制定及实施有关环境与发展问题的全球、区域及国家政策而言，法律是一个核心的组成部分。联合国环境与发展大会强调，有必要“在国家、分区域、区域及国际层面把环境与发展问题结合起来，”② 包括：（1）精心设计“环境与发展问题之间的平衡；”（2）阐明各种现有条约之间的关系；（3）确保国家参与到这些法律手段的制定及实施过程中，特别要关注发展中国家。③

---

① see N. A. Robinson, P. Hassan and F. Burhenne-Guilmin (eds.), 1992-94. Agenda 21 & The UNCED Proceedings, Volumes I-VI, Oceana Publications, New York.

② 《21 世纪议程》第 38.7 段。

③ 《21 世纪议程》第 39.1 段。

世界自然保护联盟环境法委员会（CEL）与环境法国际理事会（ICEL）紧密合作，在联合国环境规划署法律和制度项目活动中心（ELI/PAC）的帮助下，通过制定这一《环境与发展国际盟约（草案)》，对联合国环境与发展大会的建议作出了回应。

为什么各国需要一个有关环境与发展的盟约呢？虽然在这一主题上已经出现了大量的国际法，但是，就像国内法一样，国际法的制定是逐步递增的，很大一部分立法采取了一种零碎和特别的方式。绝大多数国际协议在本质上都是部门化的，它们的制定发生在不同的时间，在国际知识及问题各不相同的阶段。它们也会随着区域发生变化，适用于世界某些地区的规范无法在其他地区适用，或者虽然是全球性规范，却没有获得普遍的批准。

需要一个《盟约（草案)》的理由其实是很明显的：

- 提供一个法律框架以便为将来整合环境与发展的各种问题提供支持；
- 建立一套约定的、单独的基本原则（类似于“行为准则”），许多大陆法系法、社会主义及神权传统（的国家）都采用了这一方法，它可以为国家、国际组织及个人提供指导；
- 把环境与发展“软法”文件中被广泛认可的、分散的大量原则（它们中的许多已经成为国际习惯法的宣示）整合成一套单独的法律框架；
- 促进现有条约与其实施之间的制度联系及其他联系；
- 加强在基本法律规范上的一致性，既包括国际层面也包括国内层面，在国际层面上，有些国家并未参加所有的环境条约，而这些环境条约体现出的原则则是普世认可的。在国内层面上，不同部门间的行政管辖经常是分散的，立法也存在着空白。
- 通过设置全球背景下的基本原则（虽然这些原则只是出现于某些地方）和增加一些极端重要的问题（虽然这些问题并未出现在任何一个全球条约中），填补国际法的空白；
- 通过使非关税贸易壁垒（由千差万别的环境与发展政策所

造成）减到最少，帮助建立国际贸易中的公平竞争环境；

- 通过整合成一套单独的文件规范，节约有限的资源及外交谈判时间，这套规范可以被借鉴、融入到将来的协议中，这样就避免了不必要的重新制定或重复制定，除非重新制定是有必要的；
- 为将来立法工作的开展提供一个共同的基础。

《21 世纪议程》第 39 章详细阐明了条约制定的“关键方面”：必须明确并同意“普遍原则”，“为今后在全球、区域或分区域一级上的立法工作确定优先事项”；必须确保“为环境采取的贸易政策措施不会成为一种伪装后的国际贸易壁垒”，确定适当的方式以便尽量减少或解决“环境与社会/经济协议或文书”的冲突。①

社会经济发展与可再生自然资源（如鱼类、土壤、森林及淡水）的维持这两者之间的结合是至关重要的。因为污染程度在不断加重，特别是在发展中国家的城市中，为了维护公共健康就必须减少污染。必须加强从“北”到“南”的技术转让。随着我们对自然世界认识的增加，我们也学会了如何更好地保护及管理自然；虽然自然保护区和公园变得越来越重要，生物多样性保护的创新技术也一直被采用，但是，许多濒危物种及其他物种还是以一种惊人的速度在遭受毁灭。所有这些问题都是相互关联的，它们需要在全球及地区层面加以解决。

如果没有一项普遍性的国际法律文件（用于解决环境与发展的整个领域问题），要实现这一目标是很困难的。1972 年《关于人类环境的斯德哥尔摩宣言》、1982 年《世界自然宪章》以及 1992 年《关于环境与发展的里约宣言》包含了重要的、被广泛认可的相关原则，但是这些原则的绝大多数并不能被直接实施。它们宣示了国际社会的目标，有时还为如何实现这些目标提供了指导。但是，它们都没有规定一个普遍性的国际义务，即所有国家都有义务保护环境这一整体，这一点可以与《联合国海洋法公约》第 192 条进行比较。

① 《21 世纪议程》第 39. 3 段。

在国际法中，经常会出现法律原则从建议性“软法”演进成法律明文规定的“硬法”。例如，1966 年关于人权的两个联合国公约（指 1966 年《经济、社会和文化权利国际盟约》和 1966 年《公民权利和政治权利国际公约》）的前身就是 1948 年《世界人权宣言》这样一项软法文件。这两项公约用有约束力的方式规定了《世界人权宣言》所阐明的原则。基于这个原因，关于环境与发展的这一文本应当被称做一个“《盟约》”，这样才能凸显本协定的特殊重要性。联合国秘书长在 1990 年也提出了同样的建议（见上文）。在《斯德哥尔摩宣言》、《世界自然宪章》以及后续的《里约宣言》的基础上，世界自然保护联盟环境法委员会一致认为，下一步就是制定一个关于环境的总体框架协定。

当《世界自然宪章》在 1982 年联合国大会上获得通过并被庄严宣告以后，① 在 1975 年起草了该文件的世界自然保护联盟环境法委员会工作组认识到，有必要探讨是否应当制定一个“硬法”来跟进《世界自然宪章》。世界环境与发展委员会（也称“布伦特兰委员会”，并于 1983 年同时成立了环境法专家组）也持有相同的观点。环境法专家组建议联合国应当制定一项新的有法律约束力的关于环境保护与可持续发展的全球公约。② 世界环境与发展委员会在 1986 年则建议应当制定一项关于环境保护与可持续发展的普遍宣言和一项公约。③ 于是，在 1988 年，在借鉴大量已有的“软法”文件的基础上，在哥斯达黎加圣何塞召开的世界自然保护联

---

① 有关《世界自然宪章》起草过程的具体介绍，参见 W. Burhenne 和 W. Irwin（1986 年）。《世界自然宪章》（第二版）。Erich Schmidt Verlag 出版社，柏林。

② 建议 1 指出，应当在联合国的支持下，制定一个新的有法律约束力的全球公约。（1）这一公约应当巩固现有的法律原则并建立新的法律原则，为了确保到 2000 年及更远历史时期的环境保护及可持续发展，公约还应规定各国单独及集体的相应权利及责任。（2）这一公约还应当制定有效的措施以便保护那些权利以及履行那些义务……

③ 参见世界环境与发展委员会（1987 年）。《我们共同的未来》，牛津大学出版社，牛津，第 333 页。

盟大会明确表示，正式支持世界自然保护联盟环境法委员会继续开展其已开始的工作，即准备材料以便制定一个环境保护与可持续发展国际公约。①

于是，一个新的正式的世界自然保护联盟环境法委员会工作组得以成立，并在 1989 年 11 月在德国波恩召开了一次会议，Walfgang E. Burhenne 博士主持了会议。工作组的人员构成包括了全球各地的顶尖专家，其中包括政府律师、法官、学者及私人律师，他们都以个人名义发挥了作用。他们中的许多人曾经积极参加过 1972 年斯德哥尔摩会议、世界自然保护联盟环境法委员会《世界自然宪章》工作组以及布伦特兰委员会环境法专家组。这次会议讨论的基础是一份标题为“环境保护与自然资源可持续利用盟约草案”的文件。与会者提出了许多评论及意见，这些都体现在后续的《盟约》草案中。

1991 年 3 月，在 Parvez Hassen 博士（他于 1990 年成为环境法委员会主席）的主持下，召开了第二次会议。在这次会议上，特别关注到了发展中国家的问题，针对废物的跨界转移以及跨国公司导致的环境退化制定了相应条款。世界自然保护联盟环境法委员会工作组促使联合国环境与发展大会筹备委员会也加入到工作中。应冰岛及其他国家的请求，《盟约》当时的版本被联合国翻译为联合国的六种官方语言，并被当做一个背景材料分发给了联合国环境与发展大会筹备委员会第三工作组。②

第三次会议发生在联合国环境与发展大会之后，会议目的是努力把联合国环境与发展大会的成果融入到《盟约》草案中。环境法委员会工作组决定扩大成员规模，把那些对联合国环境与发展大会作出了重大贡献的专家也吸收进来。

---

① 关于起草过程的具体介绍，参见 P. Hassan（1993 年），“《环境与发展国际《盟约（草案）》》：背景及展望”，于 A. Kiss 和 F. Burhenne-Guilmin（编辑），“一个针对环境的法律：纪念 WOLFGANG E. BURHENNE 文集”，环境政策与法律论文（EPLP）特刊，世界自然保护联盟，Gland and Cambridge 出版社，第 43 页及后文。

② 后来被重新制定为联合国文件 A/CONF/151/PC/WG. III/4。

1993年4月，一个小规模的起草委员会召开会议，继续开展工作以便把联合国环境与发展大会的观点融入到《盟约》草案之中。重组了《盟约》文本，增加了一个“基本原则部分”，以处理发展权、消除贫困、人口政策、浪费的消费模式以及国际资金机制等问题。《盟约》的最终标题也改为《环境与发展国际盟约》。

扩充后的工作组的第四次全体会议于1993年9月在波恩举行。因为《盟约》包含了重要的道德要素，世界自然保护联盟伦理工作组的顶级专家受邀参加了会议。同时，考虑到生物多样性的重要性，世界自然保护联盟物种生存委员会主席George Rabb也参加了会议并作出了积极贡献。起草委员会的建议整体上顺利获得通过。北—南问题再次出现在了《盟约》工作组面前，正如它出现于其他的国际场合（如联合国环境与发展大会）一样。与会者努力使讨论及投入不会受到地理背景或区域观念的支配或影响，以便实现友好的、可接受的解决方案。与会者深刻认识到了发展中国家的关注，这对复杂问题的解决至关重要。

在1993年12月和1994年4月，起草委员会再次召开了会议，把全体工作组的意见及评论加入到《盟约》文本中。在1994年1月于布宜诺斯艾利斯召开的世界自然保护联盟大会上，针对本《盟约》专门召开了一个为期两天的高级研讨会，研讨会对《盟约》作出了积极的评价并提供了许多有益的意见及建议。关于《盟约》的最后一次会议于1994年在纽约举行，一个国际责任问题专家小组审查并重新制定了涉及这一复杂法律问题的某些条款。

除了在布宜诺斯艾利斯接受过评估以外，美国国际法学会于1993年在美国华盛顿召开的会议①以及东南亚海洋法、政策与管理规划署于1994年在泰国曼谷召开的会议中的讨论结果也为《盟约》提供了新的理念和支持。在1995年上半年，联合国环境规划署和世界自然保护联盟在肯尼亚内罗毕召开的会议以及国际法学家组织（亚洲）在印度海得拉巴召开的社会发展亚洲法大会，都对

---

① 参见P. Hassen，“迈向一个环境与发展国际《盟约》”，美国国际法学会文集，第513-522页（1993年）。

本《盟约》进行了讨论。

这一文件被分为两个部分。第一部分是《环境与发展国际盟约》的条文文本。第二部分是评注，它对《盟约》的每个条款进行了解释并提供了其法律出处。

《环境与发展国际盟约》包括一个前言和72个条款，这些条款依据主题分布在11个部分：

前言指明了构成《盟约》基础的科学现实，以及相关的社会、解决和伦理基础。它也提到了《盟约》的主要法律承诺。

第一部分用一个条款指出了本《盟约》的目标。

第二部分包含了最普遍认可的、已确立的国际环境法概念及原则，大量国际文件都宣告了这些概念及原则。《盟约》的其他部分都是基于这些"基本原则"。

第三部分针对各缔约方在环境上的义务创设了一个宽泛的框架，包括缔约方之间的义务、国际社会整体的义务以及每个人的义务。它把环境与发展结合在一起，并把权利与义务联系起来。本部分中的规定适用于本《盟约》所有的后续部分，特别是第四、第五及第六部分所涉及的具体义务。

第四部分规定了各缔约方在保护生物圈及其各种要素方面(包括自然及文化遗产)的具体义务。

第五部分涉及的是那些会对环境造成不利影响的物质、技术及活动。它明确指出，各缔约方有义务预防、控制并缓和这类物质、技术及活动对环境造成的损害。

第六部分规定了各缔约方在结构性问题和国际关系领域(它们都会影响到环境保护及可持续发展)上的义务，具体包括人口、武装冲突、国际贸易模式及资源利用模式。

第七部分包含并制定了关于跨界污染和资源共享方面的传统规定。

第八部分试图制定必需的国家及国际程序以便评估、监测及控制环境影响。它规定各缔约方有义务分享环境信息及技术、提供国际资金以及通过培训和教育来促进信息公开。

第九部分处理的是环境损害的法律后果问题，特别是义务、责任及救济的提供。

第十部分把《盟约》置于国际法的宽泛背景之下，它提及了《盟约》与现有条约的冲突问题及共同管辖权问题。它同时规定争端的避免及解决机制。

第十一部分规定了用于修订《盟约》的正式机制，详述了《盟约》的遵守方式，《盟约》的生效以及其他程序性问题。

本《盟约》的目标是成为一个可以构成国际谈判之基础的文件。这一项目是环境法国际理事会和世界自然保护联盟环境法委员会的一个合作项目，作为这两个机构的主席，我们应当确保起草小组的任何成员都不会自大地去预测各国将会接受怎样的条款，或者认为我们起草的文件是完美无缺的。我们由衷期望谈判者将会这样做。起草小组确实希望能够提供一个坚实的基础，在此基础上可以进行更多的国际讨论。

但是，必须承认，虽然我们曾经希望够更“激进”，但是我们还是不够“激进”，这是因为考虑到本《盟约》首先应当是现实的。因此，本《盟约》主要包括了三种类型的条款：

(1) 那些巩固了现有国际法原则的条款，包括那些被认为“硬化”时机已成熟的“软法”原则；

(2) 那些包含了非常适度的进步性的条款；

(3) 那些比第 (2) 点更激进，我们认为完全有必要的条款；

在 1995 年召开的第 50 届联合国大会上，这一《环境与发展国际盟约》被提交给联合国，我们希望本《盟约》能够成为一个谈判文件，以便达成一个环境保护与可持续发展全球公约。在很大程度上，实现可持续发展的一体化目标是联合国在将来 50 年中的首要挑战。

对本《盟约》做这样一个全面介绍其实是有原因的。这是为了强调这项工作的特殊目标范围。环境法委员会的目的不仅仅是编撰已有的环境法，还想要促进“软法”演变成具有约束力的法律。环境法委员会一直在努力加强实用性及现实性：它清楚地认识到，国际谈判进程有着天生的局限性，所以它决定制定一个易于各国接受的《盟约》草案。但这也绝不意味着我们是胆小的。当我们发现国际法的某些最新进展对实现联合国环境与发展大会的目标至关重要时，我们也相应作出了创新性规定。将来的国际进程将会判断出我们对平衡点的掌握是否恰当。

最后，我们非常感谢对本《盟约》作出了贡献的人们。许多人都对这一项目作出了贡献，人数多得无法统计，第25页（指英文版，译者注）列举出了最重要的贡献者。有几个贡献者来自于权威并重要的法律机构，例如，布伦特兰委员会法律专家组、国际法委员会、联合国环境与发展大会中的联合国成员国代表团以及国际法研究院。特别要单独感谢联合国环境规划署，它提供了数位高级法律职员积极、定期地参加了工作组的工作。还要感谢尼古拉斯·A. 罗宾逊（Nicholas A. Robinson）教授的贡献，他作为工作组的副主席提供了有价值的帮助。谈及这点，需要强调的是，这一进程的所有参与者都是基于个人身份在发挥作用，《盟约》的文本并不一定是一致同意的。

关于评注的问题，许多工作组的成员都提供了有价值的投入。特别要感谢亚历山大·基斯（Alexandre Kiss）和戴娜·谢尔顿（Dinah Shelton）的贡献，他们检查、编辑并完善了最后的文本。另外，我们还要感谢世界自然保护联盟环境法中心的理查德·G. 达拉索夫斯基（Richard G. Tarasofsky），他负责协调评注工作。

还要感谢荷兰政府和环境法国际理事会对我们工作提供的多方支持。最后，还要感谢世界自然保护联盟环境法中心的工作人员，他们为了帮助我们，长时间地勤奋工作。世界环境法委员会和环境法国际理事会时刻准备与关注本《盟约》的后续完善的所有各方进行合作。

Walfgang E. Burhenne 博士
沃尔夫冈·E. 伯荷尼
环境法国际理事会执行主席

Parvez Hassan 博士
帕尔韦兹·哈山
世界自然保护联盟环境法委员会主席

德国波恩和巴基斯坦拉合尔
1995年3月

本书的贡献者（第一版至第四版）

以下人员对制定本《盟约》草案及其评注作出了贡献,① 他们当中有的参加了工作组的会议②，有的提交了书面的意见：

Andronico Adede（肯尼亚），联合国法律事务办公室编纂副主任

Francis Auburn（澳大利亚），西澳大利亚大学法学副教授

Julio Barboza（阿根廷），大使，国际法委员会前任委员、特别报告员和主席

Richard A. Baer，Jr. （美国），康奈尔大学自然资源系教授

John Alan Beesley（加拿大），官佐勋章获得者、御用大律师，前任外交法律顾问；《联合国海洋法公约》起草委员会主席；国际法委员会委员；海洋保护大使

Mohammed Abdelwahab-Beckeshi（阿尔及利亚），奥兰大学法学院教授

R. J. Berry（英国），伦敦大学生物系教授；世界自然保护联盟伦理工作组成员

Bernhard Willem Boer（澳大利亚），悉尼大学法学院教授，澳大利亚环境法中心执行主任；武汉大学环境法研究所“千人计划”特聘教授

Charles-Hubert Born（比利时），天主教鲁汶大学城市规划、环境与

① 所有人员都根据各自的能力为盟约作出了贡献，但是，盟约的内容并不必然体现每个贡献者的观点；各位贡献者的头衔是他们对盟约作出最新贡献时所拥有的头衔。

② 以斜体字出现的人员至少参加过一次工作组会议。

公法教授

Michael Bothe（德国），法兰克福大学国际法和公法资深教授

文伯屏（中国），中国社会科学院研究员

Alan E. Boyle（英国），爱丁堡大学国际法教授

Wolfgang E. Burhenne（德国），议会间工作中心候任秘书长；环境法国际理事会执行主任；世界自然保护联盟环境法委员会前主席

Claire Burden（英国），皇家学会

Thomas Busha（英国），国际海事组织前高级顾问

Lynton Caldwell（美国），印第安纳大学政治学资深教授、公共及环境问题教授

J. Baird Callicott（美国），威斯康星大学史蒂文分校教授

Luis Camacho（哥斯达黎加），哥斯达黎加大学教授；世界自然保护联盟伦理学工作组成员

Arthur Campeau（加拿大），环境与可持续发展前任大使

Guillermo Cano（阿根廷），教授；大使；拉丁美洲法学会前任主席；联合国自然资源委员会委员

Trevor P. Chimimba（马拉维），联合国法律事务办公室编纂部高级官员

Lorne Clark（加拿大），国际航空运输协会法律顾问；大使；联合国环境规划署环境法工作组前任主席

Donna Craig（澳大利亚），麦考瑞大学法学院讲师；世界自然保护联盟国际委员会土著人工作组成员；世界自然保护联盟环境法委员会副主席

Clarence Dias（印度），发展法国际中心主席

Strachan Donnelley（美国），海斯丁中心环境伦理学教育处主任

O. P. Dwivedi（加拿大），圭尔夫大学政治学教授

Martin Edwards（加拿大），皇家军事学院物理学教授；世界自然保护联盟理事会前任理事

J. Ronald Engel（美国），美维神学院教授；世界自然保护联盟伦理学工作组主席

Jens Evensen（挪威），国际法院法官；国际问题中心

Richard Falk（美国），普林斯顿大学教授

Mohiuddin Farooque（孟加拉国），孟加拉国环境律师协会秘书长

Vinio Floris（美国），国际伦理协会委员

Malcolm Forster（英国），富而德律师事务所环境工作组主席；世界自然保护联盟环境法委员会前任副主席

Yutaka Furuta（日本），Suzukia 短期学院教授

Arnoldo José Gabaldon（委内瑞拉），议员，前任环境部长

William Gibson（美国），生态正义项目及网络职员

David Given（英国），David Given & Associates 律师行

Kristina Gjerde（美国），世界自然保护联盟全球海洋项目公海政策顾问

Lothar Gündling（德国），国际环境法顾问；世界自然保护联盟环境法中心前项目主管

Parvez Hassan（巴基斯坦），巴基斯坦最高法院律师；世界自然保护联盟环境法委员会前任主席

Martin Holdgate（英国），世界自然保护联盟前任主席

Sophie Jakowska（多米尼加共和国），世界自然保护联盟教育委员会委员

C. M. Jariwala（印度），印度大学法学院教授

Michael Jeffery（澳大利亚），世界自然保护联盟环境法委员会副主席；麦考瑞大学环境法中心主任

Yolanda Kakabadse（厄瓜多尔），拉丁美洲未来基金会执行主席；世界自然基金会董事会成员；世界自然基金会规划委员会主席

Maurice Kamto（喀麦隆），国际法研究与文献中心教授

Donald Kaniaru（肯尼亚），肯尼亚国家环境法庭主席；联合国环境规划署环境政策实施及公约部前任主任、高级法律顾问

Bakary Kante（塞内加尔），环境局局长

Alexandre Kiss（法国），法国国家科学研究中心研究主任；世界自然保护联盟环境法委员会副主席

Cyrille de Klemm（法国），世界自然保护联盟法律顾问

Veit Koester（Denmark），丹麦罗斯基勒大学外聘教授；日本横滨联合国大学高级研究所访问教授；《奥胡斯公约》履行委员会主席

Palitha T. B. Kohona（澳大利亚），联合国秘书处法律事务办公室条约处主任

Oleg Kolbasov（俄罗斯），生态和自然资源部副部长；世界自然保护联盟环境法委员会副主席

Lal Kurukulasuriya（斯里兰卡），联合国环境规划署环境法项目主管，联合国环境规划署总部

Johan Lammers（荷兰），外交部法律顾问

Winfried Lang（奥地利），奥地利常驻联合国-日内瓦大使

Richard Laster（以色列），Laster & Gouldman 律师事务所律师

Roy S. Lee（中国），联合国-纽约法律事务办公室主管

Enrique Leff（墨西哥），联合国环境规划署拉丁美洲及加勒比海办公室环境培训协调员

Galo Leoro（厄瓜多尔），外交部长

Song Li（中国），《生物多样性公约》临时秘书处

Dr. Gerhard Loibl（奥地利），维也纳外交学院国际法及欧盟法主席、教授，奥地利驻联合国、欧盟及经合组织使团及专家会议成员

Irene Lin Heng Lye（新加坡），新加坡国立大学副教授

David Lyons（美国），康奈尔大学法律及哲学教授

Mateo J. Magariños de Mello（乌拉圭），乌拉圭外交部法律顾问

Daniel Magraw（美国），美国环境保护局国际事务副法律总顾问

Ajai Malhotra（印度），外交部主任

Stephen McCaffrey（美国），太平洋大学麦乔治法学院教授，国际法委员会前任会员

Richard J. McNeil（美国），康奈尔大学纽约州立农业和生命科学学院教授；世界自然保护联盟伦理工作组成员

Natasha Minsker（美国），康奈尔大学自然资源系

Robert Munro（加拿大），可持续发展及政策规划顾问

David A. Munro（加拿大），奈瓦沙湖顾问

Charles Odidi-Okidi（肯尼亚），内罗毕大学发展研究院环境法及政

策研究中心主任、环境法教授；联合国环境规划署前任高级法律官员，肯尼亚莫伊大学环境研究院院长

C. K. Omari（坦桑尼亚），达累斯萨拉姆大学社会学教授

Marc Pallemaerts（比利时），布鲁塞尔自由大学大学国际环境法讲师

Efraín Perez（厄瓜多尔），政府结构研究中心执行主任；世界自然保护联盟环境法委员会副主席

Adrian Phillips（英国），世界自然保护联盟国家公园及保护地委员会主席

Ramiro Piriz-Ballon（乌拉圭），乌拉圭常驻联合国-纽约使团大使

Diana Ponce-Nava（墨西哥），联合国环境规划署法律顾问

Dimitra Popescu（罗马尼亚），法律研究所

Amedeo Postiglione（意大利），意大利最高法院法官

Mere Pulea（瓦努阿图），南太平洋大学教授

George Rabb（美国），世界自然保护联盟物种生存委员会主席

Rahmat bin Mohamad - 亚非法律咨询组织秘书长

Alfred Rest（德国），科隆大学国际公法及比较公法研究所学术主任（退休）

Nicholas Robinson（美国），佩斯大学环境法中心联席主任、教授；世界自然保护联盟环境法委员会前任主席

Stephen Rockefeller（美国），明德学院教授

Per Rydén（瑞典），世界自然保护联盟保护政策项目助理主席

Peter H. Sand（德国），慕尼黑大学国际法研究所讲师；世界银行前任法律顾问

Philippe Sands（英国），伦敦大学国际环境法及发展基金法律主管、讲师、律师

Mokul Sanwal（印度），联合国环境规划署高级政策顾问；曾任职于印度环境及森林部

Gunnar Schram（冰岛），冰岛大学国际法教授；联合国环境与发展会议冰岛筹备委员会主任

Nico Schrijver（荷兰），阿姆斯特丹自由大学国际可持续发展中心国

际法教授

Finn Seyersted（挪威），奥斯陆大学国际法教授

Dinah Shelton（美国），乔治·华盛顿大学法学院国际法教授；美洲国家组织美洲人权委员会委员

Mary Ellen Sikabonyi（意大利），环境及发展国际司法组织

Henri Smets（比利时），法国水研究院成员；ADEDE（涉及环境法及经济的非政府组织）主席；曾任职于经济合作与发展组织环境理事会，曾任巴黎一大访问教授

Douglas Sturm（美国），巴克内尔大学宗教学教授

M. S. Swaminathan（印度），M. S. Swaminathan 研究基金主席

Alberto Szekely（墨西哥），大使、国际法委员会委员

Patrick Széll（英国），环境部国际环境法司司长

Alexandre Timoshenko（俄罗斯），联合国环境规划署高级项目官员；俄罗斯科学院国家与法律研究所

Amado Tolentino, Jr.（菲律宾），世界自然保护联盟环境法委员会副主席、律师

Robert Traer（英国），宗教自由国际学会秘书长

Bjornar S. Utheim（挪威），外交部大使

Gabriela Verhoeven-Cueva（厄瓜多尔），政府结构研究中心顾问及研究员

Franz Vranitzky（奥地利），奥地利总理

Budislav Vukas（克罗地亚），萨格勒布大学教授

Arthur Westing（美国），环境、安全及教育威斯汀协会

Antonio Andaluz Westreicher（秘鲁），PROTERRA 执行主任；前任世界自然保护联盟环境法委员会副主席

John Williams（美国），前任世界自然保护联盟社会政策服务部主任

Nicholas Yost（美国），Sonnenschein Nath & Rosenthal 律师事务所律师

程正康（中国），北京大学法学院教授

秘书处

Françoise Burhenne-Guilmin，世界自然保护联盟环境法中心高级顾问；环境法中心主任（至1999年7月）

Charles DiLeva，环境法项目主任（1999—2001年）

John Scanlon，环境法项目主任（2001—2005年）

Alejandro Iza，环境法项目主任世界自然保护联盟环境法中心主任（2005年至今）

Ekaterina A. Michos-Ederer，报告员（至1990年）

Susan Casey-Lefkowitz，报告员（1990—1993年）

Richard G. Tarasofsky，报告员（1993—1995年）；《盟约》评注协调员和特别报告员（Ansley Samson，Edward Helgeson 和 Dorothy McLean 也为《盟约》评注提供了帮助）

Ann-Mari Brockman，研究助理（1995年）

Aaron T. Laur，环境法国际理事会办公室主任；Wolfgang E. Burhenne 博士私人助理（2006年至今）

缩 略 词 表

ASIL	美国国际法学会
ACP-EEC	非加太国家-欧洲经济共同体
ASEAN	东南亚国家联盟
BzU	Burhenne 主编之《环境规划文集》
CCD	裁军委员会会议
CCPR	《公民权利和政治权利国际公约》
CEDAW	《消除对妇女一切歧视公约》
CEMAT	欧洲区域规划部长会议
CESCR	《经济、社会和文化权利国际盟约》
CFCs	氯氟化碳
CFR	联邦统一法规（美国）
CITES	《濒危物种国际贸易公约》
CMLR	《共同市场法报告》
COP	缔约方会议
CRC	《儿童权利公约》
EC	欧洲共同体
ECE CRTD	《关于危险物品在公路、铁路和内陆航运的运输过程中造成的损害之民事责任的欧洲公约》经济会议
ECHR	欧洲人权法院
ECJ	欧洲法院
ECOSOC	联合国经济及社会理事会
EEC	欧洲经济共同体
EEZ	专属经济区
EIA	环境影响评价

EMEP	《关于空气污染物在欧洲长程转移监测和评估方案的议定书》
EMuT	《国际环境法-多边条约集》
ENMOD	《禁止为军事或任何其他敌对目的利用改变环境的技术的公约》
EPL	《环境政策及法律》
ESoL	国际环境软法
ETS	《欧盟条约集》
EU	欧盟
FAO	联合国粮食与农业组织
GAOR	联合国大会正式记录
GATT	关税及贸易总协定
GEF	全球环境基金
HRC	联合国人权委员会
IACHR	美洲人权委员会
IAEA	国际原子能机构
ICAO	国际民航组织
ICEL	环境法国际理事会（迈向可持续发展）
ICES	海洋开发国际理事会
ICJ	国际法院
ICRC	国际红十字委员会
ICSU	国际科学协会理事会
ILA	国际法协会
ILC	国际法委员会（联合国）
ILM	《国际法律资料》
ILO	国际劳工组织
IMCO	国际海事协商组织
IMO	国际海事组织
IMS	国际山地学会
IPE/SD	国际可持续发展与环境保护（保育）组织
IUCN	世界自然保护联盟

IWC 国际捕鲸委员会
LDC 《伦敦倾废公约》
LMO 《改性活生物体》
LRTAP 《长程越界大气污染公约》
MA 千年生态系统评估
MARPOL 《防止船舶污染国际公约》
NEPA 《国家环境政策法》
NGO 非政府组织
OAS 美洲国家组织
OASTS 《美洲国家组织条约集》
OAU 非洲统一组织
OECD 经济合作与发展组织
OILPOL 《国际防止海上油污公约》
OP 操作计划
OSPAR 《保护东北大西洋海洋环境巴黎公约》
PCIJ 国际常设法院
PHARE 《协调援助波兰、匈牙利和其他中东欧国家行动计划》
POPs 持续性有机污染物
REIO 区域经济一体化组织
SAPARD 《农业和农村发展特别加入方案》
SOLAS 《海上人命安全公约》
TRIPS 《贸易有关的知识产权协议》
UKTS 《英国条约集》
UN 联合国
UNCED 联合国环境与发展大会
UNCLOS 《联合国海洋法公约》
UNDP 联合国开发计划署
UNECE 联合国欧洲经济委员会
UNEP 联合国环境规划署
UNEP-WCMC 联合国环境规划署世界保育监测中心

UNESCO	联合国教科文组织
UNGA	联合国大会
UNHRC	联合国难民事务高级专员
UNRIAA	《联合国国际仲裁裁决报告》
USC	《美国法典》
USTS	《美国条约集》
VOC	挥发性有机化合物
WCED	世界环境与发展委员会
WHO	世界卫生组织
WSSD	可持续发展世界峰会
WTO	世界贸易组织
WWF	世界自然基金会

前　言

本盟约缔约各方：

承认生物圈及其要素的相互依赖性；

意识到人类是自然的一个部分，所有生物都有赖于自然系统功能的发挥，它提供了所有生物所需的能源和营养；

坚信人类与自然的和谐相处是可持续发展的前提，文明根植于自然，自然塑造了人类文化并激发了艺术和科技进步；

意识到人类目前正处于历史的关键点，时代需要我们一秉全球伙伴精神以实现可持续发展；

关注到地球所面临的压力减弱了它支撑可持续发展的能力；

认识到非持续的消费方式、递增的人口压力、贫困、污染和武装冲突，正导致全球环境的逐步退化和自然资源的恶坏及枯竭；

承认整合环境和发展两者政策及法律的必要性，以实现人类的基本需求，提升生活质量，为全人类确保一个安全的将来；

尊重人权和基本自由，包括非歧视地获取基本服务，这对实现可持续发展至关重要；

认识到发展权必须得以实现，以可持续和公平的方式满足当代人和后代人的需要；

确认国际环境公共秩序责成各国尊重生物圈、他国的权利和人类的基本价值；

承认代内公平和代际公平以及人类的团结和合作对于克服可持续发展所面临的困难是不可或缺的；

认识到解决发展中国家（特别是最不发达国家和环境最脆弱国家）的现状和需要应被优先考虑，承认发达国家对促进可持续发展负有特殊的义务；

确认所有主体都负有尊重环境、预防环境损害以及促进可持续发展的义务；

承认消除贫困不仅是每个国家的首要责任，也需要全球的合作，以及综合的手段来处理各层次的经济、政治、社会、环境和制度设计的问题；

承诺性别平等、妇女的解放及权利的享有应该体现于可持续发展的各个方面；

认识到土著人对尊重及保护自然及自然资源所作出的贡献及将要作出的贡献；

确认自然资源的持续利用是保护自然的一个前提条件；

强调环境和发展的决策以及环境资源的管理应当基于辅助性原则；

特别考虑到《斯德哥尔摩人类环境宣言》、《环境与发展里约宣言》、《21 世纪议程》、《联合国大会新千年宣言》、《约翰内斯堡宣言》、《可持续发展世界峰会实施计划》；

强调各层次有效治理的必要性，以便实施、执行和监督对义务的履行；

回应建立一个整体的国际法律框架的呼声，为当代和将来的国际及国内的环境与发展政策和法律提供一个坚固的生态和伦理基础；

兹协议如下：

第一部分　目标

第 1 条　目标

本盟约提供一个综合的法律框架，旨在谋求环境的保护，它是可持续发展不可或缺的基础。

第二部分　基本原则

在采取行动以达到本盟约的目标及实施其条款的过程中，缔约各方应以全球伙伴关系的精神开展合作，并接受以下基本原则为指导：

第 2 条　尊重所有生命形式

作为一个整体的自然界和所有生命形式应当得到尊重并加以保护。地球生态系统的整体性应得以维持，并在需要的情况下进行修复。

第 3 条　人类共同关切事项

全球环境是人类共同关切事项，受到国际法基本原则、公共良心的指引及人类基本价值的保护。

第 4 条　相互依赖的价值

和平、发展、环境保护及尊重人权和基本自由是不可分的、相互关联和依赖的，它们构成了可持续世界的基础。

第 5 条　公平和正义

公平和正义应当指导所有影响到环境的决策，并责成每一代人能够预测到后代人的需要并作出合格的环境行为。

第 6 条　损害预防

环境损害的预防是一项义务，它应优先于补救措施。污染的预防、控制和减少措施所产生的花费应该由肇因者承担。

第 7 条　风险预防

风险预防是一项义务。即使缺乏科学的确定性，还是应该采取适当的行动以预测、防止和监控严重或不可逆转的环境损害的风险。

第 8 条　比例原则

在选择合理的行动方案时，应该优先考虑造成最小环境损害的方案。

第 9 条　恢复力

自然系统和人类社会承受和恢复环境干扰和压力的能力是有限的，应该尽可能地得到全面支撑和恢复。

第 10 条　发展权

发展权是普世的和不可剥夺的，它为人类施加以一种可持续和公平的方式来满足人类社会的环境、社会和经济需要的义务。

第 11 条　消除贫困

消除贫困需要全球伙伴精神，它对可持续发展来说是不可或缺的。提高全人类的生活质量并减少生活标准的不平等对一个公正社会来说意义重大。

第 12 条　共同但有区别的责任

缔约各方应基于他们共同但有区别的责任和各自的能力来履行自己的义务。

第三部分　一般义务

第 13 条　国家

1. 根据《联合国宪章》和国际法的基本原则，国家享有利用资源满足环境和发展需要的主权权利，同时有确保在其管辖或控制范围内的活动必须尊重其他国家的环境或国家管辖范围以外的环境的义务。

2. 根据《联合国宪章》和国际法的基本原则，国家享有权利和义务采取合法的行动来保护其管辖下的环境，避免其受到在其国家管辖权外的活动而造成的严重损害。如果损害已经发生，他们有权进行适当和有效的救济。

3. 国家应采取一切适当的措施来避免自然资源的浪费并确保可再生资源的持续利用。

第 14 条　自然人和法人

1. 缔约各方将努力逐步实现所有人享有生活在一个生态友好型环境中的权利，享有足够的发展、健康、福利和尊严。缔约方应对满足人类基本需求给予及时和特别的关注。

2. 缔约各方应确保所有自然人和法人都有义务保护和保育环境。

3. 缔约各方应确保所有人，在无须表明是否存在利益关系的情况下，有权要求公共机构提供环境信息，并有权寻求、接受、传播有关环境的信息，除非存在下列限制：法律规定、为尊重他人的权利、为保护国家安全或保护环境。

4. 在涉及可能对环境造成严重影响的活动、措施、计划、项目和政策时，缔约各方应确保所有人都有权有效地参与到决策过程，包括地方、国家、国际层面的决策。

5. 缔约各方应确保所有人都有权有效地获取行政和司法程序（包括赔偿和救济），以起诉个人或公共机构的作为或不作为，只要这些行为违反了国内或国际环境法。

6. 缔约各方应开发或改进机制以便更好地吸收土著人、当地社区、脆弱和边缘人群参与到各层次的环境决策过程中，并应采取措施以便他们能够保持可持续的传统行为方式。

第 15 条　土著人

土著人，根据其传统和习惯，作为特殊人群，应享有保护环境的集体权利，包括他们的土地、领地和资源。

第 16 条　一体化政策

1. 缔约各方应寻求一体化政策以消除贫困、鼓励可持续消费和生产模式、保护生物多样性和自然资源，并以此作为可持续发展的长远目标和基本要求。

2. 缔约各方应在各种场合及层次上把环境保护整合到他们的政策和行动的规划和实施中，对环境、经济、社会和文化因素给予充分和公平的考量。为达此目的，缔约各方应当：

（a）对环境和发展政策和规划进行定期的国家级评估；

（b）制定、定期评估并实施法律法规；

（c）建立或加强机构和程序建设，以便把环境和发展问题整合到决策的各个方面。

3. 作为国际组织成员的缔约各方承诺将在国际组织中寻求制定符合本盟约条款的政策。

第 17 条　环境损害的转移或转化

缔约各方不得通过直接或间接地转移损害或危险（包括转移地点或转变介质），也不得通过转化环境损害的形式来解决环境问题。

第 18 条　紧急事件

1. 如果在其管辖范围内或控制下发生了环境紧急事件，或者获悉某紧急事件将会对环境造成损害，缔约各方应毫不耽搁并以最快的可行方式通知到可能会受到影响的国家和相关国际组织。

2. 如果在其管辖范围内或控制下发生了环境紧急事件，那么缔约各方应立即采取一切可行的必要措施，与受到影响的和可能受到影响的国家以及相关国际组织开展合作，以预防、减缓、消除紧急事件的有害影响。

3. 缔约各方应采取一切必要措施为那些因自然灾害而被重新安置的人们提供及时的救济。

第四部分　有关自然系统和资源的义务

第19条　臭氧层

缔约各方应采取一切适当的措施以预防或限制人类活动对臭氧层所造成或可能造成的改变，以免对人类健康和环境造成不利影响。

第20条　全球气候

缔约各方应采取风险预防措施以保护地球气候系统和缓解气候变化的不利影响。为达此目的，缔约方应开展下列国际合作：

（a）测量各自的排放并实施合乎国情的减缓行动；

（b）建立风险管理并实施适应措施以达到足以应对气候变化的发展模式。

第21条　土壤

缔约方应采取一切适当的措施，为了生命系统确保土壤的保护以及必要时的再生，采取有效措施预防大面积的土壤转化和土壤退化，防治沙漠化，保卫有机物的分解并促进土壤的持续肥沃。

第22条　水

缔约各方应采取一切适当的措施以保持和恢复各种水体的质量，包括咸水和淡水，包括大气、海洋、地下水或流域（如湖泊和江河）中的各类水体，以满足人类的基本需求，并使其作为水系统的一个必备要素而存在。缔约各方应采取一切适当的措施，特别是通过水资源的综合保护及管理和适当的卫生措施，确保满足人类基本需求和维持水系统所需的足够水量。

第23条　生态系统服务

缔约各方应采取适当措施以保护在必须和可行的情况下恢复自

然系统，后者以其所有的多样性支持地球上的生命，并应维护和恢复这些自然系统的生态功能和服务，使其成为可持续发展的一个根本基础，这些自然系统包括：

（a）可当做控制土地退化和洪水自然措施的森林，以及它们在气候系统中的作用；

（b）可当做栖息地、地下水补充区、蓄水区、洪水缓冲区、污染物的过滤和氧化区的淡水湿地和涝原；

（c），可当做支持渔业的重要栖息地、海岸侵蚀的自然保卫、生物多样性库的海洋系统，以及它在维持全球地球化学循环（包括全球气候系统）中的作用；

（d）对全球环境价值和全球气候变化系统至关重要的极地地区。

第24条　生态系统方法

缔约各方应根据生态系统方法的相关原则适当履行自己的义务。特别是，他们应当：

（a）把水系统当做整体部门进行管理，以涵盖全部的蓄水区、补充区和排放区；

（b）把海岸系统当作整体部门进行管理，以涵盖水和陆地的要素。

第25条　生物多样性

1. 缔约各方应采取一切适当的措施来保护生物多样性，包括物种多样性、物种中的基因多样性和生态系统多样性，特别是要进行基于生态网络概念的就地保护。为达此目的，缔约各方应当：

（a）通过生态系统管理的方式把生物多样性及其要素的保护和持续利用整合到实体规划系统中；

（b）建立一个保护地系统，根据需要设立相应的缓冲区和交叉走廊；

（c）禁止对濒危物种的捕获或毁灭，应保护它们的栖息地，并根据需要对这些物种采取恢复或复原计划。

2. 缔约各方应基于确保生物资源的保护、持续利用以及恢复(如果存在必要性或可行性）的原则，来控制或管理生物资源。为达此目的，基于生态系统方法，缔约各方应当：

(a）针对被开发生物资源制定和实施保护及管理规划；

(b）预防被开发动植物种群数量递减至稳定补充所需的安全线以下；

(c）保卫或恢复物种（或种群）持续生存所需的栖息地；

(d）维护或恢复被开发物种和依赖物种（或相联物种）之间的生态关系；

(e）预防或最小化对于非目标物种的意外捕获，禁止不加选择的捕获方式。

第26条　文化和自然遗产

缔约各方应采取一切适当的措施来保护文化和自然遗产，包括：

(a）保护或重建就地的文化和自然遗迹和地区，包括那些具有突出文化、精神或美学价值的风景；

(b）预防所有可能会对这些遗迹和地区造成损害或威胁的措施和行为；

(c）移地保护处于破坏风险中的遗产。

第五部分　有关过程和活动的义务

第27条　损害预防

缔约各方应进行明确和评估那些已经或者可能对环境或公共健康造成重大不利影响的活动的内容、技术、程序和种类。缔约方应设定一个授权和调查制度，控制或管理该类活动，以避免造成严重损害。

第 28 条　污染

缔约各方应单独或集体采取一切适当的措施，尽最大可能预防、减少、控制和消除因为各种污染所造成的有害变化。为达此目的，缔约方应采取最优环境惯例和最佳可得技术，并应努力协调他们的政策。特别重要的是，缔约各方应尽最大努力消除那些有毒的、危险的或生物复积性的污染。

第 29 条　废物

1. 缔约各方应确保预防或尽可能减少废物的产生，特别是通过采取无废技术手段。

2. 废物应得到再利用、恢复和循环利用。

3. 应采取环境友好型的方式，尽最大可能地在源头处理那些无法再利用、恢复和循环利用的废物。

4. 如果有理由相信废物将不会得到环境友好型处置，或者是出口到一个禁止废物进口的地区，在任何情况下缔约各方都不得出口或准许出口废物。如果越境转移无法满足这些要求，同时又没有替代性的环境友好型处置方案，出口方应确保废物被收回。

第 30 条　外来或改性生物体的引入

1. 针对那些有可能对其他生物体或环境造成不利影响的外来或改性生物体，缔约各方应禁止其有意识地引入到环境中。缔约各方还应采取适当的措施以预防该类生物体的侵袭、意外引入或逃离。

2. 在生物科技导致的改性生物体的开发、利用和释放的过程中，缔约各方应评估、预防或有效管理其对其他有机物或环境造成不利影响的风险。

3. 当外来或改性生物体已经（或者可能）对其他有机物或环境造成重大不利影响，缔约各方应采取一切合理措施来控制、最大限度地消除此类外来或改性生物体。

4. 缔约各方应采取一切合理措施来控制动物传染性疾病的自

然集散地，以预防物种间的相互传染。

第六部分　有关全球问题的义务

第 31 条　消除贫困的行动

缔约各方应单独或与其他国家、国际组织和民间组织、特别是私营经济部门合作，采取旨在消除贫困的措施，包括：

(a) 从法律上赋予贫困人口行使自己的权利，包括发展权；

(b) 尊重、保障、提升及实现脆弱和边缘人群的权利，特别是对食品、水、住房和其他基本需求的权利；

(c) 努力使所有人都能实现可持续的生活，特别是通过增强对资源（包括土地）的获取及控制的方式；

(d) 尽可能地恢复退化的资源，推动那些用于人类基本需求的资源的持续利用；

(e) 提供可饮用水和卫生；

(f) 提供教育，重点是吸收妇女、女孩、土著人、社区组织、脆弱和边缘人群的参与；

(g) 支持微信用和微保险制度以及微金融机构及其能力的发展；

第 32 条　消费和生产模式

缔约各方应减少并争取消除不可持续的消费和生产模式。缔约各方应设计相关战略以减少不可再生资源在生产过程中的利用。为达到此目的，缔约各方应当：

(a) 收集和传播有关消费模式的信息，开发或改善提升分析的方法；

(b) 确保在所有产品和生产流程中，最高效率地保护和利用所有原材料和能源；

(c) 要求最大限度地重复和循环利用材料；

(d) 提升产品设计，以增加重复利用和循环利用，并尽可能地消除废物；

（e）为消费者组织在促进可持续消费模式中的参与和作用提供便利；

（f）要求经济企业采取公司社会责任计划以节制消费并对社会和环境福利作贡献；

（g）确保公众能获得足够的产品信息，以便消费者可以作出环境选择。

第 33 条　人口政策

缔约各方应制定或加强人口政策以促进可持续发展。为达此目的，缔约各方应当：

（a）开展环境可承载人口数量的研究，在各个层次制订关于人口增长的计划；

（b）开展合作以减轻大量人口流动对自然支持系统所造成的压力；

（c）开展合作以便为人口快速增长地区优先提供必需的基础设施；

（d）就有关计划生育的事项向公众提供足够的信息以供他们抉择；

（e）为那些因环境情况变化而移民的人们提供长期的安置。

第 34 条　贸易与环境

1. 缔约各方应开展合作以建立和维持一个开放的、非歧视的国际贸易体制，同时满足今世后代人的发展需要和环境需要。

为达此目的，缔约各方应努力确保：

（a）贸易不得导致资源的浪费利用，也不得影响到资源的保护与持续利用；

（b）旨在解决跨界和全球环境问题的贸易措施应尽可能地建立于国际共识之上；

（c）以环境为目的的贸易措施不应包含武断的、非正当的歧视、变相限制等措施；

(d) 针对那些对环境有害或可能造成危害的、不在其管辖范围内的活动，进口方应尽可能避免采取单边贸易措施，即使要采取，也必须与受影响国协商后以透明的方式予以实施；

(e) 商品和原材料的价格应能完全反映出直接和间接的社会和环境成本，包括它们的提取、生产、运输、营销以及可能会有的最终处置的成本。

2. 缔约方应努力确保针对生物资源、产品和衍生物，

(a) 贸易是基于此类资源可持续开采的管理规划的，不会危及到任何物种或生态系统；

(b) 因为遵守多边贸易协定的禁止性规定而无法出口生物资源的缔约方，有权就因其他缔约方违反协定而对其所造成的损失而获得合理的补偿。

第 35 条　跨国经济活动

1. 缔约各方应采取措施避免在其管辖或控制范围内的经济活动造成严重环境损害，并尽可能减少其风险。

2. 缔约各方应要求所有在其管辖或控制范围内从事活动的经济主体提供如下信息：

(a) 他们的活动对环境造成的可能的或实际的损害；

(b) 源起国的相关环境法律规定和标准及源起国所采用的旨在达到这些规定和标准的技术；

(c) 可合理获取的有关环境损害预防技术的最新数据和信息；

3. 在涉及源自外国之活动时，在东道国的要求下，源起国应：

(a) 向东道国提供源起国管辖下涉及环境要求和标准的所有相关信息；

(b) 与东道国协商，以便东道国可以针对这些活动采取适当措施。

4. 如果东道国没有同样严格或更高的环境标准、或东道国明确同意，源起国的国民应把其本国的相关标准作为适用的最低要求标准。

5. 缔约各方应与经济主体合作并鼓励它们制定并遵守公司承担社会责任的准则或守则。

第36条　军事和敌对行动

1. 缔约方各应在武装冲突武装冲突时保护环境。具体来说，缔约各方应当：

（a）在战区以外的地区，遵守在和平时期适用的所有国家及国际的环境规定；

（b）在武装冲突区，采取一切适当措施以保护环境免受可避免的损害；

（c）不得利用战争或威胁利用战争的方法或方式来造成或者可能造成广泛传播的、长期的或严重的环境损害，还应确保这类方法或方式不得被开发、制造、测试或转移；

（d）不得将摧毁或改变环境作为一种战争或报复的手段。

2. 缔约各方应加强合作，进一步制定并实施在武装冲突期间保护环境的规则和措施；在国际协议和规定没有涵盖的情况下，在更具体的环境保护守则出台之前，大气层和其构成及运动过程应受到国际法基本原则的保护，这些原则来自传统习惯、公序良俗，以及人类为今世后代进行信托管理的基本理念。

3. 缔约各方应采取必要措施保护具有特别意义的自然和文化景点，特别是那些根据可适用的国内法和国际条约而受到指定保护的景点，还包括那些存在潜在危险的设施，要避免它们受到来自武装冲突、叛乱、恐怖主义或破坏活动的攻击。军事人员应该被告知这类景点和设施的存在及具体方位。

4. 如果某些人故意采取战争的方法或措施，造成了广泛的、长期的或严峻的环境损害，或者开展恐怖活动造成了或意图造成环境损害，缔约各方应采取措施确保这些人承担相应的责任。

5. 缔约各方应确保军事人员、飞机、舰船和其他设备及设施在和平时期不得豁免于相关的环保规定、标准和措施。

第七部分　跨界问题

第 37 条　跨界环境影响

缔约各方应采取适当措施以预防和最小化对其他国家或国家管辖范围以外区域的环境造成的损害风险。如果某个建议的行动可能会造成损害，缔约各方应当：

（a）确保进行环境影响评价；

（b）向那些可能会受到影响的国家提供事先和及时的通报以及相关信息，并在前期与这些国家开展善意的协商；

（c）就有关建议的活动，向那些可能会受到影响的其他国家的国民提供便利及正当的行政和司法程序保障，不得因为居住地或国籍而区别对待；

（d）对该项活动进行事前审批，如果该项活动发生重大变动或试图转变为第九部分范围内的活动，也必须经过审批。

第 38 条　事先知情同意

在出口本国禁止或国际管制的有害物质和废物以及将改性活生物体投放到环境中之前，缔约各方应征得进口方以及过境方的事先知情同意。

第 39 条　跨界自然资源

缔约各方应合作保护、管理和恢复那些位于多个国家管辖区域内的自然资源以及全部或部分在国家管辖范围以外区域的自然资源。

（a）共享同一个自然系统的缔约各方应尽最大努力把该系统作为单个生态单元进行管理，而无论其国家边界。缔约各方应基于公平和互惠的原则开展合作，特别是通过双边和多边协定或安排，以便达成覆盖整个系统及其子生态系统的和谐政策和战略。针对水系统，此类协定或部署应涵盖集水区，包括毗邻的海洋环境及蓄水层的补充区和排放区。

(b) 共享同一物种或种群的缔约各方，无论物种或种群是否迁徙，应尽最大努力把该系统作为单个生态单元进行管理。缔约各方应开展合作，特别是通过双边和多边协定或部署，以便维持该类物种或种群的良好保护状态。就猎捕物种或种群而言，所有涉及的缔约各方应开展合作，制定和实施一个联合管理方案，以确保该类资源的持续利用及因其利用所获利益的公平分享。

第八部分　履约与合作

第 40 条　行动计划

缔约各方应制订并定期评估和更新其国家、双边或地区行动计划，包括目标和时间表，以求达到本盟约的目标。

第 41 条　实体规划

1. 缔约各方应建立和实施一体化的实体规划制度，包括基础设施和城乡规划的相关规定，以期把环境（包括生物多样性）的保护整合到社会和经济可持续发展中。

2. 在此类规划中，缔约各方应考虑到各种自然系统，包括蓄水层、流域盆地、海岸和海洋地区以及其他构成独立生态单元的地区。

3. 在进行城市、农业、放牧、林业或其他用途的区划时，缔约各方应考虑到各地区的自然特点和生态承载力。

第 42 条　环境影响评价

1. 缔约各方应建立或加强环境影响评价程序以确保所有会造成严重风险或有可能对环境造成重大负面影响的活动及技术在获批之前必须经过评估。

2. 环评必须对以下内容进行科学上合理的评估：

(a) 所有影响，包括累积的、长期的、直接的、远程的和跨界的影响；

(b) 替代方案，包括取消原计划的活动；

(c) 避免、最小化或抵消可能的不利影响的措施；

3. 缔约各方应指派适当的国家机关以确保环境影响评价是公开的、透明的、有效的及利于相关国家、国际组织、自然人和法人的参与。缔约各方应确保决策机关在作出决策时要考虑到环境影响评价程序中所发现的所有问题，并把决策结果向公众公开。

4. 缔约各方应进行定期的审查，以判断获批的活动是否是按照批准所规定的条件来实施的，还应对所规定的减缓措施的实效进行评价。这些审查的结果必须向公众公开。

5. 缔约各方应对那些有可能造成重大负面环境影响的政策、项目和规划进行战略环境影响评价，并确保充分考虑到其环境后果。

第 43 条　环境标准和控制

1. 针对环境保护和资源的可持续利用这些共同关切事项问题，缔约各方应开展合作以制定、开发、增强国际规则、标准、先进惯例和指标，并应根据各自的能力考虑采取灵活的实施方法。

2. 缔约各方应采用、增强和实施具体的国家标准，包括排放、质量、产品和流程标准，以预防或减轻对环境的损害，提升或恢复环境质量。

第 44 条　环境质量监测

1. 缔约各方应开展科学研究，建立、增强和实施环境数据、信息收集方面的监测项目，以确定：

(a) 环境所有要素的条件，包括自然资源和生态敏感地区状态的变化；

(b) 特定物质、活动及二者结合对环境的影响（特别是积累性和合成性的影响）；

2. 为此目的，缔约各方应相互合作并加强与相关国际组织的合作，以建立能够制定国际通用的环境安全标准的专业知识和组织系统。

3. 缔约各方应定期公布和传播关于环境状况的国家报告，包括环境质量以及所面临的环境压力的信息。

第45条　应急和紧急预案

缔约各方应评估环境紧急事件的风险。缔约方应单独或与其他国家（或者是相关国际组织）合作进行能力建设，以便进行环境紧急事件的风险评估。为应对环境紧急事件或其他自然灾害，缔约各方应单独或联合制订应急预案，并确保所需的后勤、人力和方案随时待命，以便可以作出有效和及时的应对。

第46条　科技合作

1. 缔约各方应促进在环境保护和自然资源的持续利用等领域的科技合作，特别是在发展中国家。在促进此类活动的过程中，应特别重视国家能力的开发和增强，包括人力资源、立法和机构建设。

2. 缔约各方应当：

（a）开展合作以建立可比较的或标准的研究手段，协调测量环境参数的国际方法，促进所有国家广泛而有效地参与到这些方法的开发过程中；

（b）定期交换适当的科学、技术和法律数据、信息和经验，特别是涉及生物资源现状的数据、信息和经验；

（c）相互告知各自的环境保护措施并努力协调这些措施，特别是在跨界自然资源领域。

第47条　技术开发及转让

缔约方应鼓励与加强合作，在共同商定条件的基础上，建立合作科研项目和企业，以利于环境友好型技术的开发、利用、获取与转让，加快向可持续发展的转变。

第 48 条　生物技术的惠益分享

针对生物技术凭借遗传资源所获取的惠益，缔约各方应当在双方协议的基础上，向遗传资源的提供方提供公平合理的惠益分享。

第 49 条　信息和知识

1. 缔约各方应促进自然资源保护及可持续发展方面的、公众可获取信息的交流，并应考虑到发展中国家的特殊需要。

2. 在获取土著人及本地社区的传统知识时，缔约各方应符合如下前提条件：相关社区的事先知情同意、承认社区权利的具体规定、该知识的合理经济价值的具体规定。

第 50 条　教育、培训和公众意识

1. 缔约各方应在各层次建立学习机构以开展能力建设，包括提升环境和自然资源管理方面的基础教育，建立环境知识领域的数据库，以便使国民有能力促进可持续发展。

2. 缔约各方应通过教育公众的形式传播环境知识，特别要向土著人和当地社区的居民提供环境培训和教育方面的信息、教材和机会。

3. 缔约各方应相互开展合作，在可行的情况下还应与国际和国家组织开展合作，以提升环境教育、培训、能力建设和公众意识。

第 51 条　国家资金

1. 缔约各方承诺，根据各自的能力，为那些旨在达成本盟约目标的国家活动提供资金支持和激励措施。

2. 缔约各方应积极探索各种创新的方法，以筹措公共和私人资金来支持可持续发展。

第 52 条　国际资金

1. 缔约各方应在建立、维护和增强融资途径上开展合作，努力筹措新的及额外的资金（特别是为发展中国家），以便实施：

（a）环境友好型开发计划和项目；

（b）能力建设和相关机构提升；

（c）解决全球关切的重大环境问题的措施以及实施本盟约的措施（如果缺乏足够的资金支持、专家或技术能力，这些措施必将会导致特别的负担）；

（d）对那些遵守承诺而放弃开发某种自然资源的行为（当这种自然资源的经济开发有可能威胁到环境时）支付相应补偿；

（e）环境友好型技术的最优惠转让。

2. 缔约各方，基于各自的能力和具体的国家及地区发展战略、目标和条件，应努力加大他们的援助计划以达到联合国大会规定的目标（政府开发援助应该达到国民生产总值的 0.7%）。缔约各方应鼓励公共或私人在提供更多资金支持上所作的努力。

3. 缔约方应考虑相关办法以帮助那些背负沉重债务负担的发展中国家减轻债务，这些办法包括免除债务、重新规定还款期限、把债务转化为投资以及可持续发展债务交换。

4. 当某个缔约方计划为某国提供资金援助以开展某些项目、而这些项目有可能对环境造成严重的负面影响时，该缔约方必须在受援助国的协助下确保该类项目必须进行环境影响评价。该缔约方所提供的资金必须包括受援助国进行环评所需的资金。

第九部分　责任和赔偿责任

第 53 条　国家责任

国家缔约各方如果违反本盟约所规定的义务，应根据国际法承担责任。

第 54 条　赔偿责任

1. 国家缔约各方应采取必要的措施以便使那些受到严重跨界损害的受害人得到及时和适当的赔偿，如果该损害是由该国领土范围内或在该国管辖及控制范围内的有害活动所造成的。

2. 这些措施包括但不限于：

(a) 根据无过错责任原则，将赔偿责任施加于活动的经营者、或适当的其他个人或实体。

(b) 该赔偿责任的任何条件、限制或例外，必须符合能够为受害者提供及时和充分的赔偿这一基本原则，并应符合在跨界损害发生时，国家保持及保护环境的责任，特别是必须减轻对环境的损害，以及修复和复原环境。

第 55 条　应对措施

当某个有害活动所致事故发生、而这个事故导致了或可能导致跨界环境损害时，事故源起国应在经营者的适当参与下，确保采取适当的应对措施。已经受到影响或可能受到影响的国家应当采取一切可行的办法来减轻并尽可能清除该损害所造成的影响。

第 56 条　国际及国内救济

1. 缔约各方应授予它们国内的司法和行政机关必需的管辖权和权限，使这些机关在跨界损害发生后可以提供及时、充足和有效的救济，如果该损害是由该国领土范围内或在该国管辖及控制范围内的有害活动所造成的。

2. 缔约各方应当为解决国际索赔问题的诉求提供快捷且最经济的程序。

第 57 条　非歧视

跨界损害的受害者都有权获得与损害发生国的同一事故的受害者同等及时、充足和有效的救济。

第 58 条　有害活动

源起国应当关停那些在正常运行中造成重大跨界损害的活动，并尽可能地对活动过程中所造成的损害进行完全的修复。

第 59 条　违法

缔约各方应把违反环境法的行为定性为相应的刑事犯罪和行政违法，特别是针对那些造成了环境损害的故意或过失行为以及未经批准的有害活动。

第 60 条　免除行为不法性的情况

1. 违反本盟约中义务的行为在下列情况下可以免除行为的不法性：同意、正当防卫、针对某国际不法行为的合法对抗措施、不可抗力、危难及紧急避险。免除行为不法性的情况的适用不应妨碍：

(a) 遵守该项义务，如果导致免除行为不法性的情况不再存在；

(b) 赔偿该行为所造成的物质损失。

2. 如果不存在免除行为不法性的情况，而受害国所遭受的损害有一部分是因为本身的过失，那么，救济或赔偿的程度应根据该国家缔约方过失所造成的损害而予以克减。

第 61 条　赔偿责任的例外

如果损害是下列情况造成的，则不需承担责任：

(a) 由符合武装冲突规则和本盟约第 36 条之规定的敌对行动所造成的损害，但并不适用于由于违反禁止使用武力之规定而应承担的责任；

(b) 直接原因是一个反常的、不可避免的自然现象；或

(c) 损害是由受影响国方或第三方的行为或过失造成的。

第 62 条　管辖法院和准据法

1. 针对经营者民事责任之损害赔偿的诉讼只能在特定缔约国的法院提起，即受影响国、源起国或者被告拥有住所或惯常居所常住或有主要业务的国家。

2. 管辖法院应在实体法和程序法方面适用其内国法律，本盟约并不涉及这方面内容。

第十部分　适用和遵约

第 63 条　其他条约

鼓励缔约各方加入那些旨在达成本盟约目标的国际条约。

第 64 条　更严格的措施

1. 本盟约的规定不得影响缔约各方单独或集体采取及实施比本盟约的规定更加严格的措施。

2. 本盟约的规定不得妨碍缔约方在已加入的条约中承担更严格的义务，也不得妨碍缔约方在将来可能加入的条约中承担更严格的义务。

第 65 条　国家管辖范围以外区域

在国家管辖范围以外区域，缔约各方应尽全力履行本盟约的条款。缔约各方应加强合作，确保这些地区在最大程度上受到起环境保护法律制度的保护。

第 66 条　与非缔约方的关系

缔约各方应鼓励非缔约方采取符合本盟约目标的行为方式。

第 67 条　报告

缔约方应向联合国秘书长定期提交报告，报告内容包括它们在履行本盟约规定义务的过程中所采取的措施、取得的进展以及遇到的困难。

第 68 条　遵约与争端避免

在其作为缔约国（或类似地位）的环境条约的框架内，本盟约的缔约各方应维护、加强和促进程序和机制（包括询问及事实调查）的建立，以帮助和鼓励各国完全履行自己的义务并避免环境争端。该类程序和机制应促进和加强报告制度的要求，并尽吸收社会公众的意见。

第 69 条　争端解决

1. 缔约各方在本盟约的解释或适用方面发生争端时，应采取和平的方式解决，包括协商、询问、调解、调停、仲裁和司法解决，并在可行时诉诸地区组织或区域安排，或者采用缔约各方选择的其他和平方式。

2. 在争端一方告知另一方争端存在的事实后，如果双方无法在一年以内达成协定，应争端一方的请求，争端应提交给一个仲裁机构（包括常设仲裁法庭）或司法解决（包括国际法院和国际海洋法法庭）。

第 70 条　评估会议

本盟约生效后，联合国秘书长应每隔 5 年召开一次缔约方大会以评估其履约情况。联合国、其专门机构和国际原子能机构，任何非缔约方的国家及区域经济一体化组织可以以观察员的身份列席评估大会。世界自然保护联盟和国际科学理事会也可以以观察员的身份列席大会。联合国经济及社会理事会认可的、能胜任本盟约所涉事务的非政府组织，在符合评估大会有关程序规定的前提下，可以以观察员的身份列席评估大会的某个分会。

第十一部分 最后条款

第 71 条　修正

1. 任何缔约方都可对本盟约提出修正案。修正案文本应提交给联合国秘书长，联合国秘书长应在 6 个月以内将其传达到所有缔约方。

2. 经 1/3 缔约方要求，联合国秘书长应当召集一个特别会议以讨论修正案。缔约各方应尽力以协商一致方式就本盟约的所有修正案达成协议。如果尽了一切努力仍无法以协商一致方式达成协议，则修正案最后应以出席并参加表决有关文书的缔约方 2/3 多数票通过；通过的修正案应由联合国秘书长送交所有缔约方批准、接受或核准。本条中所提到的出席及表决，指的是出席了特别会议并投了赞成票或者反对票的缔约方。

3. 关于修正案的批准、接受或核准书必须交存联合国秘书长。在联合国秘书长收到超过 2/3 缔约方的批准、接受或核准书后第 90 天，修正案即在接受修正案的缔约方之间生效。其后，任何其他缔约方向联合国秘书长交存其对修正案的批准、接受或核准书第 90 天之后，修正案即对它生效。

第 72 条　签署

1. 从________到________，本盟约应在________对所有国家和区域经济一体化组织开放签署。

2. 本盟约中的区域经济一体化组织是指由某一区域的一些主权国家组成的组织，其成员国已将处理本盟约范围内的事务的权力付托它并已按照其内部程序获得正式授权，可以签署、批准、接受、核准或加入本盟约。

第 73 条　批准、接受或核准

1. 本盟约应须由各国和区域经济一体化组织批准、接受或核准。批准、接受或核准书必须交存联合国秘书长保管。

2. 成为本盟约缔约方的区域经济一体化组织而该组织没有任何成员国是本盟约的缔约方，则该组织应受到本盟约规定的一切义务的约束。如果在某个区域经济一体化组织中，一个或多个成员国同时也是本盟约的缔约方，那么该组织和其成员国应就履行本盟约义务的各自责任作出决定。在此种情况下，该组织和其成员国不得同时行使本盟约所规定的权利。

3. 在其关于批准、接受或核准书中，区域经济一体化组织应声明其对本盟约所涉事项的权限。这些组织也应将其权限的任何有关变化通知盟约保管者。

第 74 条　加入

1. 本盟约对所有国家和区域经济一体化组织开放加入。加入书应交存联合国秘书长。

2. 区域经济一体化组织应在其加入书中声明其对本盟约所涉事项的权限。这些组织也应将其权限的任何有关变化通知联合国秘书长。

第 75 条　生效

1. 本盟约应于第 21 份批准、接受、核准或加入书交存之日以后第 90 天生效。

2. 对于在第 21 份批准、接受、核准或加入书交存后批准、接受、核准本公约或加入本盟约的国家（或区域经济一体化组织），本盟约应于该国（或区域经济一体化组织）的批准、接受、核准或加入书交存之日以后第 90 天生效。

3. 为以上第 1 款的目的，区域经济一体化组织交存的任何文书不得在该组织成员国所交存文书以外另行计算。

第 76 条　保留

不得对本盟约作出任何保留。

第 77 条　退出

1. 任何缔约方于本盟约对其生效之日起 2 年之后的任何时间向联合国秘书长提出书面通知，可退出本盟约。

2. 这种退出应在联合国秘书长接到退出通知之日起 1 年后生效，或在退出通知是指明的一个较后日期生效。

第 78 条　盟约保管者

1. 联合国秘书长是本盟约的保管者。

2. 作为保管者，联合国秘书长应当：

（a）为第 67 条所规定的定期报告的提交、评估和散发制定一个日程表；

（b）就涉及本盟约实施方面的全局性问题向所有缔约方（包括相关国际组织）提交报告；

（c）根据本盟约第 70 条的规定召集评估会议。

第 79 条　作准文本

本盟约的阿拉伯文、中文、英文、法文、俄文和西班牙文本均为作准文本。

为此，下列签名代表，经正式授权，在本盟约上签字，以昭信守。

《环境与发展国际盟约（草案）》评注[①]

前　言

本盟约缔约各方：

盟约第72条（签署）和第73条（批准、接受或核准）开放盟约以供所有国家和区域经济一体化组织签署和遵守。盟约第73条的第二段对经济一体化组织作了一个定义。盟约通篇采用“缔约各方”来指定所有遵守盟约的当事方。在有些条款中，因为以下两个原因，盟约采用了“国家”这一术语：第一，当盟约在重述相关基本问题的国际习惯法时，它超出了“缔约方”的范畴［如第13条第1款（国家）］。第二，当盟约的目标只有通过把特定权利或利益赋予那些非缔约方的国家才能得以实现的情况下，也会采用“国家”这一术语［如第13条第2款（国家），第18条第1款（紧急事件），第34条第1款（4）（贸易与环境）］。在有些情况下，权利或义务仅仅适用于那些是主权国家的缔约方，而不适用于区域经济一体化组织，盟约就会采用“国家缔约方”这一术语［特别是在第九部分（责任和赔偿责任）］。

承认生物圈及其要素的相互依赖性；

本段认识到地球生物圈的独一无二，并强调它的各个要素之间

---

① 编辑注释：（1）盟约的每个条款都得以重述，随后则是针对该条款的评注；（2）来源资料请参看第185页（指英文原稿）的国际法律文件的年历表。

的相互依赖性。这些要素之间不受阻碍的相互作用是确保生物圈持续存在和安乐的基础。① 任何重要的环境影响都会对国家领土以内或以外的区域造成影响，远距离跨界大气污染的结果、消耗臭氧层物质所造成的广泛影响以及温室气体排放所造成的全球气候变化都证明了这一点。任何一种生命体都是独一无二的，作为一个独立的个体和自然系统的一个有机要素，它们之间的相互作用构成了人类赖以生存的生物圈。

意识到人类是自然的一个部分，所有生物都有赖于自然系统功能的发挥，它提供了所有生物所需的能源和营养；

本段表述来源于《世界自然宪章》。② 它包含两个观点：首先，无论人类的科技水平达到何种高度，人类也无法与自然隔离：人类依赖于自然并与其合为一体；其次，所有的生命，包括人类，需要自然所提供的能源和营养。只有当自然界中相互作用的所有要素的功能不受到破坏，人类的这些基本需求才能得以保障。

坚信人类与自然的和谐相处是可持续发展的前提，文明根植于自然，自然塑造了人类文化并激发了艺术和科技进步；

纵观历史，地球上的人类一直在调整自己以适应他们赖以生存的各种生态系统。正如《斯德哥尔摩宣言》序言所说，“人类既是环境的生物也是环境的塑造者，环境给人类提供了物质支持，也为人类提供了开发智力、道德、社会和精神的机会。……人类的环境，包括自然环境和人造环境，对人类的福祉和基本人权（甚至

① 这一表述得到 1982 年《世界自然宪章》（序言）的支持。同时参见 1992 年《生物多样性公约》和 1992 年《21 世纪议程》（特别是第 15 章“生物多样性的保护”）。

② 同时参见 1992 年《环境与发展里约宣言》。这些文件吸收了 1972 年《斯德哥尔摩人类环境宣言》和 1966 年《经济、社会和文化权利国际盟约》中针对类似观点所作的表述。

生命权本身）的享有至关重要”。① 在相当程度上，所有的人类文明都起源于他们周边自然要素的质量并受其塑造；事实上，不同人类的历史是与他们赖以生存数百万年的自然条件密不可分的。自然同时激发了人类的文化。如果不承认自然及其要素的影响，艺术、文学和科学就不可能被理解甚至被想象。因此，正如生物多样性一样，文化多样性起源于不同的生态系统。② 人类必须继续尊重这种多样性，人类社会只有适应并依赖于其周边的自然系统，社会才有可能实现可持续发展。

意识到人类目前正处于历史的关键点，时代需要我们一秉全球伙伴精神以达到可持续发展；

因为世界环境的持续恶化（在后续段落有详细叙述）将会造成难以逆转的破坏，人类正处于历史的关键点。人类有责任去充分认识到维持环境稳定和质量的紧迫性，以便确保生物圈功能的可持续性。维持和改善生活条件的需要，包括保护生物多样性，是全人类共同的使命。更多的交流，从整体上洞察生物圈的能力，足以应对全球问题的科技水平，这些都增加了人类社会采取行动的责任和能力。人类这一基本的共同利益也创造出国际法领域的一个崭新的概念——全球伙伴关系。为了全人类的福祉，当前，国家之间及公民个人之间都有开展合作的基本义务，③ 也承担了更多的相互依赖

① 《斯德哥尔摩人类环境宣言》，1972 年 6 月 16 日，UN Doc. A/. COF. 48/Rev. 1 at 3（1973）。

② 参见 1982 年《世界自然宪章》序言，其强调“文化来源于自然，自然塑造了人类的文化并影响了所有的艺术和科技进步，与自然和谐相处为人类提供了最好的机会来开发它的创造性、休憩和娱乐。”

③ 1945 年《联合国宪章》第 1 条第 3 款；1970 年《国际法基本原则宣言》第 1 条（合作原则）。

和共同的责任，这也就决定了必须建立“伙伴关系”。①

关注到地球所面临的压力减弱了它支撑可持续发展的能力；

《千年生态评估报告》得出结论，在过去的50年，人类改变生态系统的速度和广度在人类历史上可以说是史无前例，主要原因是为了满足对食物、清洁水、树木、纤维和燃料的日益增加的需求。这也对地球上生物的多样性造成了实实在在的损害，其中大部分损害还是不可逆转的。对生态系统造成的变化给人类的福祉和经济发展带来了净收益，但是取得这些收益所付出的代价是生态系统服务恶化导致更高的花费，非线性变化导致的更多的风险以及部分贫困人群情况的恶化。这些问题如果得不到解决，则必将切实减少后代人从生态系统中能够获取的收益。生态系统服务的恶化在本世纪的前50年极有可能加速，这也将会阻碍千年发展目标的实现。《千年生态评估报告》的最后一行指出，人类的行动在耗尽地球的自然资本，给环境造成了如此大的压力，以至于地球生态系统维持后代发展的能力不再被认为是理所当然的。

认识到非持续的消费方式、递增的人口压力、贫困、污染和武装冲突，正导致全球环境的逐步退化和自然资源的恶坏及枯竭；

本段把盟约涉及的两类环境问题做了一个分类，并指出造成问题的根本原因。第一类问题是全球环境（或生物圈）及人类赖以生存的自然进程的逐步退化，第二类问题是自然资源的恶坏及枯竭，这包括可再生和不可再生资源，而这些资源是人类的可持续生存所必须依赖的。2002年《约翰内斯堡可持续发展宣言》指出，“生物多样性的丧失正在继续，鱼类资源正在衰竭，沙漠化正在侵

① 参见1982年《联合国海洋法公约》第12部分，特别是第194（1）条、第197条、第202条、第205条；1945年《联合国宪章》第1条1992年《21世纪议程》，特别是第1章（序言）、第34章（环境友好型技术的转让、合作及能力建设）、第35章（可持续发展科学）、第37章（发展中国家能力建设的国家机制及国际合作）。

蚀越来越多的沃土，气候变化的负面影响日益明显，自然灾害的发生日趋频繁，破坏力越来越大，发展中国家越来越脆弱，大气、水、海洋污染正在剥夺成百万的生命”。为解决这些问题，国际社会已经制定了难以数计的条约和其他国际文件。回应这些问题也是制定本盟约草案的一个基本动机。造成环境问题的所有原因在早期的国际文件中都有论及。① 只要这些原因直接或间接影响到环境和自然资源，本盟约草案都有具体的条款应对这些原因。

承认整合环境和发展两者政策及法律的必要性，以实现人类的基本需求，提升生活质量，为全人类确保一个安全的将来；

本段表述强调环境保护和长远经济发展两者相互之间不可或缺。正如《里约宣言》第 4 条原则和世界贸易组织多哈会议在 2001 年 11 月 20 日通过的《部长宣言》第 6 段所述，这两者是相互依赖和相互促进的。结合第 6 段所提及的人类需要和生活质量等社会问题，就构成了真正意义上的“可持续发展”。② 2002 年可持续发展世界峰会明确指出环境、经济和社会目标是可持续发展的三大支柱。会议结束时，参加会议的政府组织正式通过了一个《可持续发展宣言》，强调他们将致力于“承担一个集体的责任以便在地方、国家、区域和全球的层面发展和增强可持续发展之三大支柱（经济发展、社会发展和环境保护）之间的相互依赖和相互促进”。

---

① 参见 1966 年《经济、社会和文化权利国际盟约》；1966 年《公民权利和政治权利国际公约》；1976 年《禁止为军事或任何其他敌对目的使用改变环境的技术的公约》；1979 年《长程越界空气污染公约》。同时参见 1992 年《里约宣言》第 24 条原则；1972 年《斯德哥尔摩宣言》；1982 年《世界自然宪章》；1948 年《世界人权宣言》；1969 年《社会进步和发展宣言》；1992 年《21 世纪议程》第 3 章（抗击贫困），第 4 章（变化中的消费模式），第 5 章（人口动力学和可持续性），第 7 章（促进可持续人类住区发展）。

② 1980 年《世界保护战略》，1987 年《世界环境与发展委员会布伦特兰报告》，1991 年《保护地球》。

本段第二部分明确指出人类将从环境和发展的一体化中受益。“生活质量”意味的不仅仅是满足人类的需求，而且也包括非物质的属性。达到环境和发展的双重目标也成为《世界人权宣言》和1966年《经济、社会和文化权利国际盟约》所规定的国家义务的一部分。①

本段提及一个更安全的未来表明环境恶化和发展的问题、例如经济混乱和贫困将会影响到《联合国宪章》提及的国际和平和安全。②

尊重人权和基本自由，包括非歧视地获取基本服务，这对达到可持续发展至关重要；

本段中的可持续发展来源于上一段中论及的可持续发展的概念，并增加了第三个相互依赖的要素，其依据是斯德哥尔摩和里约会议、可持续发展世界峰会、1993年《维也纳人权宣言》的相关决议。它所揭示的含义是，环境保护和经济发展是相互依赖的，而这两个目标的实现也有赖于人权和基本自由受到应有的尊重。国际习惯法和许多国际文件中对这种尊重都提出了要求。③ 环境保护和经济发展都没有正当理由来否定这些权利和自由。相反地，对人权的尊重能促进可持续发展的进程，正如联合国人权委员会2003年第71号决议（2003年4月25日）强调的一样，和平、安全、稳定和对人权和基本自由的尊重对实现可持续发展至关重要。

提及基本服务则反映了2002年可持续发展世界峰会中与会的政府组织所作出的承诺，即在2015年使缺少安全饮用水和卫生条

---

① 1948年《世界人权宣言》，1966年《经济、社会和文化权利国际盟约》。

② 参见1945年《联合国宪章》第1条。

③ 例如，1945年《联合国宪章》第55（c）条，1966年《经济、社会和文化权利国际盟约》，1966年《公民权利和政治权利国际公约》，1969年《欧洲人权公约》，1969年《美洲人权公约》，1981年《非洲人权宪章》。同时参见1948年《世界人权宣言》。

件的人群的数量减少一半。① 许多环境和人权文件都把这些基本服务列为最基本的权利和义务。经济、社会和文化权利委员会《第14号一般性评论》（健康权）把“获取安全与可饮用的水和足够的卫生条件”列为影响健康的一个决定性因素，② 使健康成为一项受到保障的权利。③

认识到发展权必须得以实现，以可持续和公平的方式满足当代人和后代人的需要；

“发展权”源自于《里约宣言》、《约翰内斯堡可持续发展宣言》和其他的国际文件。④ 它们强调发展权即可持续发展的权利。后代和可持续性的提出是对可持续发展权的进一步明确。同时，当代人和后代人的需求，加上公平性的要求，都重申了以上涉及人权的表述，明确了哪些人享有发展的权利。同时参见第5条和第10条。

确认国际环境秩序要求各国有义务尊重生物圈、他国的权利和人类的基本价值；

全球公共政策的演进正日益得到承认。国际法律文件和原则现在经常提到“人类共同利益”⑤ 或者“人类共同关切事项”以便对那些有可能构建国际公共政策的基本问题进行明确。对本盟约第3条（人类共同关切事项）的评注为这个问题提供了更详细的评论和背景资料。在提及“国际社会”时，它经常被当做是一个整体

---

① 《可持续发展世界峰会实施规划》，A/CONF. 199/CRP. 7.

② 经济、社会和文化权利委员会《第14号一般性意见：享有最高可实现的健康标准的权利》，联合国文件 E/C. 12/2000/4（2000）第4段。

③ 联合国文件 E/C. 12/2000/4（2000）第11段。

④ 原则3。

⑤ 参见1982年《联合国海洋法公约》第137条第2款；1967年《关于各国探索和利用包括月球和其他天体在内外层空间活动的原则条约》，序言第2段。

或一个采取集体行动的实体或权威。① 多边国际协定中影响到非成员国的条款也越来越多，它们有的是提供刺激手段以督促非成员国遵守协定，有的是允许成员国在实践中采取强制手段去要求那些不遵守协定的国家必须遵守协定。《联合国宪章》本身包含一系列基本原则，在第 2 条第 6 款中还强调，如果是因为保障和平和安全的需要，那么这些原则同样可以适用于非成员国。

承认代内公平和代际公平以及人类的团结和合作对于克服可持续发展所面临的困难是不可或缺的；

当代的人类必须开展合作（代内公平），同时要考虑后代的利益（代际公平）。除了对人权的基本保护，国家和国际社会必须公平分配和调节稀有资源以确保国际社会的所有成员能够公平地分享和承担环境资源的利益、保护环境资源的花费和发生的任何退化（即所有的利益和负担）。“责任”这一术语的含义是任何人对他人应该尽到的一个伦理的义务。团结与合作长期以来被认为是国家的责任。本段表述意味着，为了实现可持续发展的目标，这些国家的责任也必须适用于个人。教育和长期规划应该是当代人类所负责任的必要内容。

认识到解决发展中国家（特别是最不发达国家和环境最脆弱国家）的现状和需要应被优先考虑，承认发达国家对促进可持续发展负有特殊的义务；

本段表述是重申了联合国环境与发展大会的结论，具体体现在《里约宣言》中。② 基于他们各自的情况，发展中国家会有特殊的需求，这些需求理应得到考虑并给予特别的优先权。因为发达国家拥有更强的能力，也因为它们造成了大部分的环境压力，所以发达

① 参见《维也纳条约法公约》第 53 条；《联合国海洋法公约》第 136~137 条。

② 1992 年《里约原则》原则 6。

国家有义务去帮助发展中国家特别是那些最不发达国家以便达成可持续发展的目标。里约会议所强调指出的共同但有区别的责任这一概念，是本段论述的根基之一。2002 年《可持续发展世界峰会实施计划》，也提及共同但有区别的责任这一基本原则，它进一步申明“消除贫困、改变不可持续的生产和消费方式以及保护和管理经济和社会赖以发展的自然资源，是可持续发展的重要目标和根本要求”。

确认所有主体都负有尊重环境、预防环境损害以及促进可持续发展的义务；

本段表述有双重含义。首先，它涉及所有的参与方：国际组织、国家、商业社会、组织和个人。其次，保护的目标是环境的全体。在履行责任时，所有参与方必须避免对环境的损害（“尊重”）并采取积极的措施（“保护”）来保护环境，在需要的时候还应恢复环境。最后，“义务”这一术语不仅指的是道德上的义务，而且也包含法律上的义务。

承认消除贫困不仅是每个国家的首要责任，而且也需要一个全球的合作，以及一个综合的手段来处理各层次的经济、政治、社会、环境和制度设计的问题；

本段介绍了数个在第 11 条（消除贫困）中得以体现并在第 31 条（消除贫困的行动）中得以细化的关键要素。这句话所蕴含的三层含义来自于早期国际文件，它们都基于这样一个基本认识：即贫困是一个全球性的巨大威胁，消除贫困对实现可持续发展而言是不可或缺的。首先，消除贫困是每个国家的主要责任，必须通过国家政策和发展战略予以解决。① 其次，必须在各个层面采取一致的和切实的措施以便使发展中国家通过脱贫目标的实

① 参见联合国第 57 届大会第 266 号决议——《联合国消除贫困第一个十年的实施》（1997—2006 年）。

现而达成可持续发展。这一点也意味着全球合作的必要性。再次，正如《约翰内斯堡实施计划》和其他国际文件所述，消除贫困应该通过一种综合的方式予以解决。① 贫困是多方位的，不仅指较低的收入和财产，而且也指受限制的经济机会和多重的磨难，例如，饥饿和营养不良、不安全的水、不卫生、疾病、教育的缺乏，以及在生活各个领域中的无力和别无选择。因此，贫困的消除必须要考虑到多个重要的行业战略，例如，教育、人力资源开发、健康、人居、乡村、地方和社区发展、创造性的就业、人口和环境、水、卫生、食品安全以及能源。在采取消除贫困的措施时，应特别重视贫困问题的多面性。

承诺性别平等、妇女的解放及权利的享有应该体现于可持续发展的各个方面；

妇女的解放及权利的享有对实现可持续发展至关重要，《里约宣言》、《21 世纪议程》、可持续发展世界峰会和《联合国消除贫困第一个十年的实施》（联合国第 56 届大会第 207 号决议（2001 年 12 月 21 日）及第 57 届大会第 266 号决议）对此都予以确认。可持续发展世界峰会参加国明确承诺将保证妇女的解放、权利的享有和性别平等在《21 世纪议程》、千年发展目标和经合组织实施计划中的所有行动中得到完整的体现。本段重申了这一承诺。经合组织实施计划号召所有国家积极促进妇女在各层次决策中的完全、公平的参与，使性别的考量常态化地体现在所有的政策和战略中，通过完全和公平的经济机会、土地、信用、教育以及健康服务以改进女性的地位、健康和经济福利。在区域的层面，《非洲妇女权利公约》有一个显著的特点，即承认妇女拥有一个健康环境的权利及

① 参见 1999 年亚洲开发银行，《减少贫困战略》；世界银行，《世界发展报告 2000/2001》；经济合作与发展组织发展援助委员会，2001 年《减少贫困准则》。

妇女在环境保护中的特殊作用。①

认识到土著人民对尊重及保护自然及自然资源所作出的贡献及将要作出的贡献；

许多国际文件都承认，对土著人知识、文化和传统实践的尊重有利于环境的可持续和公平的发展以及适当的管理。②《21 世纪议程》承认土著人对自然保护的贡献，《生物多样性公约》也提到土著人和当地社区的传统知识、创新和实践对生物多样性的保护及持续利用的意义。它承认土著人和当地社区通过自身的系统把传统知识作为他们习惯法的一部分加以保护和传播，并指出有必要加强国家法律、政策和其他措施，甚至国际层面的措施，来保护土著人和当地社区的传统知识、创新和实践。

确认自然资源的持续利用是保护自然的一个前提条件；

所有国家都有义务保护环境和地球的自然资源对实现本盟约的目标至关重要。世界自然保护联盟《世界自然保护战略》宣示了它的保护原则和目标：维护根本的生态进程和生命支持系统；保持遗传多样性；实现物种和生态系统的持续利用。自然保护意味着可

---

① 《〈非洲人权和民族权宪章〉之非洲妇女权利议定书》，非盟大会第二次一般会议于 2003 年 7 月 11 日在马普托通过。它的第 18 条（健康和可持续环境权）规定：

1. 妇女享有在健康和可持续环境中生活的权利。

2. 成员国应采取一切适当措施以：

（a）确保妇女在各个层次更多地参与环境的规划、管理和维护以及自然资源的持续利用；

（b）加强对新能源、可再生能源和适当技术（包括信息技术）的研究和投资，促进妇女参与该事项的管理；

（c）保护并发展妇女的土著人知识体系；

（d）管控国内废物的管理、加工、储存和处置；

（e）确保有毒废物的储存、运输和处置遵循适当的标准。

② 参见《联合国土著人民权利宣言》，联合国第 61 届大会第 295 号决议于 2007 年 9 月 13 日通过（序言）。

持续的利用以维持生活资源。世界环境和发展委员会还就此作出规定，国家应该维护生态系统和那些对生物圈发挥其多样性功能至关重要的生态进程；维护最大的生物多样性；并且在开发现存自然资源时遵守最优可持续产出的原则。

强调环境和发展的决策以及环境资源的管理应该基于辅助性原则；

辅助性原则指的是由最基层的有效政府（或其他组织）作出决策并实施决策，从基层或地方的行动开始。任何高层治理都是都是对低层治理的辅助，当地方或区域管理者因为缺少更广泛的社区支持而无法解决问题时，高层治理应发挥出一个安全网的兜底作用。在欧盟和其他许多联邦国家中，辅助性原则是一项基本原则。而且，它还出现在《欧洲景观公约》（佛罗伦萨，2000 年 10 月 10 日）的第 4 条中："任何一方都应实施本公约，特别是第 5 条和第 6 条，根据其各自的权力分工，遵循它的宪法原则及行政安排，并尊重辅助性原则，充分考虑《欧洲地方自治宪章》。在不违背本公约规定的前提下，任何一方都应根据自己的政策努力协调本公约的实施"。这一观念贯穿了《联合国防治荒漠化公约》。它有助于确保公众信息和公众原则的实现。同时，经验证据表明，地方决策通常比集权或自上而下的决策更能实现有效的环境保护。

特别考虑到《斯德哥尔摩人类环境宣言》、《环境与发展里约宣言》和《21 世纪议程》、《联合国大会新千年宣言》、《约翰内斯堡宣言》和《可持续发展世界峰会实施计划》；

本段参考的是本盟约草案的先例。正如《约翰内斯堡可持续发展宣言》所述，国际社会在斯德哥尔摩达成共识，必须马上对环境恶化问题作出回应。《世界自然宪章》表明，国际体系中的所有参与方都应承担为当代和后代保护自然的伦理义务和法律义务。在里约热内卢，基于《里约宣言》的原则，参与方一致认可环境保护与社会经济的发展都是可持续发展的有机要素和根本要素。为实现可持续发展，参与国通过了《21 世纪议程》。这些早期的文件和《联合国大会新千年宣言》，在可持续发展世界峰会中得以再次确认，并为本盟约草案的规定提供了基础。

强调各层次有效治理的必要性，以便实施、执行和监督对义务的履行；

治理是决策的进程，决策也是通过治理来得以实施（或者不实施）的。它也可以被定义为是社会的理性构建，其目的是为了实现社会共同关注的目标。这些关注来源于物质的、经济的、历史的和文化的基础和需求。治理的含义是，从基层到全球各个层面建立相应的制度和规范并使其发挥功效。联合国亚太经社会认为善治拥有八个主要特点。它是参与式的、以达成共识为导向的、可追责的、透明的、有针对性的、有效及高效的、公平而有包容性的，并遵循法治。善治确保腐败的最小化，能考虑少数人的意见，在决策的过程中能听到最弱势群体的声音。它能积极响应今世后代的需求。①

回应建立一个整体的国际法律框架的呼声，为当代和将来的国际及国内的环境与发展政策和法律提供一个坚固的生态和伦理基础；

最后这段描述了法律的需求对本盟约草案的推动作用。它反映了建立一个整体的国际法律框架的基本需求，类似于国际法其他领域现有的法律，例如海洋法和国际人权保护法。除了法律规范，它还为所有主体提供了生态和伦理的指导。最后，“将来的”国际及国内的环境与发展政策的提出表明了这样一个认识，即环境保护本质上来说是动态的，当情况发生变化时，它必须在一个稳定的框架的基础上演变发展。本盟约草案旨在提供所需的框架。

兹协议如下：

---

① 联合国亚太经社会，“何为善治？”，见 http：//www. unescap. org/pdd/prs/ProjectActivities/Ongoing/gg/governance. asp（2010 年 7 月 10 日访问）

第一部分　目　　标

第 1 条　目　　标

本盟约提供一个综合的法律框架，旨在谋求环境的保护，它是可持续发展不可或缺的基础。

本盟约所述目标强调了“环境保护”和“可持续发展”的不可分性，联合国环境与发展大会通过的文件对此也有明确的表述。“目标”采用单数而非复数更加凸显了这两个定义的不可分性。本条规定也提到需要采取一个综合的方法以整合权利和义务。本条规定的第三层含义是采用了“正在建立”这个术语。它表明本盟约同时处于编纂和演变的两个进程中。

2002 年，在《东北太平洋地区海洋和海岸环境保护及可持续发展合作公约》中出现了一个可持续发展的定义：①

> “为了本公约的目标，可持续发展指的是人类生活质量演变的进程，这一进程把可持续发展当做是发展的核心和原始的主题，通过经济增长和社会公平的协调发展、生产和生活方式的转变得以实现，而本地区生态的平衡和重大支撑使其得以维持。这一进程意味着尊重地区、国家和地方伦理和文化多样性，人民以和平相处及与自然和谐相处的形式完全参与其中，不得损害而应确保后代人的生活质量。”

“环境服务”这一概念也与可持续发展紧密相关。根据 2002 年《安提瓜公约》，它指的是环境本身提供的服务功能，例如，通过树木保护土壤，水的自然过滤和净化，以及生物多样性栖息地的保护（第 3 条第 1 款 1c 项）。

① 2002 年 2 月 18 日，安提瓜岛。

第二部分　基本原则

在采取行动以达到本盟约的目标及实施其条款的过程中，缔约各方应以全球伙伴关系的精神开展合作，并接受以下基本原则为指导：

这些基本原则用宣言的方式明示了根本的法律规范，构成了本盟约所规定一切义务的基础。它们反映了联合国成立以来所通过的法律文本中体现出的国际共识。例如，2009 年《关于欧盟运作的里斯本条约》第 20 章就规定了指导环境政策的原则，这些原则直接影响到欧盟的立法。第 191 条第 2 款规定欧盟的环境政策必须基于“风险预防原则和其他一些原则，即必须采取损害预防措施，必须在源头优先改正环境损害，必须使污染者付费”。如果不尊重这些原则，则本盟约草案的目标就不可能实现。本部分引言表明本部分所提及的基本原则并不是详尽无遗的。

第 2 条　尊重所有生命形式

作为一个整体的自然界和所有生命形式应当得到尊重并加以保护。地球生态系统的一体化应得以维持，并在需要的情况下进行修复。

1982 年《世界自然宪章》宣示，任何一种生命形式都是独一无二的，都理应无视它对于人类的物质价值而受到尊重。① 1979 年《关于保护欧洲野生动物和自然栖息地的伯尔尼公约》是最早把环境的固有价值列为环境保护的基础的条约之一。1992 年《生物多样性公约》缔约方也作出了类似的宣示，即他们“认识到生物多样性的固有价值，也认识到生物多样性及其要素的生态的、基

① 序言。

因的、社会的、科学的、教育的、文化的、娱乐的和美学的价值”。[①] 生物圈的固有价值就被整合到这样一个认识中，即人类构成了世界的一部分，如果不保护生物圈和生态系统，人类就无法生存。人类不应被视为脱离于或者高于自然世界，而应被视为与自然世界紧密相连、相互依赖。因为自然世界的所有要素都是相互关联的，所以它们都应该受到保护和保存。只有这样才是对环境的“固有价值”的正确理解。

因为自然界所有要素间的相互关系，本条规定把自然作为一个整体凸显出来。“任何一种生命形式”这一短语反映出生物多样性这一概念。[②] 它并未聚焦于单个物种的保护。

“独立于其对人类的价值”是对早前实用主义路径的回应，这些方法局限于对那些被认为能直接产生经济利益的物种进行法律保护，忽视了各类物种在生态系统中的作用甚至它们将来的或可能的作用。

第3条　人类共同关切事项

全球环境是人类共同关切事项，受到国际法基本原则、公共良心的指引及人类基本价值的保护。

共同关切事项第3条陈述了各层次国际社会能够而且必须采取协作及单独行动以保护环境所依赖的基石。它是基于这样一个科学事实，即人类活动对环境造成的损害（同温层臭氧层的耗竭、气候变化、生物多样性的减少）对所有人类都产生了负面影响。在全球范围内开展合作并采取一致行动对避免环境灾害是十分必要

---

① 1992年《生物多样性公约》序言和第1段。认可环境的固有价值的其他国际条约包括1980年《南极海洋生物资源保护公约》、1991年《〈南极条约〉之关于环境保护的马德里议定书》以及1973年《野生动植物濒危物种国际贸易公约》。

② 1992年《生物多样性公约》对“生物多样性”的定义如下：

“……所有来源的活的生物体中的变异性，这些来源除其他外包括陆地、海洋和其他水生生态系统及其所构成的生态综合体；这包括物种内、物种之间和生态系统的多样性。”

的。这意味着为了关注全球环境，国际社会作为一个整体应该承担责任和义务。

“共同关切事项”并不意味着具体的规则和义务，而是为国际社会采取行动建立了一个整体的基础。“共同关切事项”必须与“共有物”和“人类共同遗产”这两个定义区分开来，这两者都不能为保护全球环境提供一个充分的法律基础，即使它们也包含有一些有关保护的内容。共有物是国际习惯法中对处于国家管辖权以外区域所作出的定义，特别是针对海洋和外太空，国家有利用共有物的自由，包括获取资源，前提条件是要适当照顾其他国家的利益。① 由此，共有物有可能导致“公地悲剧”，特别是在生物资源方面。与此相对应的是，“共同遗产”虽然也许可资源的获取，但是适用该项规定的国际协定（以《联合国海洋法公约》为代表）建立了国际管理制度以确保资源得到保护，开发是为了全体的利益，开发的收益得到公平地分配，包括分配给那些实际上未参与开发的国家。②“共同关切事项”这个概念是相对于“共同遗产”所提出来的，它的含义没有“共同遗产”那么宽泛。

全球环境是一个“共同关切事项”问题这一结论意味着，鉴于它的全球意义和对全体的影响，考虑全球环境问题时不应仅局限于国家管辖权的范围。③ 它也表明了从传统的条约缔约观念（互惠和实际利益）向基于人类的长期利益而采取行动的转变。

世界生态系统的相互依赖和当前环境问题的严峻急需全球解决方案以应对绝大多数的环境问题，这也证明了把全球环境问题定性

① 参见1898年“太平洋海豹仲裁案”和1958年《公海公约》。

② 目前为止，“共同遗产”仅仅运用于设计月球和深海海床的条约法中。《联合国教科文组织世界文化和自然遗产保护公约》采用了一个类似的术语“人类整体的世界遗产”。

③ 由此，1945年《联合国宪章》第2条第7款不得用来阻止针对环境问题的国际行动。

为“共同关切事项”的正当性。① 许多多边环境条约都有提及“共同关切事项”这一概念，这一概念也出现在涉及全球气候变化②、生物多样性保护和遗传遗传资源保护的文本中。③ 1979 年《养护野生动物移栖物种波恩公约》在其序言中指出“拥有无数物种的野生动物是地球自然系统不可替代的一部分，为了人类的利益应该对其加以保护……每一代人类都是替后代人类保管地球资源，有义务确保这种馈赠得到妥善的保护，如需利用，要确保利用的科学性”。在《波恩公约》几个月后通过的《欧洲野生动物和自然栖息地保护公约》把总体利益和将来人类这两个概念结合起来，承认野生动植物构成了一个“必须传承到后代的”自然遗产。共同关切事项所涉及的较小领域的问题在《保护东北大西洋海洋环境巴黎公约》中得以体现，这个公约在《生物多样性公约》数月后得以通过。它指出“海洋环境及其支撑的动植物对所有国家都意义重大”。更近的例子是，《联合国关于在发生严重干旱和/或沙漠化的国家特别是在非洲防治沙漠化的公约》提及“国际社会的紧急关注，包括国家和国际组织，针对沙漠化和干旱的不利影响”，可以看出，这里直接关注的只是世界的部分问题。本盟约草案是第一个把全球环境宣示为这样一个“共同关切事项”的国际条约。④

就环境问题而言，“共同关切事项”包含了空间和时间的要

① 这种观点在联合国第 44 届大会第 228 号决议中得以体现，1982 年《联合国海洋法公约》第 192 条和 1992 年《开罗宣言》的原则 2 和原则 7 也有类似的表述。

② 1992 年《气候变化公约》序言；1988 年联合国第 43 届大会第 53 号决议，1989 年第 44 届大会第 207 号决议，1990 年第 45 届大会第 212 号决议，1991 年第 46 届大会第 169 号决议。

③ 1992 年《生物多样性公约》序言；2001 年《粮食和农业植物遗传资源国际条约》序言。

④ 参见 1990 年《兰卡威岛环境宣言》，英联邦政府首脑在此宣示“当前对环境的威胁是全体人类的共同关切事项”；1991 年发展中国家环境与发展部长级会议《北京宣言》认为环境保护和可持续发展是“人类共同关切事项”。

素。空间要素认为地球是一个整体，生物圈也是作为一个整体而存在，因为生物圈的所有要素都是相互依赖的。这就要求所有国家在解决全球环境问题时根据“共同但有区别的责任”的原则公平地分担责任。① 时间要素认为环境恶化的结果通常是长期的，当代人肩负着替后代人保护环境的义务［参见第 4 条（相互依赖的价值）］。

2000 年在约旦安曼召开的世界自然保护大会通过了一个建议，敦促联合国的所有会员国认可这样一个政策，即在相关国际协定法或规范缺位的情况下，也必须尊重环境保护的最低要求标准。这一说法来自“马尔顿斯条款”，该条款出现在建立武装冲突时国际规则的相关国际公约的序言章节中。最低要求标准适用于“一个更完整的环境保护国际规范通过之前”。对生物圈及其所有构成要素和进程的保护程度取决于国际法的原则，这些原则“来自于已有习惯、公共良心的指示、人类充当的是当代及后代人的管家这样一些原则和基本价值观”。

本条规定针对的是所有主体，包括非政府组织和个人，反映了《里约宣言》经常提及的一个观点，即非政府组织在实现可持续发展的过程中发挥着一个重要的作用。② 盟约第 14 条第 4 款（自然人和法人）也提到了这一方法。

第 4 条　相互依赖的价值

和平、发展、环境保护及尊重人权和基本自由是不可分的、相互关联和依赖的，它们构成了可持续世界的基础。

第 4 条集合了各种国际先例，承认上述的四个主题构成了一个不可分的整体。

---

① 这条原则体现在 1992 年《里约宣言》原则 7 和 1992 年《气候变化公约》第 3 条第 1 款。同时参见《跨界种群协定》的第 24 条和第 25 条，承认发展中国家的特别需求。

② 参见原则 10、20、21、22、27。

在1968年于德黑兰召开的第一次联合国人权大会上，国际社会宣告了和平和人权的相互依赖性。① 联合国大会随后在1982年12月18日通过的第37届大会第199号决议中宣告了和平、发展和人权的相互依赖性。1993年《维也纳人权宣言》肯定了联合国为确保人权得以尊重和实现所作出的努力，强调这些努力有助于创造有利条件以便推动和平、安全以及经济社会的发展。② 它同时宣示，民主、发展、对人权和基本自由的尊重是相互依赖和相互促进的。③

《斯德哥尔摩宣言》原则1强调了人权和环境保护的联系，指出“人类享有自由、公平和满意的生活条件的基本自由，并生活在一个能提供生活尊严和幸福的环境中……”《里约宣言》也指出人类“有权享受一个与自然和谐相处的健康和有创造力的生活”。④ 它同时强调，和平、发展和环境保护是相互依赖和不可分的。⑤ 1998年《奥胡斯公约》的序言也强调了这种联系，指出“对环境的适当保护对人类的福祉和基本人权的保障（包括生命权本身）至关重要”。联合国人权委员会2003年第71号决议也明确指出，环境损害有可能对某些人权的保障造成负面的影响。

发展和环境保护有赖于对人权的尊重，特别是有关信息、政治参与和正当程序的权利［参见本盟约第14条（自然人和法人），

① 1968年《德黑兰宣言》。文本同时指出发展中国家和发达国家间经济发展的不平衡阻碍了对人权的有效尊重，人权的有效实现需要理性的社会和经济发展（第12和13段）。这些声明是对1948年《世界人权宣言》第28条的强调，该项条款规定任何人都有权享有这样的一个社会和国际秩序，在这个秩序中，宣言所规定的权利和自由能够得以完全实现。

② 宣言第6段和1993年《维也纳行动计划》。

③ 第8段。

④ 原则1。

⑤ 1992年《里约宣言》原则25。

第49条（信息和知识），第50条（教育、培训和信息公开）]。同理，人权的完全和有效实现也离不开发展和一个良好的环境，因为当基本需求（如充足的食物和水）不能得到保障时，某些基本的人权（如生命权和健康权①）就会受到威胁。② 正如《维也纳宣言》所强调的，发展促进了人权的保障，但是欠发展则不能被当做限制国际公认的人权的正当理由。③

最后，武装冲突无可避免地会破坏环境和人权，④ 也会妨碍甚至阻止发展。为实现本盟约草案的目标，缔约各方应该充分认识到人权保障、武装冲突的预防和限制、环境保护和发展的不可分性，还要认识到只有充分适用国际规则才可能达到上述目标。

第5条　公平和正义

公平和正义应当指导所有影响到环境的决策，并督促每一代人能够预测到后代人的需要并作出合格的环境行为。

第5条，与第6条（损害预防）和第7条（风险预防）的原则紧密相关，是所有涉及环境保护和可持续发展概念的国际法的基

① 所有全球和区域人权文件都规定了生命权，例如，1948年《世界人权宣言》第3条，1966年《公民权利和政治权利国际公约》第6条。包括但不限于下列文件规定了健康权和幸福权：1948年《世界人权宣言》第25条，1966年《经济、社会和文化权利国际盟约》第12条。1993年《维也纳宣言》第5段强调所有人权都是“普世的、不可分的、相互依赖并相互关联的”。

② 《维也纳宣言》指出，物质及有毒和危险废物的非正当转移有可能对每个人享有的生命和健康权造成严重的威胁（参见第11段）。同时参见1990年联合国第45届大会第94号决议——《有必要为个人幸福确保一个健康的环境》。

③ 《维也纳宣言》第10段。

④ 参见《维也纳宣言》第29段。

石。它的内涵涵盖了代内公平，而代内公平也可以称做环境正义。① 代际公平主张每一代人都对后代负有避免损害后代实现其基本需要的能力。② 虽然很难准确预测到后代人的渴望，但是，1966年通过的两项联合国人权公约所确定的基本的人类需求和价值也应被当做是最低要求标准。③ 很明显，这些断言都是基于一个可胜任的环境而作出的。它要求必须保护好所有的自然资源，对那些被开发资源的利用必须是可持续的，不论是在国家的管辖权以内抑或以外的地区。第5条应该与第10条（发展权）和第11条（消除贫困）一起被解读，这两条也明确指出了代内公平的原则。

《世界自然宪章》第1部分针对代际公平的含义作出了一些说明：不损害地球上基因的活力；维持各种生命体的数量，最低要求

① 环境正义被定义为"在开发、实施和执行环境法律、法规和政策时，所有人（无论其种族、肤色、国籍或收入）都能得受到公平的对待并实现有意义的参与。公平的对待意味着没有任何一类人群，包括种族的、伦理的或社会经济意义的群体，活该承担不成比例的负面的环境后果，这些环境后果可能是由工业、城市和商业活动造成的，也可能是由于执行联邦、州、地方、部落的环境项目和政策而造成的。有意义的参与意味着：（1）有可能受到影响的社区居民拥有一个适当的机会去参与某个可能影响到他们的环境和/或健康的行为草案的决策；（2）公众的参与和贡献可以影响到管理机关的决策；（3）在决策的过程中会考虑到所有参与人的意见；（4）决策者寻求那些可能会受到影响的人群参与到决策中并为其提供便利"。美国环境保护局：《评估潜在的环境不公正的指控工具包》，（工作草案，2003年9月8日），详见 http：//www. epa. gov/compliance/recent/ej. heml.

② 参见1988年《果阿准则》，它把这个原则的核心前提确定为"每一代人利用和开发这种自然和文化遗产的权利是与其相应的义务密不可分的，即应该采取一种适当的方式利用这种遗产，在传承到后代时，遗产的状况不应比从祖先继承过来时的状况差"。

③ 同时参见1993年《维也纳宣言》，其规定发展权得以实现的方式应该是公平地满足当代人和后代人的需要（第11段）。1988年《果阿准则》提出了具体的措施以确保这样的代际权利和义务，包括：（1）由国家来代表后代人的利益；（2）指派监察员或委员以保护后代人的利益；（3）在开展自然保护评估时要特别关注长期后果。

标准是足以保证它们的生存；在地球的各个地区适用自然保护的原则，特别要保护独特和有代表性的地区以及濒危物种；在利用已开发的自然资源时要确保最佳的可持续性的产出；保卫自然使其不因军事活动而恶化。①

许多国际文件也确认了这个基本原则。② 事实上，1946 年《捕鲸公约》显示这个概念其实还有更早的先例。③ 一些国家的宪法④也包含有关于代际公平的直接表述，抑或在保障安全和健康的环境权的规定中暗含代际公平的内容。⑤

第 6 条　损害预防

环境损害的预防是一项义务，它应优先于补救措施。污染的预防、控制和减少措施所产生的花费应该由肇因者承担。

第 6 条提出了一个对环境保护至关重要的原则——损害预防的

① 参见原则 1-6。

② 参见 1973 年《野生动植物濒危物种国际贸易公约》；1976 年《地中海公约》；1976 年《南太平洋自然保护公约》；1977 年《禁止为军事或任何其他敌对目的使用改变环境的技术的公约》；1978 年《科威特地区公约》；1979 年《欧洲野生动物和自然栖息地保护公约》；1979 年《野生动物迁徙物种保护公约》；1983 年《大加勒比海地区海洋环境保护和发展公约》；1985 年《东盟自然及自然资源保护协定》；1992 年《生物多样性公约》；1992 年《联合国气候变化框架公约》；1994 年《联合国防治荒漠化公约》；1997 年《联合国国际水道非航行使用法公约》。相同的概念还出现在联合国大会的决议中。参见《为当代人和后代人保护全球气候》，联合国第 43 届大会第 53 号决议，1988 年 12 月 6 日，联合国第 43 届大会第 53 号决议文件，1989 年 1 月 27 日。

③ 参见序言。

④ 参见巴西宪法（第 23 条），印度宪法（第 4 部分第 48-1 条和第 4A 部分第 51A 条），伊朗伊斯兰共和国宪法（第 4 章第 50 条），纳米比亚宪法（第 2 章第 95 条），巴布亚新几内亚宪法（第 4 章）。

⑤ 参见 1993 年菲律宾“Minors Oposa 案”，该案中，挑战木材砍伐许可的诉愿人被授予原告资格，他们可以代表后代人提起诉求。

方法，它针对的是所有的主体，只要他们行动的结果是可感知的。它重申了一个生态事实，即损害预防的努力通常比损害发生后所采取的补救措施的效果更好一些。① 这不仅是因为在许多案例中环境损害是不可逆转的，也是因为事后的补救措施一般都会比预防措施的花费更大、效果更差。有经验表明，当预防措施针对的是环境损害的源头时（特别是那些污染源），其效率会更高，这比为那些受影响的环境建立质量标准要更有效。特别是针对那些分散性的和累积性的污染源，这一点就会显得尤其正确。

损害预防这一规定要求每个缔约方必须做到"谨慎行事"，即在其管辖范围或控制范围内，合理及善意地采取行动以管理那些有可能对环境的任何部分造成损害的公众和私人的活动。② 这一原则并未预设一个损害的最低门槛，因为义务是一种行为义务（谨慎行事）而不是结果义务。因此，这一原则并未给各国施加一个完全的义务以预防所有的损害，而是要求各国应通过管理以最小化获批活动的有害影响。③ 当然，在某些情况下，损害预防原则会要求成员国明令禁止那

---

① 参见 1973 年《欧共体环境行动计划》。要注意的是本项原则并未否定在损害发生后立即采取补救措施的义务。参见《联合国水道公约》第 27 条，本盟约第 23 条和第 33 条。参见 1989 年《巴塞尔公约》第 4（1）b 条的要求，即缔约各方应确保其国内拥有足够的处置设施以便对危险物或其他废物进行环境友好型的管理；1982 年《世界自然宪章》原则 12 的第 1 款；1989 年《欧洲环境和健康宪章》战略要素 2 第 9 款；联合国第 42 届大会第 186 号决议（1987 年）——《2000 年及以后的环境展望》第 3 段第 6 款。

② 在 1872 年"阿拉巴马州案"中，谨慎行事的定义是"与事件的严重程度和管理机构的权威及权力大小成比例的谨慎行事"。

③ 参见 1994 年《多瑙河公约》第 6 条，其指出预防措施必须考虑到长期的需要。缔约成员国应该"预防地下水水源地的污染，特别是那些被当做长期饮用水源供给地的地区，特别要注意来自硝酸盐、植物保护药剂、杀虫剂和其他有害物质的污染"（第 6 条第 b 款）。

些有可能造成严重环境损害的活动。① 许多国际文件多重申了这一原则，② 更广泛的应用是制定最低要求标准③或者要求采取“最佳可行技术”。④ 在决定某项技术是否是最佳可行技术时，应该考虑几个因素，包括污染的性质和量的大小以及该项技术的经济可行性。

如果涉及跨界的问题，那么，在2010年4月20日作出的乌拉圭河纸浆厂案的判决中，国际法院从损害预防原则说起，并明确认定这一原则是一个习惯性规则，它来源于国家在其辖区内应尽的谨

---

① 禁止确信的有害行为的义务是毋庸置疑的，但是可能的损害在哪个临界点上可以引发这一义务，还是不确定的。某些法律文件和决定的表述是“严重后果”（“特雷尔冶炼厂案”），其他的说法还有“重大的”、“相当可观的”或者“可测量的”损害。一般而言，被禁止的行为通常会被具体地标明在国际或国内法中。1992年《欧洲经济共同体跨界水道公约》第3条第1.4款规定，作为预防义务的一部分，成员国应该施加更严格的要求，“甚至在个别案例中会导致行为的禁止，前提是接受水的水质或生态系统有如此要求”。同时参见本盟约的第58条。

② 例如涉及海洋环境的有：1972年《防止倾倒废物及其他物质污染海洋的伦敦公约》第1条；1974年《防止陆源污染物污染海洋巴黎公约》第1条，该公约后来被《保护东北大西洋海洋环境公约》所取代；《联合国海洋法公约》第192、194、195、196、204、207~212条；区域海洋协定；涉及河流的有：《保护与使用越境水道和国际湖泊赫尔辛基公约》第2条和第3条；1997年《联合国国际水道非航行使用法公约》第21条；1994年《莱茵河保护鹿特丹公约》第4条；涉及大气污染的有：1979年《长程越界空气污染公约》第2条；涉及臭氧层的有：1985年《保护臭氧层维也纳公约》第2条第2.b款和1987年《蒙特利尔议定书》；涉及废物的有：1989年《关于跨界转移的巴塞尔公约》第4条第2.c款；2000年《巴塞尔责任议定书》第6条；1991年《禁止向非洲进口危险废物并在非洲内管理和控制危险废物越境转移的巴马科公约》第4条第3.e款；涉及生物多样性的有：1985年《东盟自然及自然资源保护协定》第4条；1992年《生物多样性公约》序言和第14条。

③ 参见1973年《防止船舶造成污染国际公约》附件1-5，1982年《联合国海洋法公约》第210~211条，1972年《防止倾倒废物及其他物质污染海洋的伦敦公约》第4条、第6条、第7条和附件1-3。

④ 参见1992年《保护东北大西洋海洋环境公约》第2条第3.a.i款；1979年《长程越界空气污染公约》（1979年）第6条；1982年《联合国海洋法公约》第194条第1款；1994年《多瑙河公约》附件1。同时参见1982年《世界自然宪章》原则11。

慎义务，

> “不得故意允许其领土被用来开展那些违背其他国家权利的活动是每个国家的义务”［科孚海峡案（英国诉阿尔巴尼亚），判决，国际法院报告1949年第22页］。每个国家都有义务采取其所掌控的一切手段以避免在其领土内（或在受其管辖的区域内）发生的活动对他国的环境造成重大的损害。国际法院把这种义务确立为‘有关环境的国际法实体的一部分’（《利用或威胁利用核武器的合法性》，建议意见，《国际法院报告》1996年，第1卷第242页第29段）。”

在同一个案件中，国际法院认为，预防污染及保护和保存该河流水环境的义务，以及这一义务中隐含的“谨慎行事”的落实，就要求必须对待建的工业企业计划采取的技术手段进行认真的考量。法院似乎已经得出结论，要求企业必须采取最佳可行技术。有几项国际文件对最佳可行技术或相关术语作出了定义。《保护与利用跨国水道与国际湖泊公约》（赫尔辛基，1992年3月17日）在附件1中对“最佳可行技术”的定义是“流程、设施或操作模式的最新进展，它们能证明一个旨在减少排放和废物的特定措施所体现出的实践上的恰当性”。

1992年《保护东北大西洋海洋环境公约》把一个类似的术语“最佳可行手段”定义为“流程、设施或操作模式的最新进展（当前发展水平），这三者能证明一个旨在减少排放和废物的特定措施所体现出的实践上的恰当性”。

同一文件还对“最佳环境实践”这个术语作出了定义，即采用最恰当的方法组合环境管理措施和战略，其范围涵盖了教育、信息和许可制度的建立。其他一些条约也采用了相关的术语。《易北河保护公约》要求缔约各方制定工作计划，针对那些旨在减少排放和污染的最新技术的应用提供自己的建议（第1条第3款）。《联合国海洋法公约》要求各国采取措施以预防、减少和控制海洋污染，为达此目的，各国必须采用它们所能掌控的最可行的方法。①

为帮助各国确定何为最佳可行技术或实践，有些国际协定明确了那些应该得到特别考虑的标准。这些标准包括：可比较的流程、技术上的改进和变化、经济上的可行性、时间的限制、排放和废物的性质及量的大小、低废物和无废物技术。《关于持久性有机污染物的斯德哥尔摩公约》② 在它的附件 C 第 5 部分（持久性有机污染物的非故意生产）中，对最佳可行技术和最佳环境实践作出了总体的指导。它介绍了一些常用方法，以便预防在其列表上的化学品的形成和扩散，如采用低废物技术和低危险物质，提高废物的再生和循环利用，改进废物管理方案，采取预防性维护计划，避免使用某些物质。

公共机关可以要求在其管辖范围内的活动必须采取最佳可行技术，并通过授权、允许、许可和监督的方式或者其他行政或司法的执行手段对此进行核实。排放限额和其他产品或流程的标准及类似技术也可以被当做损害预防原则的应用。损害预防的方法也可以包含战略和政策的制定及运用。

各国广泛适用环境影响评价［参见本盟约第 42 条（环境影响评价）］以确定对环境可能的威胁，这样就可以采取预防措施。③通过颁发许可证和其他针对人类活动的管控措施，包括对那些违反了预防损害之义务的行为施加处罚，损害预防原则得以发挥作用［见第 59 条（违法）］。④

① 同时参见其他区域海洋协定，例如，1985 年《东非地区海洋和海岸环境保护、管理和发展公约》第 4 条；1983 年《大加勒比海地区海洋环境保护和发展公约》第 4 条；1986 年《南太平洋地区自然资源和环境保护公约》第 5 条。

② 2001 年 5 月 22 日。

③ 同时参见 1991 年《关于跨国界环境影响评价的埃斯波公约》第 2 条第 1 款；同时参见美国《国家环境政策法》。

④ 参见美国《有毒物质管理法》；埃及《环境法》；洪都拉斯《综合环境法》和古巴 1993 年 2 月 2 日第 179 号法令。

预防跨界损害的义务深植于国际习惯法。特雷尔冶炼厂仲裁案的判决充分体现了这一义务，同时，国际法院关于科孚海峡案的声明“不得故意允许其领土被用来开展那些违背其他国家权利的活动是每个国家的义务”，① 也对这一义务的确立提供了支持。在1997年国际法院关于加布奇科沃—大毛罗斯工程案（匈牙利诉斯诺文尼亚）的判决中，法院指出“在环境保护领域，考虑到环境损害经常是不可逆转的，而针对这种损害的修复机制又具有天生的局限性，因此有必要保持警觉和预防”（第140段）。

许多国际文件重申了这一原则［参见本盟约第13条（国家）］②，这一原则是绝大多数国家环境立法的基础［参见本盟约第43条第2款（环境标准和控制）］。本盟约草案的每项规定几乎都映射出这一原则。

第6条的第2句重述了“污染者付费”原则，它特别采用“肇因者”这一术语以表明它既包括实际的环境损害，也包括那些可能发生的环境损害。在数个全球和区域性文件中也可以找到类似的规定。③ 在国际层面上，1990年《国际油污防备、响应和合作公约》在其序言中指出，污染者付费原则是“国际环境法的一项一般原则”。更近一点的例子是1996年《保护地中海不受陆源污染的议定书》的修正书，以及2001年《关于持久性有机污染物的斯德哥尔摩公约》。

---

① 同时参见拉努湖案。

② 1972年《斯德哥尔摩宣言》原则21；1992年《里约宣言》原则2；1982年《联合国海洋法公约》第194条；1992年《生物多样性公约》第3条。在斯德哥尔摩，有几个国家声明原则21符合现有国际法。1972年联合国大会第2996号决议强调原则21制定了“管理这一事项的基本规则”。

③ 参见1992年《里约宣言》原则16；1972年《欧共体条约》第130条第18款，1972年《经济合作与发展组织关于环境政策的国际经济层面的指导性原则的建议》，1974年《经济合作与发展组织关于污染者付费原则的实施的建议》，1992年《保护东北大西洋海洋环境公约》第5条第2.2款，1992年《欧洲经济委员会工业事故公约》序言。

污染者付费原则的内容在1992年《保护东北大西洋海洋环境公约》中也有体现。其第2条第2款规定，“缔约方应适用……污染者付费原则，根据这一原则，污染预防、控制和减少措施所引起的花费必须由污染者承担”。根据预防和控制的程度和范围，以及“减少”这一术语是否包括了损害赔偿的内容，这条规定可以有不同的解读。同时，“污染者”这一概念也可以从商品的生产者转变为消费者，后者使用商品并为无污染生产模式支付了更高的价钱。于是，国际实践、特别是欧盟的实践，似乎在致力于解除公众对企业的污染消减行为的补助。

如果得以完全实施，则污染者付费原则将会消除许多非关税贸易壁垒。这一规定制定的是一个长期目标，因为要期望肇因者去承担预防、控制和减少污染所引起的所有“外部性”费用，在目前还是不现实的。有一些重大的社会选择尚待作出决定，而且，无论怎样的经济发展水平，绝大多数缔约方还没有准备好立即完全实施这一原则。如何确定这些花费的具体数额，何种方法是达成目标的最好方法，这些问题还需要做更多的理论研究工作。尽管如此，有一点还是很清楚的，即直接的补助应该被逐步淘汰，而事实上的补助，例如，未严格执行的规则，应该被淘汰。本条规定同时也适用于那些损害已经发生的情况，那些已经引发国内和国际所规定的责任和赔偿责任的情况。①

第7条　风险预防

风险预防是一项义务。即使缺乏科学的确定性，还是应该采取适当的行动以预测、防止和监控严重或不可逆转的环境损害的风险。

第7条强调了风险预防的方法，它源自损害预防原则［第6条(损害预防)］，但是它有自己特定的适用条件，即有证据表明某项活动有可能对环境造成损害，但又缺少足够的科学确定性。这两个

---

① 在跨界损害案例中，参见“特雷尔冶炼厂仲裁案”。

条款的主要区别在于举证标准的不同，而是否有必要采取措施以避免环境损害是取决于举证的。在国际法中，预防跨界损害的传统义务被引发的前提是“令人信服的证据”能证明这种损害将会发生。① 可以看出，损害预防原则的焦点问题是根据知识和能力判断损害发生的可预测性或可能性。与此相反，即使风险的具体程度或潜在重大的（或不可逆的）环境损害的程度还具有科学不确定性，风险预防的方法也会要求采取行动。它是基于这样一个假定，即关于环境的科学知识仍然处于发展完善中，只有在不可逆的或灾难性的损害发生后，一些新的活动或物质才会被发现是有害的。因此，为了避免环境损害，额外的谨慎也是一个较好的选择。正如《卑尔根可持续发展部长宣言》（1990 年 5 月 16 日）所述，“环境措施应该预测、预防并打击造成环境恶化的成因”。②

通过聚焦损害的风险，风险预防的方法试图预测那些严重的或不可补救的损害。一旦确定了某种风险，根据风险的程度（发生的可能性及后果的严重性）需要采取不同的措施，同时还需要有临时或永久的限制。因此，向海洋中倾倒废物，在某些情况下，被认定为特别危险的，以至于举证责任被完全转移到活动的开展方，他们需要证明损害不可能发生。③ 2000 年《卡塔赫纳生物安全议定书》要求，当某个改性活生物体有意引入到进口国的环境中时，在其第一次有意的越境转移之前，必须进行风险评估。这个协定让进口国来决定是否同意接受这种风险。风险评估和知情同意也就构成了议定书管理程序的核心内容。

① 例如，“特雷尔冶炼厂仲裁案”。

② 第 7 段（1990 年 5 月 15 日）。

③ 参见 1972 年《防止倾倒废物及其他物质污染海洋的伦敦公约》；《国际海事组织伦敦倾倒咨询会议关于放射性废物的倾倒的决议》中关于暂停在海洋中处置低放射性废物的规定，附件 4（1985 年），（经缔约方同意，这一规定被 1993 年 11 月 12 日通过的中止决定所取代）；《奥斯陆委员会关于在北海的倾倒的优先确认程序》（参见 1989 年奥斯陆委员会《第 89/1 号关于减少和停止向海洋倾倒工业废物的规定》）。

国际文件广泛地引用并发展了风险预防原则。① 同时，风险预防原则作为一个基本原理隐现在许多其他文件中。② 这一原则包含有多种管理手段：例如，环境质量标准，危险物的管理或禁用，最佳可行技术的利用，综合环境管理，综合性环境影响评价等。很明显，如果在环境问题的决策过程中有完整的公众参与，就可以在采取行动之前对所有已知和可能的风险进行评估，风险预防原则就会得到极大的增强［参见本盟约第14条第4款（自然人和法人）］。

1995年《关于执行〈联合国海洋法公约〉有关养护和管理跨界鱼类种群和高度洄游鱼类种群规定的协定》第6条具体说明了一些必需的手段。缔约国“应当保持更多的谨慎，当信息是不确定、不可信或不充分的时候。足够科学信息的匮乏不应被当成是延迟或不采取保护和管理措施的理由”。在实践中，缔约国应获取并分享最佳科学信息，提升应对风险和不确定性的技术水平；运用指南；充分考虑不确定性，例如资源的规模和生产能力；开展数据收集和研究项目以评估渔业造成的影响；加强监管等。对那些新的或探索性的渔业，缔约国应采取谨慎的保护和管理措施。2000年

① 参见1991年《禁止向非洲进口危险废物并在非洲内管理和控制危险废物越境转移的巴马科公约》第4条第3.6款；1992年《保护波罗的海海洋环境赫尔辛基公约》第3条第2款；《气候变化框架公约》第4条第1.6款；1992年《生物多样性公约》序言；1996年《〈保护地中海免受陆源污染的议定书〉的修正》序言；1999年《1979年〈长程越界空气污染公约〉之关于减少酸化、富营养化和地表层臭氧的议定书》；2000年《卡塔赫纳生物安全议定书》；2000年《关于中西太平洋高度洄游鱼类的保护和管理的公约》；2001年《关于东南大西洋渔业资源的保护和管理的公约》；2001年《关于持久性有机污染物的斯德哥尔摩公约》；1994年《欧洲能源宪章条约》第19条第1款；2001年《信天翁和海燕保护协定》第2条第3款；2002年《东北太平洋地区海洋和海岸环境保护及可持续发展合作公约》；2002年《跨界雾霾污染东盟协定》。

② 例如1985年《保护臭氧层维也纳公约》及其1987年《蒙特利尔议定书》。

《〈生物多样性公约〉之卡塔赫纳生物安全议定书》也提出了关于风险预防的要求。这一原则体现在议定书的第 1 条（议定书的目的），第 1 条明确提及了《里约宣言》原则 15。这一原则的核心规定体现在议定书的第 10 条和第 11 条中。第 10 条第 6 款指出，“在确定改性活生物体潜在的不利影响的程度时，因为相关信息和知识不够充分而导致的科学确定性的匮乏不得妨碍缔约方针对这一改性活生物体作出相应的决定以避免或减少这种潜在的不利影响”。第 11 条采用了类似的表述。据此，一个国家就可以拒绝某项进口，即使还缺乏科学确定性以证明它有可能造成损害。这些规定比《里约宣言》原则 15 更宽泛，因为它们并未提及“严重或不可逆的损害”或成本效益。

第 8 条　比 例 原 则

在选择合理的行动方案时，应该优先考虑造成最小环境损害的备选方案。

第 8 条反映了一个基本原则，其通常适用于社会基本价值受到限制或权利受到侵害的时候。它要求采用能使负担或损害最小化的备选方案。在某些实践中，采取的测试方法是判断拟开展活动“在一个民主社会是否有必要”，这种测试包含了比例原则的理念。涉及环境问题时，比例原则会特别地适用于环境影响评价程序，这一程序通常需要考虑减缓措施和备选方案，包括取消拟开展的活动。国际金融机构的优先评估程序有这样的要求，即必须确定拟开展项目在哪些方面可以获得改良以预防、最小化或补偿不利的环境影响。①

① 1991 年《〈南极条约〉之关于环境保护的马德里议定书》附件 1 第 3 条第 2 款要求必须对拟开展活动的所有备选方案进行一个综合的环境评价，包括取消拟开展活动的方案，以及这些备选方案的后果。

第9条 恢复力

自然系统和人类社会承受和恢复环境干扰和压力的能力是有限的，应该尽可能地得到全面支撑和恢复。

大量有关生态系统的个案研究已经证明了非线性的（加速的或突然的）变化。千年生态系统评估项目得出的结论认为生态系统的变化正在增加其发生非线性的变化的可能性。这种变化的例子包括疾病的发生、水质的突然变化、海岸水域“死亡地带”的产生、渔业的崩溃和区域气候的变化。因为不可逆和突然的变化所引起的危险，人类社会及其赖以生存的自然系统的恢复力应该受到优先考虑。①

第10条 发展权

发展权是普世的和不可剥夺的，它为人类施加以一种可持续和公平的方式来满足人类社会的环境、社会和经济需要的义务。

第10条确立了一个基本原则，即发展权使环境保护和全球公平成为必需，这个主题被联合国环境与发展大会所确定，在世界可持续发展峰会中得以再次确定。人类社会认识到，当环境恶化时，长期发展前景就会受到日益严重的限制；于是就出现了可持续发展的概念，它隐含了以上两个迫切需求。②

第10条的直接前身包括《里约宣言》原则3、1986年《发展权宣言》和近期的综合了发展和环境保护的全球条约。③ 在本盟约草案中，这一条款与第3条（人类共同关切事项）、第4条（相互依赖的价值）和第5条（公平和正义）直接相关，它的具体实践

---

① 新千年生态系统评估项目，2005年。《生态系统和人类福祉：综合报告》（世界资源研究所，2005年）。

② 可持续发展这一概念的起源可以追溯到1972年《斯德哥尔摩宣言》和1987年《联合国环境与发展委员会布伦特兰报告》。

③ 参见1992年《气候变化公约》和1992年《生物多样性公约》。同时参见《里约宣言》原则2。

则体现在第16条（一体化政策）等条款中。

第10条所提到的“人类”是基于这样一个认识，即人类是发展的核心主体。① 因此，这一基本原则不仅适用于每个缔约方自己的公民，同时也考虑到所有人的需求。在此种意义下，它就造就了“代内”公平这一理念。发展权“可持续的和公平的”实施方式蕴含着一种平衡，“可持续”把环境保护的概念引入到发展的进程中，“公平”把发展的问题引入到国际环境保护的努力中。通过国际经济秩序［本盟约第34条第1款（贸易与环境）等条款与此相关］的实施，通过向发展中国家输送资源以促进它们的能力建设，公平性将会得以实现。为应对当代的环境和经济的挑战，这两者对有效的全球解决方案至关重要。

第11条 消除贫困

消除贫困需要全球伙伴精神，它对可持续发展来说是不可或缺的。提高全人类的生活质量并减少生活标准的不平等对一个公正社会来说意义重大。

第11条阐述了一个众所周知的道理，即一定程度的经济发展水平是可持续发展的一个前提条件。当极端的贫困阻碍到基本需求的保障，环境保护和持续利用都不能实现，因为消除贫困才是压倒一切的优先考虑对象，即使有意愿进行环境保护，也是心有余而力不足。② 这一原则由此确定了环境保护和经济发展的根本联系。③

---

① 参见1993年《维也纳宣言》和1986年《联合国发展权宣言》，它指出“发展权是人类的一个不可剥夺的权利，它意味着每个人和所有人都有权参与、出力于并享受经济的、社会的、文化的和政治的发展，以保证所有的人权和基本自由能得到完全的实现”。联合国人权事务高级专员的职责也包括这一主题。

② 参见《联合国防治荒漠化公约》序言，缔约各方表示他们已经“关注到可持续的经济增长、社会发展和贫困的消除是那些受影响的发展中国家的优先考虑事项”。

③ 参见1972年《斯德哥尔摩宣言》原则8-14和1992年《里约宣言》原则5。

它同时强调，如果没有整个国际社会的共同努力，则最低要求的经济水平就不可能实现。

数个国际文件也认识到这一压倒性的问题，并意识到有必要采取全球合作以解决这一问题，同时还承认每个国家都对自己的可持续发展和贫困的消除负有首要的责任。① 《21 世纪议程》指出，贫困的消除既是一个国家或地区的具体现象，同时又是所有国家的共同责任。② 于是就出现了全球伙伴关系这一概念，它强调了国际的团结和利益的一致性。③ 在 1995 年，在一个社会发展世界峰会中，117 个国家的政府首脑一致同意，在伙伴关系这一理念的基础上，在各个社会内部以及发达国家和发展中国家之间，采取一个综合的办法以消除贫困。《联合国新千年宣言》作出了一个承诺，即消除极端贫困，到 2015 年时把日均收入不足 1 美元的世界人口和忍受饥饿的人口的数量减少一半。联合国大会宣布 1997—2006 年是联合国消除贫困第一个十年。2002 年可持续发展世界峰会把伙伴关系的外延延伸到非国家主体。《约翰内斯堡可持续发展宣言》指出可持续发展需要一个远期的视角和“与各主要团体的稳定的伙伴关系”（第 23 段）。《约翰内斯堡实施计划》也号召政府和非政府主体（包括所有的主要团体）之间加强伙伴关系。

全球伙伴关系包括努力促成公平的国际经济秩序［本盟约第 34 条第 1 款（贸易与环境）］和针对发展中国家的适当的发展援助［参见本盟约第 52 条第 2 款（国际资金）］。全球伙伴关系的其他要素还包括技术合作［本盟约第 47 条（技术开发及转让）］，信息交换［本盟约第 49 条（信息和知识）］和恰当的机构建设和增强。④

为实施这一原则，缔约方所需采取的具体措施体现在本盟约第

① 参见联合国第 57 届大会第 266 号决议——《联合国消除贫困第一个十年的实施》（1997—2006 年），第 1 段。

② 第 3.1 段。

③ 参见本盟约序言和《联合国宪章》第 1 条第 1 款。

④ 参见 1992 年《21 世纪议程》第 3.10 段。

31 条（消除贫困的行动）。

第 12 条　共同但有区别的责任

缔约各方应基于共同但有区别的责任和各自的能力来履行自己的义务。

共同但有区别的责任这一概念包含两个要素：共同责任和有区别的责任。第一个责任来源于生物圈的相互依赖性和为维护生物圈而建立全球伙伴关系的必要性。共同责任源自于“环境是人类的共同关切事项”这一认识，在制定涉及可持续发展的国际法律和政策的过程中，各方都负有进行合作并积极参与的义务。

有区别的责任源自于两个因素：一个是各国对全球环境恶化的不同作用力；① 另一个是各国所掌控的技术和资金的差异。② 有区别的责任的具体适用通常体现在一些条约的规定中，即要求发达国家必须承担发展中国家履行相关义务所产生的花费。③

共同但有区别的责任第一次得到承认是在《里约宣言》的原则 7，比这更早的提法出现在一些条约的条款中，这些条款要求公平地控制引发臭氧层消耗的物质的排放等问题。④ 20 世纪 80 年代末以来的所有全球环境公约都体现了共同但有区别的责任这一概念。同时，1989 年《关于管理危险废物越境转移及其处置的巴塞尔公约》（第 10 条第 2 款），1987 年《蒙特利尔臭氧层保护议定书》（于 1992 年修正），1992 年《生物多样性公约》（第 16、20、21 条），以及 1992 年《联合国气候变化框架公约》，都对技术转让和财政支持作出了规定。1994 年《联合国关于在发生严重干旱和/或沙漠化的国家特别是在非洲防治沙漠化的公约》对发达国家缔

① 参见 1991 年发展中国家环境与发展部长级会议《北京宣言》。

② 参见《生物多样性公约》第 6 条；《联合国防治荒漠化公约》第 4 ~ 6 条。

③ 参见《蒙特利尔议定书》第 5 条第 1 款。

④ 参见 1987 年《蒙特利尔议定书》序言。

约方的义务做了最详细的规定。它们必须调动实质上的资金，包括全球环境基金中的新增资金，支持项目的实施以防治沙漠化并减轻干旱造成的影响（第 21 条和第 22 条）。

第三部分　一般义务

第三部分所包含义务的适用范围是不论环境要素或者活动的不同类别的。为了和本盟约草案的名称和精神保持一致，它的条款涉及环境和发展两个方面。这一部分明确表述了缔约方、所有国家（当条款的内容是对国际习惯法的宣布时）及个人的权利和义务。它提出了一个总体的框架，本盟约草案的具体义务源自于这个框架，义务的解释依据也是这个框架。

第 13 条　国　　家

1. 根据《联合国宪章》和国际法的基本原则，国家享有利用资源满足环境和发展需要的主权权利，同时有确保在其管辖或控制范围内的活动必须尊重其他国家的环境或国家管辖范围以外的环境的义务。

2. 根据《联合国宪章》和国际法的基本原则，国家有权利也有义务采取合法的行动来保护其管辖区域下的环境，避免其受到在其国家管辖权外的活动而造成的严重损害。如果损害已经发生，那么它们有权要求进行适当和有效的救济。

3. 国家应采取一切适当的措施来避免自然资源的浪费并确保可再生资源的持续利用。

第 13 条阐明了国际习惯法的基本原则，详细说明了本盟约草案缔约各方所应承担的一般义务，这些义务源自大量的国际文件。这些原则和义务应当适用于本盟约草案具体条款的实施中。

第 1 款　适用于国家管辖范围以内及以外的环境。对 1945 年《联合国宪章》和国际法原则的引用涉及两个基本问题。首先，每个国家都享有利用其资源的主权，① 这是国际环境法的总体框架所决定的，② 这种主权也包含有睦邻关系③、合作、尊重人权、和平解决争端、承诺提升生活质量，以及其他一些构成当代国际环境法的原则。其次，国际法应当被看做一个渐进的发展过程，因此，早先那些仅仅关注经济发展的国际文件应当与后来那些对资源开发施加限制的文件结合在一起解读。④ 国际环境法的发展表明了国家为了可持续发展而支持这种限制的意愿。国内环境法和国际环境法都属于这一宽泛的法律架构。国际环境法的所有近期发展都承认全球环境是一个有机的整体。⑤ “管辖范围”这个术语比“领土”更宽泛，它应该包括更多的领域，如专属经济区。

第 1 款 重申了非常重要的《斯德哥尔摩宣言》原则 21⑥ 和

---

① 例如，这一点在联合国大会关于自然资源永久主权的第 1803 号决议中已被确认。

② 参见联合国第 28 届大会第 3171 号决议。本条款的基本要素构成了当代国际法的一部分，1945 年《联合国宪章》（特别是第 103 条）和 1970 年《国际法原则的宣言》清楚地说明了这一点。

③ “帕尔马斯岛案”和“特雷尔冶炼厂仲裁案”表述了这一原则。

④ 正如国际法院在“加布奇科沃—大毛罗斯工程案”中所述，“纵观历史，因为经济的或其他的原因，人类持续地干扰了自然。因为新的科技成就，同时，这种针对自然的欠考虑和不停歇的干扰对人类（当代和后代）所造成的风险也日益引起人们的关注，在过去的 20 年，大量国际文件制定并宣布了一系列新的规范和标准。当国家在筹划新的活动或者继续开展已经开始的活动时，这些新的规范应当得到充分考虑，这些新的标准也应占据应有的比重。协调经济发展和环境保护这一需求在可持续发展这个概念中得到了恰如其分的表述”（第 140 段）。

⑤ 本条规定中的保护和保持义务是基于这样一个认识，即全球环境是“共同的人类关注”（本盟约第 3 条），而不仅仅是各国的国内事务。

⑥ 同时，参见 1972 年联合国大会第 2995 号决议和第 2996 号决议，它们强调原则 21 和原则 22 为这一问题奠定了基础的规则。

《里约宣言》原则2，也是对国际习惯法的一种宣示。① 1982年《联合国海洋法公约》第194条第2款和《生物多样性公约》第3条以及其他一些文件也有类似的表述。②《联合国水道公约》第7条也作出了类似规定，要求水道各国必须采取一切适当措施以预防对其他水道国家的重大损害，当损害发生时，造成损害的国家必须采取一切适当措施以消除或减轻这一损害，并要协商赔偿事宜。这条规定阐释了当今国际环境法的重要基础。本条规定中的"在它们管辖或控制范围内的活动"意味着，它涵盖了挂有国旗的船舶，在专属经济区内开展的活动，以及各国公民的活动。

第2款　指出，各国根据国际法，有权利和义务在其辖区内采取合法行动以避免跨界环境损害。它来源于并适用于损害预防和风险预防的方法（本盟约第6条和第7条）。它概括了那些针对沿岸

---

① 参见"特雷尔冶炼厂仲裁案"。这一规范受到广泛接受这一事实，促使国际法院以建议性意见的形式确认"国家有义务确保在其管辖和控制下的活动能够尊重他国环境或国家管辖范围以外区域的环境，国家的这一义务是有关环境的国际法实体的一部分"。《关于使用或威胁使用核武器的合法性的建议意见》，国际法院报告，1996年，第241~242页，第29段）。"加布奇科沃—大毛罗斯工程案"的判决重申了这一表述，法院也"注意到最近有案例强调……尊重环境的重大意义，不仅是为了各国，也是为了全人类"。1997年9月25日，第53段。参见本盟约第37条和第39条。

② 参见1979年《长程越界空气污染公约》和1985年《东盟自然及自然资源保护协定》第20条。1994年《多瑙河公约》第2条第2款也要求各缔约国必须采取一切法律和技术的措施以维护和改善当前多瑙河的环境质量和水质及其流域的水体，尽可能地预防和减少正在发生或可能发生的负面影响和变化。第3条第2款适用于公约的活动和进行中的措施，只要它们会造成跨界影响或者可能造成跨界影响。第5条具体说明了预防、控制和减少跨界影响的必需措施。第1条第3款对跨界影响作出了定义，即影响生命、财产、设施安全和水生态系统的损害。

国家受到不利影响而制定的海洋环境保护的规则。① 第2款所表述的权利也涵盖那些为确保可再生资源的保护而采取的措施。例如，《关于执行〈联合国海洋法公约〉有关养护和管理跨界鱼类种群和高度洄游鱼类种群规定的协定》第23条规定，港口国拥有权利和义务根据国际法采取措施以提升分区域、区域和全球的保护和管理措施的效力。它有权检查港口中停泊船舶的文件、打捞装置和捕获物，当捕获物损害到措施的效果时，有权禁止其登陆和转运（第1-3款）。这种保护的权利必须符合一般国际法的现行框架，特别是《联合国宪章》所体现的原则。它并未授权受影响国不合理地干涉他国主权。这一规定所设计的保护措施必须与损害风险相对称，在绝大多数情况下，它会涉及本盟约第18条（紧急事件）的实施。获得适当救助的权利指的是本盟约的第四部分，它包含了“有效获取”这一个概念［参见第14条（自然人和法人）］。

第3款 源自于第1款，但是它特别强调了自然资源。它的两个要素，包括所有资源的保护和可再生资源的持续利用，都来源于一般国际环境法。② 本款必须与本盟约草案第32条（消费和生产模式）结合在一起解读。

---

① 参见1969年《国际干预公海油污事故公约》（1973年《干预公海非油类物质污染议定书》将非油类污染也纳入进来），1982年《联合国海洋法公约》第221条和第234条，1989年《海上救助公约》第9条。

② 参见1982年《联合国海洋法公约》，1992年《生物多样性公约》，1979年《长程越界空气污染公约》，2006年《国际热带木材协定》（提出对木材源地森林的持续利用和保护）；《关于执行〈联合国海洋法公约〉有关养护和管理跨界鱼类种群和高度洄游鱼类种群规定的协定》第5条（各国应采取措施以确保跨界鱼种和高度洄游鱼类的长期可持续性，并提升它们的最佳利用目标。应设计相应的维护和恢复措施，以期达到最大的可持续性产量，这是由相关环境和经济因素所决定的，包括发展中国家的要求，还要考虑捕鱼方法、鱼类的相互依赖性以及国际通用的最低要求标准，不论是在分区域、区域或是全球）；1994年《多瑙河公约》第2条第5款（缔约国应加强合作以实现可持续水管理）。

第 14 条　自然人和法人

1. 缔约各方将努力逐步实现所有人享有生活在一个生态友好型环境中的权利，享有足够的发展、健康、福利和尊严。缔约方应对满足人类基本需求给予及时和特别的关注。

2. 缔约各方应确保所有自然人和法人都有义务保护和保育环境。

3. 缔约各方应确保所有人，在无须表明是否存在利益关系的情况下，有权要求公共机构提供环境信息，并有权寻求、接受、传播有关环境的信息，除非存在下列的限制：法律规定、为尊重他人的权利、为保护国家安全或保护环境。

4. 在涉及可能对环境造成严重影响的活动、措施、计划、项目和政策时，缔约各方应确保所有人都有权有效地参与到决策过程，包括地方、国家、国际层面的决策。

5. 缔约各方应确保所有人都有权有效地获取行政和司法程序（包括赔偿和救济），以起诉个人或公共机构的作为或不作为，只要这些行为违反了国内或国际环境法。

6. 缔约各方应开发或改进机制以便更好地吸收土著人、当地社区、脆弱和边缘人群参与到各层次的环境决策过程中，并应采取措施以便他们能够保持可持续的传统行为方式。

第 14 条列举了一系列涉及本盟约草案目标的具体人权和义务。缔约方应对此作出规定。正如第 5 款所述，本条是对第 13 条（国家）的补充。在某种程度上来说，本条源自于《里约宣言》原则 10，并在可持续发展世界峰会上得以再次确认。但是，早在 1988 年，联合国人权组织的决议就曾经提及生活在一个良好和健康环境中的权利。① 在 2010 年初，联合国大会明确提出每个人都有权享

① 参见联合国人权小组委员会 1988 年《第 26 号决议》（9 月 1 日）和联合国人权委员会 1989 年《第 42 号决议》（3 月 6 日）。1990 年，人权委员会通过了标题为“人权和环境”的第 41 号决议，强调了环境保护和人权改善之间的联系。

有一个健康的环境。①

第 1 款 确认每个人都有权享有一个生态友好的环境和发展水平。②《斯德哥尔摩宣言》确认了当今世界两大基本目标——尊重

① 联合国第 64 届大会第 157 号决议（2010 年 3 月 8 日）在第 4 段确认一个民主的和公平的国际秩序要求以下要素的实现：

“（1）每个人和所有人都有权享有一个健康的环境，有权享有一个改进的国际合作，这种合作能够有效地对各国（特别是发展中国家）在适应气候变化的努力中所需的帮助作出反应，并能够加强在缓和领域的国际协定的履行；……”

② 根据《斯德哥尔摩宣言》原则 1：**“人类有权在一种能够过尊严和福利的生活的环境中，享有自由、平等和充足的生活条件的基本权利，同时负有为当代人类及其子孙后代保护和改善环境的庄严义务。”**

人权条约法明确保障并宣示了环境权，包括 1981 年《非洲人权宪章》第 24 条和 1988 年《美洲人权宣言补充议定书》第 11 条。超过 100 个国家的宪法中包含有关环境保护的条款，环境权有时被当做一种国家的义务，公民个人至少原则上可以要求国家履行这一义务，环境权有时被当做一项公民个人的权利。例如，印度宪法（1976 年修订）给国家和个人都施加了一个保护和改善环境的总体义务（第 48 条第 1 款和第 51 条第 1 款）。印度在这一问题上有大量的案例，例如，1987 年“肯德拉乡村诉讼和权利诉北方邦案”，1987 年“梅赫塔诉印度联邦共和国案”，1991 年“Bangalore 医药公司诉 B. S. Muddappa 案”，1992 年“梅赫塔诉奥里萨邦案”，1993 年“Muralia Purushothaman 诉印度联邦共和国案”，1993 年“加尔各答市更好生活人民联盟诉西孟加拉邦案”，1994 年“Nizam 诉 Jaipur 开发机构案”；同时参见哥伦比亚宪法法院 1992 年“Fundepublico 诉 Bugalagrande 市长及其他人案”和巴基斯坦最高法院 1994 年“Shahla Zia 女士诉巴基斯坦水电开发署案”。事实上，自从 20 世纪 70 年代初期以来，所有的宪法或宪法修订案都没有忽略这一问题：参见 1980 年智利《政治宪法》，1984 年厄瓜多尔《宪法》的第 19 部分，1986 年菲律宾《宪法》第 16 条，1991 年哥伦比亚《宪法》第 79 条，韩国《宪法》第 35 条。同时参见 1989 年《欧洲环境和健康宪章》，1990 年联合国第 45 届大会《第 94 号决议》，1986 年 1986 年《世界环境与发展委员会法律原则》原则 1。关于经济发展，参见 1948 年《世界人权宣言》第 25 条第 1 款，1966 年《经济、社会和文化权利国际盟约》第 11 条第 1 款。同时参见《里约宣言》原则 5 和本盟约第 11 条（消除贫困）。

人权和保护环境之间的联系。①“发展、健康、福利和尊严”这一短语反映了人权保护的全体内容：民事的、政治的、经济的、社会

① 享有一定程度的环境质量的权利正日益受到国内法的承认，它出现在以下国家的宪法中：安哥拉宪法第 3 部分第 24 条第 1 款；阿根廷宪法第 1 部分第 2 章第 41 条；亚美尼亚宪法第 2 章第 33 条第 2 款；阿塞拜疆宪法第 2 部分第 3 章第 39 条第 1 款；白俄罗斯宪法第 2 部分第 46 条；比利时宪法第 2 部分第 23 条第 4 款；贝宁宪法第 2 部分第 27 条；玻利维亚宪法第 2 部分第 5 章第 33 条；巴西宪法第 7 部分第 6 章第 225 条；保加利亚宪法第 2 章第 55 条；布基纳法索宪法第 1 部分第 4 章第 29 条；佛得角宪法第 2 部分第 3 章第 72 条；中非共和国宪法第 1 部分第 9 条；乍得共和国宪法第 2 部分第 1 章第 47 条；智利宪法第 3 章第 19 条第 8 款；哥伦比亚宪法第 2 部分第 3 章第 79 条；科摩罗宪法序言；刚果共和国宪法第 2 部分第 35 条；哥斯达黎加宪法第 5 部分第 1 章第 50 条；科特迪瓦宪法第 1 部分第 1 章第 19 条；克罗地亚宪法第 3 章第 3 节第 69 条；捷克共和国（基本权利和自由宪章）第 4 章第 35 条；刚果民主共和国宪法第 2 部分第 3 章第 53 条；厄瓜多尔宪法第 2 部分第 2 章第 2 节第 14 条；埃塞俄比亚宪法第 3 章第 2 节第 44 条；芬兰宪法第 2 章第 2 节第 2 条；法国（环境宪章）第 1 条；格鲁吉亚宪法第 2 章第 37 条第 3 款；圭亚那宪法第 2 部分第 3 章第 149J 条第 1 款；印度尼西亚宪法第 10 章第 1 节第 28 条第 8 款；伊拉克宪法第 2 部分第 1 章第 33 条第 1 款；吉尔吉斯斯坦共和国宪法第 2 章第 3 节第 35 条；拉脱维亚宪法第 8 章第 115 条；马其顿宪法第 2 章第 2 节第 43 条；马尔代夫宪法第 2 章第 23 条；马里宪法第 1 部分第 15 条；墨西哥宪法第 1 部分第 1 章第 4 条；蒙古宪法第 2 章第 16 条；黑山共和国宪法第 2 部分第 1 章第 23 条；莫桑比克宪法第 2 部分第 1 章第 72 条；尼泊尔宪法第 3 部分第 16 条；尼加拉瓜宪法第 4 部分第 3 章第 60 条；尼日尔宪法第 2 部分第 27 条；挪威宪法第 5 部分第 110 条第 2 款；巴勒斯坦宪法第 2 章第 33 条；巴拉圭宪法第 1 部分第 1 章第 2 节第 7 条；秘鲁宪法第 1 部分第 2 章第 2 条；葡萄牙宪法第 1 部分第 3 章第 2 节第 60 条；摩尔多瓦共和国宪法第 2 部分第 2 章第 37 条；罗马尼亚宪法第 2 部分第 2 章第 35 条第 1 款；俄罗斯宪法第 2 章第 42 条；卢旺达宪法第 2 部分第 49 条；塞内加尔宪法第 8 条；塞尔维亚宪法第 2 部分第 1 章第 74 条；塞舌尔宪法第 3 章第 1 节第 38 条；斯洛伐克宪法第 2 章第 4 部分第 44 条第 1 款；斯洛文尼亚宪法第 3 部分第 72 条；南非宪法第 2 章第 24 条第 1 款；韩国宪法第 2 章第 35 条；西班牙宪法第 1 部分第 3 章第 45 条；苏丹宪法第 1 部分第 2 章第 11 条；多哥宪法第 2 部分第 1 章第 41 条；土耳其宪法第 2 部分第 3 章第 56 条第 1 款；土库曼斯坦宪法第 2 部分第 36 条；乌干达宪法第 4 章第 39 条。

的和文化的权利。值得注意的是，许多权利并不是绝对的，而是可能限于保护其他人类、其他物种［本盟约第2条（尊重所有生命形式）］，子孙后代［本盟约第5条（公平和正义）］、或者全球环境［本盟约第3条（人类共同关切事项）］。这也和第2款相关联。虽然本条规定描述的是个人的权利，但是正如第15条所述，它并不妨碍集体权利的行使。①

把“基本需求”列为优先事项反映了联合国条约组织所作出的决定，这些决定明确了经济的、社会的和文化的权利中固有的“核心”权利及义务。这些是国家义务的最低要求标准，只有实现这些义务才能为《经济、社会和文化权利国际盟约》中列举的各种权利提供必要的水平支撑。②

第2款 重申了个人的环保义务。③ 绝大多数的人权文件包含

---

① 1993年《维也纳宣言》再次确认“所有人权都是普世的、不可分割的、相互依赖的和紧密相关的。国际社会应该以全球性的方法处理人权问题……”同时，1966年《经济、社会和文化权利国际盟约》第11条第1款和第12条第1款。当环境损害威胁到人的生命时，1966年《公民权利和政治权利国际公约》第6条第1款（生命权），1950年《欧洲人权公约》第8条（隐私权）及其议定书1的第1条（占有权和财产权）可以适用。然而，实践中的案例法表明，它们仅仅适用于极端的情况（参见1990年联合国人权委员会第67届会议《第180号决议》，因为当地救济手段尚未穷尽而被驳回，以及1990年“Powell和Rayner诉英国案”）。

② 参见经济、社会和文化权利委员会《第14号一般性意见》，联合国文件E/C. 12/2000/4（2000年8月11日）第43段；《关于水权的第15号一般性意见》，联合国文件E/C. 12/2002/11（2002年11月26日）。

③ 参见1972年《斯德哥尔摩宣言》原则1；《欧共体第五个环境行动计划》；1993年《人类责任宣言》。同时参见各国宪法，例如，危地马拉1985年宪法第97条规定了国家、城市和居民对环境和生态平衡所负的责任。

有限制条款；有些还明确地表述了具体义务，① 但是人权不应被当做有条件的或依赖于义务的履行，也就是说人权和义务之间并非是相互作用的模式。② 即使这样，国家仍然可以把这条关于人类义务的规定应用于社会实践中，即在国内③和国际层面④对那些故意造成严重环境损害的行为，追究其民事或刑事责任。另一种应用的情况是，某些国家的公民有权寻求环境损害救济。⑤《在环境领域获得信息、公众参与决策和诉诸司法的奥胡斯公约》在序言中明确承认了个人的权利和义务，它指出“每个人既有权利在适合其健康和福祉的环境中生活，又有义务单独和与他人共同为今世后代保护和改善环境”。

第 3 款　表述了获得信息的权利。国内法⑥和国际法［同时参见本盟约第 49 条（信息和知识）和第 50 条（教育、培训和信息公开）］都明确规定了获取信息的权利，信息指的是环境的整体状况和那些有可能影响人类环境的项目的具体情况。第 3 款的文字表

---

① 例如，1981 年《非洲人权宪章》第 27～29 条；洪都拉斯《综合环境法》第 105 条；捷克共和国环境法第 17 条；韩国环境政策基本法第 4、5、6 条。

② 参见 1948 年《世界人权宣言》第 29 条。

③ 参见洪都拉斯 1993 年《综合环境法》第 106 条（6 月 8 日 104-93 号法令）；古巴第 180 号法令（1993 年 3 月 4 日）第 1 章；哥伦比亚环境部 1993 年 12 月 22 日第 99 号令第 85 条；捷克共和国《环境法》（1991 年 12 月 5 日）第 27、28、30 条。

④ 1998 年《国际刑事法院罗马规约》第 8 条第 2 款（b）项.4 目和 1991 年《国际法委员会反和平和人类安全犯罪法典草案》第 26 条。参见 1991 年《禁止向非洲进口危险废物并在非洲内管理和控制危险废物越境转移的巴马科公约》第 9 条第 2 款，它把非法的危险废物转移定性为一种刑事犯罪。

⑤ 1972 年“塞拉俱乐部诉莫顿案”，1980 年“澳大利亚环保基金诉澳大利亚联邦案”，1990 年“R. 诉州环境委员及 Parte 玫瑰剧院公司案”。

⑥ 参见 1994 年加拿大《安大略湖环境权法》。

述符合有关环保的国际人权文件和条约的要求。① 本条规定明确指出信息权并不要求申请人证明其利益相关性。这一点可以从国际法和国内法中获得支撑。② 这项权利意味着政府必须采取积极主动的措施以便获取和传播有关环境状况或者任何可能发生的紧急事件的信息，以及足够的产品信息以便消费者可以作出环境选择。③ 信息权也包括与他人分享信息的权利。关于自由表达权已经有了相当多的理论研究，也出现了一些关于环保信息的散播的案例。④

第 4 款 保证了所有有关人员的公众参与权，包括土著人、当地社区和非政府组织。公众参与环境问题决策过程中现在被当做是可持续发展的一个基本要素［同时参见本盟约第 32 条第 2 款（消费和生产模式），第 37 条第 3 款（跨界环境影响），第 42 条第 3 款

① 寻求和传播信息的权利出现在所有的人权文件中，例如，1948 年《世界人权宣言》第 19 条，1966 年《公民权利和政治权利国际公约》第 19 条，1950 年《欧洲人权公约》第 10 条，1981 年《非洲人权宪章》第 9 条。同时，大量的环境文件针对具体的环境信息作出了强制性规定，例如，欧盟通过了一系列的文件，对环境权作出了规定，其中最全面的一个是《环境信息的获取自由的指令》（欧盟委员会 2003 年第 4 号指令）。几乎所有的近期有关环保的国际条约都包括了涉及这一问题的条款：1992 年《气候变化公约》第 6 条，《关于跨国界环境影响评价的埃斯波公约》第 3 条第 8 款，1992 年《欧洲经济共同体跨界水道公约》第 16 条，1992 年《保护东北大西洋海洋环境公约》第 9 条，1993 年《欧洲理事会民事义务公约》第 14 ~ 16 条。同时参见 1982 年《世界自然宪章》原则 16，1992 年《里约宣言》原则 10，《森林原则》（1992 年）原则 2 第 3 点和第 4 点，1994 年《多瑙河公约》第 14 条（各国应该向任何自然人或法人公开流域里有关河水状态或质量的信息，以回应任何合理的要求，而法人或自然人无须证明其利益相关性），1998 年《在环境领域获取信息、公众参与决策和诉诸司法的奥胡斯公约》。

② 参见 1998 年《奥胡斯公约》第 4 条第 1. 1 款。

③ 参见 1998 年《奥胡斯公约》第 5 条。

④ 参见“Bladet Troms 和 Stensaas 诉挪威案”，《艾塞克斯人权评估报告（1999 年第 3 卷第 29 号）》第 125 页，“Steel 和 Morris 诉英国案”，《艾塞克斯人权评估报告（2005 年第 2 卷第 41 号）》第 403 页。

(环境影响评价)];① 通常来讲，它还是一个民主社会的必备要素。② 第4款具体表述了当前的人权和环境法，这些在《里约宣言》原则10和《可持续发展世界峰会实施计划》中也有反映。《可持续发展世界峰会实施计划》建议各国应确保决策过程中的公众参与，并在国家层面上确保环境信息的知情权和诉诸司法和行政程序的权利。第4款也从《可持续发展世界峰会可持续发展宣言》中获得启发，再次确认了土著人在可持续发展中发挥的至关重要的作用。当地居民和非政府组织对环境法规的实施至关重要，只有吸收尽可能多的人参与到初始的环境决策中，才能实现最好的环保效果。通常这些参与方能够为决策过程提供新的和有用的观点。本条规定并未打算为这类参与规定具体的细节，因为它们会随时发生变动。例如，针对那些引起广泛社区或国家关注的事项，进行完全的公众听证是恰当的，而在其他一些事项中，发一个征求意见的通知可能就足够了。在实施本条规定时，有可能引发过度的行政和财政困难，因此，必须进行发展中国家的能力建设。③

第5款 表述了有效诉诸司法和行政程序的权利（1998年《奥胡斯公约》第9条第3款作出了相关规定），这是对环境权的

① 里约大会的筹备过程本身就是一个重要进步，它鼓励了非政府组织和经济利益的代表的参与。1992年《里约宣言》原则10确定了一个总体的公众参与权，原则20~22强调了不同人群的参与。1992年《21世纪议程》通篇都强调了公众参与。同时参见1982年《世界自然宪章》原则23；《防治荒漠化公约》第5条；1998年《奥胡斯公约》第6条。

② 参见1948年《世界人权宣言》第21条，1966年《公民权利和政治权利国际公约》第25条，《欧洲人权公约1954年巴黎第一议定书》第3条，1981年《非洲人权宪章》第13条，1969年《美洲人权公约》第23条，1989年《国际劳工组织土著人公约》，1992年《21世纪议程》第27章。

③ 同时参见本盟约第49条（信息和知识），第50条（教育、培训和信息公开），第52条第1.2款（国际资金）。

一个自然的补充，国际人权法和环境法对此都有确认。① 它包含有关于非歧视待遇的国际规范，② 可以适用于国内和国际两个层面。就环境损害的赔偿和救济而言，本条规定应该与本盟约的下列条款结合在一起解读，包括第 13 条第 2 款（国家），第 56 条（国际和国内救济），第 57 条（非歧视待遇），而本条规定中的其他程序则与下列条款相关联，包括第 14 条第 6 款（自然人和法人），第 37 条第 3 款（跨界环境影响），以及第 42 条第 3 款（环境影响评价）。

第 6 款 意图提升所有当地社区、土著人、被边缘化或弱势人群在环境决策中的参与度。这个问题也日益被当做可持续发展的一个重要方面，③ 特别是在自然资源利用的问题上，它显得尤为重要，这一点已经被国际法所承认。④ 后面一条将更多地介绍关于土著人的土地和资源权利的现有法律。

---

① 例如，1966 年《公民权利和政治权利国际公约》第 2 条；1950 年《欧洲人权公约》第 6 条；1969 年《美洲人权公约》第 8 条。同时参见 1909 年《美国—加拿大边界水条约》第 2 条；1968 年《关于民事和商业事项判决的司法管辖和执行的公约》第 5 条第 3 款；1976 年“比耶诉阿尔萨斯钾矿案”；《北欧环境保护公约》（1974 年）第 3 条；1991 年《关于跨国界环境影响评价的埃斯波公约》第 2 条第 6 款；1993 年《欧洲理事会民事权利公约》(第 19 条和第 23 条。同时参见 1997 年《经济合作与发展组织关于在境外污染中执行平等的诉诸司法权和非歧视待遇制度的建议》，以及 1986 年《世界环境与发展委员会法律原则》原则 20。

② 1966 年《公民权利和政治权利国际公约》第 26 条。

③ 参见 1992 年《里约宣言》原则 22，1992 年《21 世纪议程》第 26. 3 段，1989 年《国际劳工组织土著人公约》第 4 条第 1 款及第 7 条第 3 款和第 4 款。同时参见 1996 年《北极圈理事会成立宣言》。这个理事会的一个主要特点是把土著人当做是永久参与方吸收进来，基于“土著人及其社区与北极圈的特殊关系及其对北极圈的独特贡献”（序言）。永久参与的提出是为了“在北极圈理事会内促成积极的参与，与北极圈土著人代表进行完全的协商”。

④ 参见 1946 年《捕鲸公约》第 4 条，1957 年《北太平洋海豹公约》第 5 条第 2. 4 款，1973 年《北极熊协定》第 3 条第 1. 4 款和第 1. 5 款，1985 年《关于保护区和野生动植物的东非海洋环境公约的议定书》第 12 条，1983 年《欧共体理事会关于特定海豹幼兽皮的进口的指令》第 3 条。

第15条　土　著　人

土著人，根据其传统和习惯，作为特殊人群，应享有保护环境的集体权利，包括他们的土地、领地和资源。

确保土著人权利的特别措施受到了大量国际和国内机构的认可及适用，① 这些机构包括美洲人权法院、国际劳工组织、② 联合国人权委员会、③ 联合国消除种族歧视委员会④以及各国的国内法律制度。⑤ 在2007年9月13日，联合国通过了《联合国土著人权利宣言》。

《国际劳工组织关于独立国家境内土著人和部族人民的第169号公约》（日内瓦，1989年6月27日）包含了大量涉及土著人的土地、资源及环境的内容。第2条规定，涉及土著人的行动的开展必须要有相关人群的参与。应当根据他们自由表达的愿望来采取那些旨在保护其环境的特别措施（第4条）。国家缔约方必须与土著人进行协商（第6条）并让他们参与那些可能会影响到他们的国家及区域开发计划的制订（第7条）。针对有计划的开展活动的环境影响评价必须在相关人群的合作下开展（第7条第3款），另外，"政府应当与相关人群合作，采取措施以保护及保存他们所居住领地的环境"（第7条第4款）。第12条规定了获取救济的权利。公约的第2部分涉及的是土地问题，包括相关人群针对附属于

① 同前注。

② 1989年《国际劳工组织土著人公约》。

③ 参见联合国人权理事会《公民权利和政治权利国际公约第23号一般性评论》，第27条，第7段，联合国文件.HRI/GEN/Rev.1（1994年）（以下简称为《第23号一般性评论》）。

④ 参见联合国关于消除种族歧视的评论，《关于土著人的第23号一般性意见》，联合国文件.CERC/C/51/Misc.13/Rev.4（1997年）（以下简称为《第23号一般性意见》）。

⑤ 大量美洲国家组织的成员国都制定了管理土著人权利的国内立法，这些国内立法的汇编参见美洲人权委员会《与提议的〈美洲土著人权利宣言〉相关的国际法及国内法中的权威和先例》，OEA/Ser.L/v/II.110第22号文件（2001年）。

其土地之上的自然资源的权利。这一权利包括“有权参与这些资源的利用、管理及保护”（第15条）。第30条要求政府必须要告知相关人群他们的权利及义务。

美洲人权委员会认为《国际劳工组织关于独立国家境内土著人和部族人民的第169号公约》“为涉及土著人问题的当代国际观点提供了证据，因而部分条款可以用于解释并适用《美洲人权宣言》中涉及土著人社区的条款。①当涉及土著人的土地和资源问题时，开发项目必须尊重集体所有权，另外，“开发活动必须附带有恰当及有效的措施，这是为了确保开发活动的进行不是以损害特定人群的基本权利为代价，特定人群指的是那些可能会受到开发活动的特别及不利影响的人群，它包括土著人社区以及他们的物质、文化及精神福祉所依赖的环境”。②

土著人可以主张财产权以保护他们的传统领地及资源③避免遭到开发和环境恶化。④ 国家被要求必须采取措施以恢复、保护及保存土著人对其祖袭领地的权利。⑤ 因此，国家不得开展或者允许其代理人或第三方开展那些可能会影响到土著人土地及资源的存在、

① “托莱多地区的玛雅土著人社区诉伯利兹城政府案”，12.053号案，美洲人权委员会，第40/04号报告，第123段，(2004年)（以下简称为“托莱多玛雅案”）；同时参见“Mary和Carrie Dann诉英国政府案”，11.140号案，美洲人权委员会，第75/02号报告，OEA/Serv. L./v/II. 117，doc. 1 rev. 1，第127段，(2002年)（以下简称为Dann案），第127～131段。

② 参见美洲人权委员会《巴西人权状况报告》，OEA/Ser. L./v/II. 97，doc. 29 rev. 1，ch. Vi（1997年9月29日），以及《巴拉圭人权状况第三个报告》。

③ 美洲人权法院把财产权保护的范围延伸至共有的土地，甚至还包括土著人占据并利用的土地，即使土著人认为自己对土地并没有所有权。“Mayagna（Sumo）Awas Tingni社区诉尼加拉瓜政府案”，2001年美洲人权法院（ser. C）第79号（2001年8月31日）（以下简称为“Awas Tingi案”）；还有一些比美洲人权法院的裁决更早的相关事实及事件，参见前注103。

④ 参见Yanomami案，Dann案。

⑤ 参见Yanomami案，Dann案。

价值、利用及幸福的行动。①

在 2007 年“Saramaka 人诉苏里南案”中，② 美洲人权法院确立了三项保障措施，它认为这三项措施对保护土著及部落的资源至关重要：（1）国家必须确保在土著人领地内的所有开发、投资、勘探及提取计划都有土著人的有效参与，都必须符合土著人的习惯及传统；（2）国家必须保证土著人能够从此类计划中获取适当的利益；（3）国家必须确保不得在领地内授予特许权，除非某些具有足够技术能力的独立实体在国家的监督下进行了事先的环境影响评价。③ 这些规定是与《关于获取与公平惠益分享的波恩准则》（《波恩准则》是根据《生物多样性公约》而通过的）相似的。法院引用了联合国人权委员会、④《国际劳工组织第 169 号公约》、⑤ 世界银行政策⑥以及 2007 年《联合国土著人权利宣言》的观点。⑦ 获取赔偿的权利延伸到包括在财产的普通利用及享受上遭受的任何损失。⑧

---

① 同前注第 173（4）段。

② “Saramaka 人诉苏里南政府案”，2007 年美洲人权委员会（ser. C）第 172 号（2007 年 11 月 28 日）（以下简称为“Saramaka 案”）。同时参见“Sawhoyamaxa 土著人社区诉巴拉圭政府案”，2006 年美洲人权委员会（ser. C）第 146 号，第 248（1）～（3）段，（2006 年 3 月 29 日）。

③ 同前注第 129 段。

④ 同前注第 130 段；同前注第 128 段。参见联合国人权委员会《关于公民权利和政治权利国际公约的第 23 号一般性评论：第 27 条（少数民族权利）》，联合国文件．公民权利和政治权利国际公约/C/21/Rev1/Add. 5（1994 年 4 月 8 日）；“Apirana Mahuika 诉新西兰政府案”，第 547 号信息/1993 年，联合国文件．公民权利和政治权利国际公约/C/70/D/47/1993 年（2000 年 11 月 15 日）。

⑤ 同前注第 128 段。

⑥ 同前注第 128 段；参见《世界银行运行政策/银行程序 4. 10：土著人》，世界银行，《世界银行运行手册》（2005 年）。

⑦ 同前注第 131 段；参见《联合国土著人权利宣言》，联合国文件．A/61/L. 67/附件（2007 年 9 月 12 日）。

⑧ 同前注第 139 段。

第 16 条　一体化政策

1. 缔约各方应寻求一体化政策以消除贫困、鼓励可持续消费和生产模式、保护生物多样性和自然资源，并以此作为可持续发展的长远目标和基本要求。

2. 缔约各方应在各种场合及层次上把环境保护整合到他们的政策和行动的规划和实施中，对环境、经济、社会和文化因素给予充分和公平的考量。为达此目的，缔约各方应当：

(a) 对环境和发展政策和规划进行定期的国家级评估；

(b) 制定、定期评估并实施法律法规；

(c) 建立或加强机构和程序建设，以便把环境和发展问题整合到决策的各个方面。

3. 作为国际组织成员的缔约各方承诺将在国际组织中寻求制定符合本盟约条款的政策。

为了使可持续发展的概念切实有效，第 16 条规定了实体上和程序上的准则，它要求把环境政策和发展政策进行整合。① 虽然“可持续发展”长期以来都被认为是至关重要的，② 但是直到近期这一术语才真正得以广泛使用。③ 1992 年《联合国气候变化框架公约》、1992 年《生物多样性公约》、1994 年《防治荒漠化公约》以及 1995 年《关于执行〈联合国海洋法公约〉有关养护和管理跨界鱼类种群和高度洄游鱼类种群规定的协定》都吸收并体现了这一概念。它还体现在 1995 年《建立世界贸易组织的协定》的序言中，它要求各成员在处理它们的贸易和经济关系时，要考虑到“符合可持续发展目标的世界资源的最佳利用方式”。它同时也出

① 参见本盟约第 1 条（目标）。

② 参见 1972 年《斯德哥尔摩宣言》原则 8 ~ 14。

③ 参见 1980 年《世界自然保护战略》第 9 章，1987 年《世界环境与发展委员会布伦特兰报告》，1992 年《里约宣言》原则 4，以及 1992 年《21 世纪议程》第 8 章。

现在一些国际司法判决中。① 正如前文所述，它蕴含着这样一个事实，即环境保护和经济发展是相互支撑的，必须在国内和国际层面进行尝试和努力。②

第1款 包含了可持续发展的实体性内容。本盟约草案后续条款对其中多种要素的细化作了规定。本款的列举并不是彻底穷尽的，但是其中的每个目标都是强制性的，都具有同等的重要性，它们之间也是相互依赖的。第1款中的“寻求”意味着必须付出最大努力；很明显，每个缔约方的单个能力将会决定所能取得的成果。

第2款 详细介绍了整合环境和发展问题的机制，责成缔约各方必须采取切实的行动。本款中的“规划和实施”意指对环境、经济、社会和文化因素给予“充分和公平的考量”，即每种需要都应受到公平地考量而非凌驾于其他需要之上。接下来的三项列举了所应采取的具体的程序性步骤。(a) 项可以在国家行动计划［本盟约第40条（行动计划）对此作出了要求］的框架下得以实现；(b) 项要求缔约各方制定有效的法律法规以便实现综合性目标，这里提及的“经济机制”可以放在本盟约第51条第2款（国家资金）的背景下进行考量；(c) 项要求，在进行政府决策程序的构建时，必须充分整合这些环境和发展问题。

第3款 为身为国际组织成员的缔约方的相关行动提供指导，这是因为认识到某些国际组织（如多边开发银行）的重要性和权力。本条规定并不想要直接管理这类国际组织的行为，在这个领域的国际法还不够成熟，尚无法提供此类性质的一般规则。③ 在本盟

---

① 参见国际法院“核试验案”（新西兰诉法国，1995年）；《关于使用或威胁使用核武器的合法性的建议意见》（1996年）；“加布奇科沃—大毛罗斯工程案”（匈牙利诉斯洛文尼亚，1997年）；世界贸易组织上诉机构，“美国禁止进口特定虾类和虾类产品案”（1998年）。

② 参见1985年《东盟自然及自然资源保护协定》第2条和1986年《世界环境与发展委员会法律原则》第7条。

③ 例如，存在这样一个事实，即1986年《国家和国际组织间条约法公约》至今还未生效。

约草案针对国际组织成为缔约方所作出的唯一规定中，特指的只是区域经济一体化组织，这一事实也说明了以上的观点。① 本条规定意图做到的是促使缔约方采取最大努力以影响这些国际组织的行为，在必要时试图去修正相关的法律。1998 年《奥胡斯公约》第 3 条第 7 款对本条规定提供了支撑，它要求缔约各方必须促进该公约之原则在国际环境决策过程中的适用，以及在涉及环境问题的国际组织框架中的适用。与此相类似，1995 年《关于执行〈联合国海洋法公约〉有关养护和管理跨界鱼类种群和高度洄游鱼类种群规定的协定》第 12 条第 1 款也要求各国应该把信息公开和公众参与的目标适用于国际组织中，“各国应规定决策过程的透明度，以及其他分区域、区域渔业管理的组织安排活动的透明度”。

第 17 条　环境损害的转移或转化

缔约各方不得通过直接或间接地转移损害或危险（包括转移地点或转变介质），也不得通过转化环境损害的形式来解决环境问题。

环境法律和政策必须考虑到环境各种要素间的相互依赖性。海洋污染会污染到海岸，这一点在 1982 年《联合国海洋法公约》和许多区域文件中都得到了确认。② 反之，很大一部分的海洋污染来源于陆源污染。大气污染也会影响到地球并危及森林和建筑物。1992 年《联合国气候变化框架公约》承认，特定气体排放所导致的气候变化，可能会对自然生态系统和受控生态系统的构成、恢复力或生产力、社会经济系统的运行以及人类的健康和福祉，产生重大的有害影响。③ 淡水的大部分污染来自于土壤，因为土壤的污染物可以渗入到地下水表层。所有的污染物都会危害到生物多样性。这种相关性必然会导致国际后果，因为从一种介质向另一种介质的污染转移通常会导致跨界影响。国际文件，特别是《联合国海洋

① 参见本盟约第六部分。

② 参见 1982 年《联合国海洋法公约》第 211 条。

③ 纽约，1992 年 5 月 9 日，第 1 条第 1 款。

法公约》，强调必须避免把针对某一环境要素的伤害或风险替换成针对另一种环境要素的伤害，也应避免把某种污染替换为另一种污染。①

第17条试图使保护环境的努力能够取得净收益。国家环境政策起初都是零碎地逐个制定的，通常都是针对某种具体环境要素（如大气或水）而进行的量体裁衣。这对国际环境法的发展产生了一个重要的影响。随着对不同环境要素之间复杂相关性认识的逐步深入，环境思维的哲学基础已经转变成一种生态系统模式和全局视角。② 这条规定在国内和国际环境政策中同等适用。③

本条规定制定了程序的和实体的办法以实现一个实体目标。实体要素指的是禁止把环境损害转移到其他区域或环境介质（大气、水、土壤），或者转变为其他形式的损害。④ 例如，如果为了减少大气排放而设置洗涤器，但是洗涤器会生产出废水，并把有毒物质转移到水环境中，那么这样做就是不恰当的。程序要素要求对环保措施进行一个综合的评估以确保实质目标的实现。

本条规定来自于本盟约草案的核心目标，即制定一套综合的义务以便为环境这一整体提供尽可能高层次的保护。它的依据是这样一个基本原则，即自然作为一个整体理应受到尊重［参见本盟约第2条（尊重所有生命形式）］，因此，那种认为某种形式的环境损害相比其他损害而言不是那么难以接受的观点是错误的。

本条规定有多个法律先例，其中最重要的是1982年《联合国海洋法公约》的禁令“在采取措施以预防、减少和控制海洋环境

---

① 《联合国海洋法公约》第195条。

② 参见1992年《里约宣言》原则7。

③ 关于国际政策，参见1992年《保护东北大西洋海洋环境公约》，它通过1972年《防止船舶和飞机倾倒引起海洋污染奥斯陆公约》的秘书处正式确定了行政存在，《防止船舶和飞机倾倒引起海洋污染奥斯陆公约》涉及的是废物的倾倒问题，以及1974年《防止陆源污染物污染海洋巴黎公约》的秘书处，《防止陆源污染物污染海洋巴黎公约》涉及的是造成海洋污染的陆源问题，这两者合作管理同一个地理区域。

④ 1987年《危险废物开罗准则》第6条也规定了一个类似的禁止。

污染时，各国不得直接或间接地把损害或危险从一个区域转移到另一区域，或者把一种污染转化为另一种污染”。① 这就比仅仅禁止环境损害被替代成更有害损害前进了一步，② 因为它禁止转移相同程度的环境损害。但是它准许把环境损害转移或替换成较小的损害。③

对本条规定的履行意味着必须采取跨部门和多介质的方法来解决环境问题。某些工业化国家④和欧盟⑤有限制地采用了“综合污染防治”的概念。综合污染防治有几个特点，它包括一个综合和统一的许可制度，一个强制性的高排放控制标准，以及对产品的整个生命周期的管控。⑥ 综合污染防治以环境责任目标的采用为先决条件，时刻关注着所有介质中的点源、非点源和移动污染源。

相比综合污染防治而言，本条规定包含了更宽泛的行动，例如，“环境损害”这一术语的适用，及其提及的生态系统和自然资源的修复问题。理想状态是，缔约各方能够采取综合的、基于生态系统的管理计划，它应该考虑到所有的潜在威胁。⑦ 这可能需要进

① 第195条。同时参见1982年《联合国海洋法公约》第207~212条，1974年《防止陆源污染物污染海洋巴黎公约》第6条，1974年《波罗的海公约》第6条，1980年《1976年〈巴塞罗纳公约〉之关于保护地中海免受陆源污染的雅典议定书》第4条，《联合国水道公约》第23条（成员国应采取涉及某国际水道的一切必要措施以保护海洋环境（包括河口）。

② 参见1978年《科威特地区公约》第3条第5款，它指出“缔约方应尽最大努力确保当前公约的实施不会使一种污染转变成另一种可能对环境造成更大危害的污染”。

③ 例如，对1985年《保护海洋环境免受陆源污染的蒙特利尔准则》准则6的注解解释了这一点。

④ 特别是1991年《新西兰资源管理法》，它综合了资源管理的所有方面。同时参见挪威1981年《污染控制法》；瑞典1969年《环境保护法》；德国1990年《联邦污染控制法》（1990年、2007年）。

⑤ 参见《综合污染防治指令》（2008/1/EC）。

⑥ 这里指的是“从摇篮到坟墓”的概念，1991年《经济合作与发展组织理事会关于综合污染防治的意见》第1条第1款介绍了这一概念。

⑦ 参见《美国清洁水法》第208章第1条。

行机构调整以支持综合及协调的决策、检查和执行。①

一个综合的方法能够更好地明确环境优先问题，增加环境政策和其他部门政策之间的相互协作，并能更合理地利用机构资源。②跨部门标准和目标的确立将会有助于减少环境损害的风险，因为这样可以把风险评估方法协调一致，也将会减少因不同部门采取不同方法和标准管理同一物质而造成的危险。

第18条　紧急事件

1. 如果在其管辖范围内或控制下发生了紧急环境事件，或者获悉某紧急事件将会对环境造成损害，缔约各方应毫不耽搁并以最快的可行方式通知到可能会受到影响的国家和相关国际组织。

2. 如果在其管辖范围内或控制下发生了环境紧急事件，那么缔约各方应立即采取一切可行的必要措施，与受到影响的和可能受到影响的国家以及相关国际组织开展合作，以预防、减缓、消除紧急事件的有害影响。

3. 缔约各方应采取一切必要措施为那些因自然灾害而被重新安置的人们提供及时的救济。

第18条涉及的是突然的、未被预测的环境威胁，这些威胁是由于人类的故意或过失行为以及自然的原因造成的。考虑到紧急事件并非总能被预防或控制，本条规定的是行为义务而非结果义务。某种程度来讲，本条的文字表述是来自于1986年切尔诺贝利核事

① 1991年《经济合作与发展组织理事会关于综合污染防治的意见》的附件，第6条第5款也有类似的主张，虽然它仅限于污染控制领域。

② 世界环境与发展委员会指出，“新挑战和新问题的一体化和相互依赖性与当今机构的性质形成了尖锐的对比。这些机构一般是独立的、割裂的，管辖范围较窄，决策过程较封闭。那些负责管理自然资源和环境保护的机构与那些经济管理机构是相互分开的。鉴于经济系统和生态系统的紧密关联性这一现实不会发生改变，因此，相关的政策和机构必须进行调整”。1987年《世界环境与发展委员会布伦特兰报告》第310页。

故后通过的国际原子能机构的两项条约。①

第 1 款 规定了紧急事件发生后的基本要求，即必须及早通报那些有可能受影响的国家和相关国际组织。这里的“紧急事件”指的是那种对他国或国家管辖范围以外区域的环境造成了（或者有迫切的威胁可能造成）严重损害的事件。② 通报义务源自于国际习惯法，它与各国为了预防对他国或国家管辖范围以外区域的环境损害而应尽到的“谨慎行事义务”紧密相关［参见本盟约第 13 条（国家）］。③ 警示义务已被纳入数个国际条约，其适用范围也扩展到某国所知晓的发生在其境外的紧急事件。④ 有鉴于此，通报义务也包括了通知那些非本盟约草案缔约方国家的义务。本项义务还蕴涵有另一层意思，即要求缔约各方必须建立一个足够有效的监测系统，对其辖区内的活动进行监测，以便有能力及时通报到其他方。⑤ 一旦知晓紧急事件的发生，就应立即采取及早通报的行动。“最快的可行方式”指的是最迅速的方式。在对意外事件完成首次通报以后，缔约各方应竭尽全力继续向受影响（或可能受影响）

---

① 1986 年《及早通报核事故公约》和 1986 年《核援助公约》。同时参见 1990 年《防备石油污染公约》。

② 1997 年《联合国水道公约》第 28 条第 1 款明确指出，“紧急事件”包括自然原因引发的情况，义务是“毫不拖延地用可得的最快捷方式”通知那些有可能受影响的国家和相关国际组织。

③ 同时参见“科孚海峡案”，法院认为，把存在布雷区通知到其他在该海域航行的船只的义务也是基于“基本的人道主义考量”。

④ 参见 1989 年《巴塞尔公约》第 13 条；1982 年《联合国海洋法公约》第 198 条；1976 年《莱茵河化学品公约》第 11 条；1976 年《巴塞罗那公约》第 9 条第 2 款；1983 年《大加勒比海地区海洋环境保护和发展公约》第 11 条第 2 款；1978 年《科威特地区公约》第 9 条第 2 款。同时参见 1992 年《里约宣言》原则 18，1994 年《多瑙河公约》第 16 条和第 17 条。警示的义务也可能扩展到那些可能会受到紧急事件影响的公众。参见《奥胡斯公约》第 5 条第 3 款（关于紧急事件的信息，“即那些有可能帮助公众采取措施以预防或减缓环境威胁所造成损害的信息，应该毫不拖延地立即通告到那些可能会受到影响的公众”）。

⑤ 参见本盟约第 44 条（环境质量监测）。

的各方详细介绍本事件的情况，以便他们采取减缓措施。通知方也应指明自己所采取的具体减缓措施。①

第2款 所规定的义务来自于第1款，它要求所有可能受影响的缔约方，包括事件的源起方，开展合作共同应对紧急事件。对于事件的源起方来说，这一点也是来源于不得故意损害他国或国家管辖范围以外区域环境之义务。要求其他缔约方开展合作，这一点来源于本盟约草案缔约方所应承担的采取措施保护各自环境的义务［本盟约第13条（国家）］以及必须进行合作的一般国际法律义务；正因为如此，本条规定也要求与那些非本盟约缔约方的国家和相关国际组织进行合作。本条规定的实质性内容已经被编入条约法之中。② 缔约方被要求在其能力范围内尽全力进行合作。

第3款 适用了损害预防原则和风险预防原则（本盟约第6条和第7条），其依据是大量国际文件的相关规定。③ 对本项义务的履行意味着也必须履行本盟约第37条（跨界环境影响）和第42条（环境影响评价），这两条都事关某一国家内部可能发生的紧急事件。在跨界环境损害可能发生的情况下，与他国的合作必须遵循及早通报及协商的程序，本盟约第37条第2款（跨界环境影响）要求缔约各方必须启动这一程序。

---

① 《国际法协会关于境外污染的蒙特利尔规则》（1982年）第7条。

② 参见1982年《联合国海洋法公约》第199条；《长程越界空气污染公约》（1979年）第5条；1983年《北海油污染协定》第7条；1990年《防备石油污染公约》第7条；1976年《巴塞罗那公约》第9条；1981年《东南太平洋碳氢化合物协定》第11条；1985年《〈东非海洋环境公约〉之在紧急事件时合作防治海洋污染的议定书》第6条；1990年《东北大西洋污染公约》第1条。同时参见1992年《里约宣言》原则18。

③ 关于国内环境紧急事件，参见1992年《生物多样性公约》第14条第1.5款。关于跨界环境紧急事件，参见1982年《联合国海洋法公约》第199条；1983年《北海油污染协定》第7条；1985年《东盟自然及自然资源保护协定》第19条和第20条；1981年《中西非洲海洋环境公约》第12条；1986年《核援助公约》第7条；1983年《〈大加勒比海地区海洋环境保护和发展公约〉关于合作预防大加勒比海地区油泄漏的议定书》第6条。

第四部分　有关自然系统和资源的义务

第四部分关注的是地球的所有要素和资源。虽然本盟约各具体条款对各种要素和资源作出了单独的规定以便明确法律责任，这些要素其实是生物圈这一整体内相互关联、不可分割的组成部分。第四部分中领域划分的方法构成了早期环保措施的主要内容。因为孤立地处理某一领域的环境问题有可能造成损害，因此第四部分的所有条款都应与本盟约第17条结合在一起解读。

第19条　臭　氧　层

缔约各方应采取一切适当的措施以预防或限制人类活动对臭氧层所造成或可能造成的改变，以免对人类健康和环境造成不利影响。

第19条在很大程度上来源于有关臭氧层保护的国际法律制度，① 主要包括1985年《保护臭氧层维也纳公约》及其1997年《蒙特利尔议定书》，以及随后的一系列修正。② 这一制度的建立是因为发现了臭氧层已经发生了惊人的消耗，而主要原因是人类向大气排放了氯氟化碳、二氟二氯甲烷和其他含氯的物质。臭氧层的持续消耗要求必须采取全球行动消耗，本盟约草案特此加以规定。本项规定是将全球环境视为人类共同关切事项加以保护这一原则（本盟约第3条）的一项具体运用。

本条规定的主要目标是预防臭氧层的消耗，以便保护人类的健

① 1985年《保护臭氧层维也纳公约》第1条第1款对臭氧层作出了定义，即地表边界层之上的大气为臭氧层。

② 下列缔约方大会对公约作出了修订：1990年伦敦会议，1992年哥本哈根会议，1995年维也纳会议，1997年蒙特利尔会议，1999年北京会议，2007年蒙特利尔会议。

康和环境。达成此目标的措施包括对某些人类活动予以限制。《蒙特利尔议定书》概述了这一制度，它列举了那些在规定时间段内必须被淘汰的物质的清单，这一制度应该成为有效行动的基础。

当前的制度已经使损害预防原则和风险预防原则（本盟约第6条和第7条）得以发挥效果，本盟约草案进一步要求各国应采取一切适当措施以预防臭氧层的消耗。①

本条规定的第2句话对缔约方的具体行动作出了强制性规定，即限制人类活动。这句话可以理解成要求缔约各方“控制、限制、减少或预防人类的活动”，② 这里的人类活动指的是那些将会或者可能会改变臭氧层的人类活动。《蒙特利尔议定书》的具体制度对这一主张作出了更详细的阐述，它规定了消耗臭氧层物质的淘汰时间表，包括它们的消费和生产方式。③ 为了预防“搭便车者”，它还包含有针对《蒙特利尔议定书》所列举的受控物质的进口和出口限制，④ 以及针对那些含有此类物质的商品的贸易限制。⑤ 这些贸易限制措施必须遵循本盟约第34条第1款（贸易与环境）的规定。

第19条要求缔约各方采取多种不同的措施。为了避免全球范围内对消耗臭氧层物质的限制影响到可持续发展权［本盟约第10条（发展权）对此有明文规定］，工业化国家应该把环境友好型技术转让给发展中国家。⑥ 这是因为发展中国家可能会被禁止利用某些消耗臭氧层物质，而这些物质在经合组织国家的工业化进程中曾经发挥了重要的作用；还有一个原因是，这样可以为发展中国家提供补偿，以弥补它们因为消耗臭氧层物质的利用而受到的伤害，因

---

① 1985年《保护臭氧层维也纳公约》也有类似的规定，其第2条第2.2款指出“缔约方应……采取适当的立法或行政手段，并合作协调适当的政策以控制、限制、减少或预防在其辖区内的人类活动……”

② 这是1985年《保护臭氧层维也纳公约》第2条第2.1款的规定。

③ 参见《蒙特利尔议定书》第2条和第3条。

④ 参见《蒙特利尔议定书》第4条第1款和第2款。

⑤ 1987年《蒙特利尔议定书》第4条第4款对此有明确规定。

⑥ 同时参见本盟约第47条（发展和技术转让）。

为绝大部分臭氧层消耗物质是由工业化世界所排放的。另一个重要的战略是改变工业化国家中的消费模式，这也可以使本盟约的第32条（消费和生产模式）发挥功效。

第20条 全球气候

缔约各方应采取风险预防措施以保护地球气候系统和缓解气候变化的不利影响。为达此目的，缔约各方应开展下列国际合作：

（a）测量各自的排放并实施合乎国情的减缓行动；

（b）建立风险管理并实施适应措施以达到足以应对气候变化的发展模式。

《可持续发展世界峰会实施计划》再次确认全球气候变化及其不利影响是人类共同关切事项。本盟约第20条的目的是对气候系统的人为影响问题（因温室气体排放而造成）作出明确的规定。① 本条规定是按照《气候变化框架公约》的模板而制定的，其在多边机制下才能发挥最大的功效，同时要对共同但有区别的责任有足够的认可。因此，本盟约可以被认做1992年《气候变化公约》第2条中所说的一个“相关法律文件”。当前的规定是基于“临界负载”这一概念，即存在着一个可接受排放的特定临界值。② 它的文字表述反映了这样一个科学事实，即当前的温室气体排放标准不能被认为是安全的。③ 事实上，还缺乏足够的科学确定性去证明到底是何种原因造成了气候变化这一有可能成为世界灾难的现象，因此，本条规定的适用应该基于风险预防原则（本盟约第7条）。

本条规定的文字表述基本是逐字沿用了《气候变化公约》第2条，但是在本盟约草案中，这条规定是被当做一项紧迫的义务，而非公约所说的一个“目标”。本盟约第20条要求缔约各方在特定时间段内采取行动，如果需要多边履行，则还需要在减排时间表上

---

① 参见1992年《气候变化公约》第1条第5款针对温室气体的定义。

② 参见1979年《长程越界空气污染公约》和随后的议定书。

③ 参见1992年《气候变化公约》第3条第3款。

达成一致意见。① 缔约各方应立即采取行动，承认确保既定流程不受威胁的必要性，即使“使生态系统自然地适应气候变化”可能是一个长期的进程。这里提及的“经济发展”再次明确了环境和发展目标的一体化［本盟约第16条（一体化政策）］。必须用全球的视角来理解这一问题，要承认有些发展中国家在短期内还是不得不沿用一定的发展模式，即使这种模式与工业化国家的模式相比缺乏足够的可持续性［参见本盟约第11条（消除贫困）］。同理，第20条应该与本盟约的其他条款结合在一起解读，那些条款的目的是帮助所有发展中国家努力实现可持续发展。②

第21条　土　　壤

缔约各方应采取一切适当的措施，为了生命系统确保土壤的保护以及必要时的再生，采取有效措施预防大面积的土壤转化和土壤退化，防治沙漠化，保卫有机物的分解并促进土壤的持续肥沃。

第21条的要素来自于全球层面的现行国际文件，③ 但是土壤保护本身只是在区域条约④和《可持续发展世界峰会实施计划》中有所涉及。后者号召各国防治荒漠化，并采取诸如土地和资源管理、农业耕作改良和生态保护的措施以使土壤退化最小化。

土壤的保护和恢复对多个自然系统和资源至关重要，对生物多

---

① 参见《京都议定书》(1997年)。

② 参见本盟约第46~52条。

③ 参见1981年《联合国粮农组织土壤宪章》，1972年《欧洲土壤宪章》，1994年《防治荒漠化公约》第10条和第11条，及《防治荒漠化公约》的非洲附件第8条第3.2款，拉丁美洲附件第4条第3款。同时参见《21世纪议程》第10章和第14章。

④ 参见1968年《非洲公约》第2条和第4条，《东盟自然及自然资源保护协定》第7条，1991年《保护阿尔卑斯山脉公约》第2条第2款。《保护阿尔卑斯山脉公约》关于土壤的议定书于1998年10月16日完成。

样性也意义重大。① 同样的，土壤保护也会受到其他自然系统运行的影响，如森林。② 因此，本条规定提及了“所有生命系统”，它表明土壤除了满足农业或林业需求以外，还具有其他的重要意义。有鉴于此，本条强调了保护土壤的必要性，对无法保护或者保护失败时土壤的恢复作出了规定。本条规定中的“保护”是一个预防性的概念，后续的“预防”、“防治”和“保卫”都强调了这一点。土壤的结构特点（文中提及了“侵蚀”）和土壤质量（包括有机物的分解和持续性肥沃）的维持，都是必要的。

1986 年《东盟自然及自然资源保护协定》第 7 条第 2 款对实现本条款的目标具有特别的启发性。它要求（a）建立“旨在避免植物覆盖层流失、大量土壤流失以及损害土壤结构的土地利用政策”；（b）控制“侵蚀，因为侵蚀会影响到海岸或淡水生态系统，导致下游地区（如湖泊或珊瑚礁等脆弱生态系统）的淤积，损害关键栖息地，特别是濒危物种和地方性的物种的栖息地”；（c）恢复“受矿业开发影响的”土壤。与此类似，2003 年修正后的《非洲自然及自然资源保护公约》规定，缔约各方应采取有效措施以预防土地退化，为达此目的，应该为土地资源（包括土壤、植物和相关的水文进程）的保护和可持续管理制定长期的整体战略。它们所采取的措施的目的是实现土壤的保护和改良，防止土壤的侵蚀和不当利用，防止土壤物理、化学、生物或经济属性的恶化。

---

① 1992 年《欧洲理事会土壤保护政策》（1992 年 5 月 18 日通过）之建议第 92 条第 8 款指出：**“土壤是地球生态系统的有机组成部分，它处于地球表层和基岩的接触面。它们被划分为依次的层面，每个层面都有各自的物理、化学和生物学的特点及不同的功能。纵观土壤利用的历史，以一个生态和环境的视角来看，土壤这一概念也应该包括可渗透的沉积岩和其他渗透性物质，以及这些物质所包含和储存的地下水。这种定义下的土壤就可以延伸到相当的深度，因此，在某些情况下，可以包含土地的概念。”**

② 参见《21 世纪议程》第 11.10 段。关于土壤的定义这一问题，《防治荒漠化公约》第 1 条第 5 款中提及的“土地”指的是陆生的、能产出生物的系统，它包括土壤、植物、其他生物区（系）、以及系统内发生的生态和水文进程。

为实现土壤保护，必须制订土地利用规划，规划的制订必须依据科学调查和当地的知识及经验，特别是要对土地利用能力进行分类。农业耕作和土地改革必须促进土壤保护并采取可持续的农业和林业生产模式，以确保土地的长期生产力，它们还应控制因为土地的不当利用和管理造成的侵蚀，因为这种侵蚀将可能导致土壤表层和植物覆盖层的长期流失，同时，它们还应控制因为农业活动（包括水产养殖业和畜牧业）造成的污染。土地占有政策应该有助于土壤保护措施，尤其要考虑到当地社区的权利。

《21 世纪议程》明确指出，数据的收集和交换对土壤保护至关重要。① 在土壤保护的问题上，当地社区和个人也是非常重要的。因此，缔约各方应该加强有关土壤保护问题的信息公开［本盟约第 50 条（教育、培训和信息公开）］，② 这样的话，个人可以持续地参与，决策过程中的公众参与也更具价值［本盟约第 14 条第 3 款（自然人和法人）］。③ 发展中国家在所有这些方面的能力建设应处于高度优先地位。④

第 21 条的实施与本盟约的其他条款紧密相关，例如第 28 条（污染），特别是在涉及杀虫剂和其他有害化学物造成的农业外溢引发的污染问题上，⑤ 以及第 29 条（废物）。⑥ 考虑到土壤的重要性，缔约各方应该在建立保护区时考虑到土壤保护问题，特别要遵循本盟约第 24 条（生态系统方法）和第 25 条（生物多样性）的

① 参见《21 世纪议程》第 10. 10 段和 10. 12 段。本盟约的第 43 ~ 45 条以及第 47 条也与此相关。

② 参见 1992 年《21 世纪议程》第 10. 9 段。

③ 参见 1992 年《21 世纪议程》第 10. 10 段。

④ 参见 1992 年《21 世纪议程》第 10. 17 段。

⑤ 参见《世界粮农组织关于杀虫剂的散播和使用准则》和《联合国环境规划署关于国际贸易中化学品信息交换的准则》；同时参见《杀虫剂和相关农业用途产品的总体规范》（厄瓜多尔）。

⑥ 参见欧洲理事会于 1986 年 6 月 12 日通过的第 86/278/EEC 号指令，本条指令针对的是环境保护，特别是当污水污泥用于农业时的土壤保护问题。

规定。①

涉及土壤以及更广义土地利用的决策，应该基于环境和社会经济的考量，② 例如，要考虑到土地使用权问题。③ 缔约各方在进行实体规划时，应该把土壤保护当做一个整体的考量对象，本盟约的第 21 条也应与第 41 条（实体规划）结合在一起解读。除了城市规划和土地利用规划，缔约各方还应该考虑到其他基础设施规划（如旅游区、道路和铁路）对土壤的影响。另外，农业和林业规划必须把土壤保护列为一个目标，④ 与食品安全并列。⑤ 所有这些都需要加强相关政府部门之间的协调合作。⑥

第 22 条 水

缔约各方应采取一切适当的措施以保持和恢复各种水体的质量，包括咸水和淡水，包括大气、海洋、地下水或流域（如湖泊和江河）中的各类水体，以满足人类的基本需求，并使其作为水系统的一个必备要素而存在。缔约各方应采取一切适当的措施，特别是通过水资源的综合保护及管理和适当的卫生措施，确保满足人类基本需求和维持水系统所需的足够水量。

水对地球上的生命至关重要。本盟约第 22 条试图用一个综合的方法来保护水系统，并考虑到绝大部分的水是通过水循环在不断运动的。因为不同水体之间的相互关系，某种水体污染会很容易地转变为另一种水体污染，例如，大气中的二氧化硫会变为酸雨降落

① 保护地指的是一些特定区域，在其区域内只有那些有助于实现保护地目标的人类活动才能获得批准。

② 参见 1992 年《21 世纪议程》第 10.3 段。

③ 参见 1992 年《21 世纪议程》第 14.9 段第 3 点和 1993 年修订后的《农业土地占有法》（保加利亚）。

④ 参见 1992 年《21 世纪议程》第 14 章。

⑤ 参见本盟约第 31 条第 2 款（消除贫困的行动）。

⑥ 参见 1992 年《21 世纪议程》第 10.18 段。

在地球上并污染水体。①

第22条是基于国际法中的一项一般义务，即必须保护水的质量②和总量，以便实现人类中心主义（“基本的人类需求”）和生态中心主义（水系统）的目标。③ 为实现生态中心主义目标而进行的水总量保护涉及环境流量这样一个新生概念，它指的是提供给某条河流、某个湿地或某个海岸地区（有可能是地下水）的水量，用以维持各种生态系统和它们的利益。④ 关于水资源的各种国际条约或其他文件都承认有必要提供足够的水量以满足环境的需求。⑤这一概念在国内层面上也获得了认可，例如，在南非⑥、美国⑦和澳大利亚⑧的国内法中。环境流量的概念是采用生态系统模式来管

① 参见本盟约第17条（环境损害的转移或转化）。

② 1999年《关于1992年〈跨界水道和国际湖泊保护和利用公约〉之水和健康伦敦议定书》反映了这一方法。议定书缔约各方所追求的目标是使每个人都能获取饮用水并享有一个卫生的环境，以及实现水资源的持续利用。为实现这些目标，缔约各方应该根据国家或地方的水管理规划，建立、公布并定期修订国家或地方目标。第6条详细介绍了目标的具体内容，它应包括水质量标准，饮用水和卫生条件的改善需求，行为标准，成功的管理实践，废水质量标准，污水污泥的处置，信息公开程序等。如果目标的实现需要一个长期的过程，则必须制定中期或阶段性目标。

③ 参见1982年《联合国海洋法公约》第192条和第194条第1款，1992年《欧洲经济共同体跨界水道公约》第2条第2.2款和2.4款。

④ 世界自然保护联盟对“环境流量”下定义时就是用的这一表述。

⑤ 参见《湄公河流域可持续发展合作协定》第3条和第6条，34 ilILM864；《西班牙-葡萄牙关于水资源持续利用的合作公约》第2条第1款和第3条第1款；世界水坝委员会报告“水坝和发展：一个新的决策框架”（Earthscan出版公司，伦敦，2000年11月）。

⑥ 《国家水法》，1998年第36号法案，http：//www-dwaf. pmv. gov. za/documents/legislature/nw_ act/nwa. pdf。

⑦ 《野生和景观河流法》，P. L. 90 ~ 542，后修订为《美国法典》第16卷第1271 ~ 1287页。

⑧ 1997年《南澳大利亚水资源法》。

理水资源（特指在流域的层面）这一宏观理念的一部分,① 因此，相关可适用的文件不仅应该包括那些直接针对水资源的，而且还应该包括那些涉及自然和生态系统保护的文件。②

“人类的基本需求”应该与《世界人权宣言》和其他人权文件的内容结合在一起解读,③ 应特别关注一点，即应该提供足够的水以满足饮用和生产食品的用水需求并维持人类生命。1999 年《〈赫尔辛基水道公约〉1999 年水和健康议定书》开篇就指出水对维持生命至关重要，必须确保水的质量和总量能够满足人类的基本需求，“改善健康和可持续发展的一个先决条件”。其总则要求缔约各方在一个综合水管理系统的框架下，采取一切适当措施以预防、控制和减少与水相关的疾病，以便实现水资源的持续利用，不会威胁到人类健康的水质量，以及水生态系统的保护。同时，《可持续发展世界峰会实施计划》包含有一个承诺，在 2015 年使无法获取或无力购买安全饮用水的人群以及无法获得基本卫生条件的人群的数量减少一半。越来越多的国际法和国内法把安全饮用水和卫生用

① 流域的概念参见《1969 年关于普拉特河流域的巴西利亚条约》；同时参见欧盟委员会 2000 年第 60 号指令（2000 年 10 月 23 日），即“在水政策领域为社区行动建立一个框架”。

② 参见《生物多样性公约》和《关于特别是作为水禽栖息地的国际重要湿地的拉姆萨公约》。

③ 参见 1966 年《经济、社会和文化权利国际盟约》第 11 条；1993 年《维也纳人权宣言》和 1981 年《非洲人权宪章》。1989 年《儿童权利公约》第 24 条。同时参见 1997 年《联合国水道公约》第 10 条，其规定：“在没有相反的协定或习惯的情况下，对一个国际水道的某种利用方式不得比其他利用方式享有固有优先地位”。第 2 款接着指出，“如果在利用一个国际水道时产生了冲突，则应该依据第 5 条和第 7 条的规定予以解决，特别要考虑到生死攸关的人类需求的需要”。针对公约这段文字的评注指出“在决定‘生死攸关的人类需求’时，应特别重视提供足够的水以维持人类生命，包括饮用水和生产食品以预防饥荒所需的水”。

水的获取列为一项人权。① 在区域层面，《非洲儿童权利和福利宪章》和《〈非洲人权和民族权宪章〉之非洲妇女权利议定书》都包含有关于水获取的具体条款。联合国和国际劳工组织通过的人权原则和准则也多次明确提及这一问题。它们强调了为特殊人群提供安全饮用水或卫生条件的义务，特殊人群包括犯人、被剥夺自由的少年、难民、居住在雇主所提供房屋的工人和老年人。旨在支持逐步实现足够食品的享有权（在国家食品安全的框架下）的《联合国粮农组织自愿准则》也强调了一个事实，即让所有人获取充足的水量和水质对生命和健康至关重要。

有关大气水分②、海洋③和地表层淡水④的国际法已经相当完

---

① 参见《联合国人权事务高级专员关于安全饮用水和卫生条件之公平获取的相关人权义务（这些义务由国际人权文件规定）的范围和内容的报告》，人权理事会，A/HRC/6/3（2007 年 8 月 16 日）。报告指出，在多个人权条约中都明确提及了水的问题：《儿童权利公约》、《消除一切形式的妇女歧视公约》、《残疾人权利公约》、《国际人权组织 1985 年第 161 号关于职业健康服务的公约》。经济、社会和文化权利委员会《关于健康权的第 14 号一般性意见》多次提及卫生问题。第 4 段把“获取安全的、适合饮用的水及足够的卫生条件”列为健康的决定性因素之一，它也属于健康权的一部分，在第 11 段，委员会再次提及这一问题，明确指出“把健康权（第 12. 1 条作出了定义）理解为一种包容性权利，它不仅包括即时和适当的健康照料，而且也包括健康的决定性因素，例如获取安全的、适合饮用的水及足够的卫生条件……”经济、社会和文化权利委员会，《第 14 号一般性意见：享有最高可实现的健康标准的权利》，联合国文件 E/C. 12/2000/4（2000）第 4 段。

② 参见 1979 年《长程越界空气污染公约》中包含的区域酸雨问题以及随后的议定书：1984 年《欧洲大气污染物远程转移的监测和评估计划》；1985 年《减少硫磺的排放或它们的跨界流动》；1988 年《控制氧化氮的排放或它们的跨界流动》；1991 年《控制挥发性有机物的排放或它们的跨界流动》；1994 年《进一步减少硫磺的排放》；1998 年《重金属和持久性有机污染物》；1999 年《酸化、富营养化和地面臭氧》。

③ 参见 1992 年《联合国海洋法公约》第 12 部分，以及自从 1976 年以来联合国环境规划署通过的 38 个区域性海洋公约和议定书。

④ 参见 1987 年《欧洲经济共同体跨界水道公约》，以及大量的国际（区域性和双边）河流条约。

善，它们都在本条规定中被特别强调。本条规定还涉及地下水问题，而关于地下水保护的国际法还不够完善。①

建立具体的标准、特别是国际认可的标准，是所有当代法律文件［如涉及北美五大湖和莱茵河制度的文件，以及本盟约第 43 条（环境标准和控制）］所采取的方法，这样做是必要的，因为全球规范具有普遍适用性。这是因为，通过单个国家的努力想要为共享水资源或国家管辖范围外区域的水资源提供足够保护几乎是不可能的：首先，很难获知某一方活动对他国和全球公域造成的影响；其次，他国的行动有可能使单独行动国家的努力变得徒劳无功。

第 23 条 生态系统服务

缔约各方应采取适当措施以保护在必须和可行的情况下恢复自然系统，后者以其所有的多样性支持地球上的生命，并应维护和恢复这些自然系统的生态功能和服务，使其成为可持续发展的一个根本基础，这些自然系统包括：

（a）可当做控制土地退化和洪水自然措施的森林，以及它们在气候系统中的作用；

（b）可当做栖息地、地下水补充区、蓄水区、洪水缓冲区、污染物的过滤和氧化区的淡水湿地和涝原；

（c）可当做支持渔业的重要栖息地、海岸侵蚀的自然保卫、生物多样性库的海洋系统，以及它在维持全球地球化学循环（包括全球气候系统）中的作用；

（d）对全球环境价值和全球气候变化系统至关重要的极地地区。

---

① 但是，《联合国水道公约》第 20 条规定必须采取生态系统的方法，它的第 2 条第 1 款对水道下了个定义，即一个地表水和地下水（它们通常会汇入同一个终点）基于它们的物理联系所构成的一个统一的整体系统。1998 年《欧洲刑法公约》第 2 条第 2 款也把水定义为“各种形式的地下水和地表水，包括湖泊、河流、海洋和大洋中的水”。

第23条意在保护自然系统，这是支持全球生态系统所必需的，① 生态系统即同时发生的使地球上生命得以生存的各种进程。②“自然系统”包括主要的生态系统及其各自的要素（物理的、化学的和生物的）。③ 本条规定适用于所有自然系统，包括那些处于国家管辖范围以外区域的自然系统，④ 如公海和南极洲。

鉴于本条与本盟约第25条（生物多样性）之间存在一定的重叠，本条中的“地球上的所有生命”不应混淆于生物多样性；前者是一个更宽泛的概念，它同时包含了质的方面和量的方面。“生物多样性”是生命的一种属性，它是一个质的概念；本条规定要求，这些自然系统的要素必须保有足够的数量以便维持它们的持续性生存。除了涵盖人类生命和健康以外，这一条款同时涉及诸如足够产量的食品、纤维和木材生产，以及生态系统可持续地生产可再生自然资源（如猎物、鱼类和木材）的能力。它还包括了生物多样性。

“保护”意味着管理那些可能损害自然系统的人类引发的进程和活动，保护的目的是维持这些自然系统的核心功能。⑤ 本项义务的实施应该根据本盟约第八部分的规定，特别是第41条（实体规

---

① 关于这一条款，国际法中没有直接的先例，但是可以参考1986年《世界环境与发展委员会法律原则》第3条第1款以及1992年《气候变化公约》。

② 这一理念在“软法”中得到了很好的体现：参见1972年《斯德哥尔摩宣言》原则3，它指出，“地球生产重要的可再生资源的能力必须得到维持，在可行的情况下，还应得到恢复或改进”；1982年《世界自然宪章》原则1要求必须尊重自然，它指出“它的核心进程不得被损害”；1992年《里约宣言》原则7要求各国开展合作以“保存、保护和恢复地球生态系统的健康和完整”。

③ 1980年《世界自然保护战略》第2部分明确指出了三个主要的“生命支持”系统：农业、森林以及海岸和淡水。最后一个系统属于本条规定的范畴，而本盟约的其他条款则提及了农业系统，如第21条（土壤），第25条（生物多样性）和第41条（实体规划）。

④ 参见本盟约第65条。

⑤ 这一理念在1985年《东盟自然及自然资源保护协定》第10条第6款中得到了反映。

划）和第42条（环境影响评价）。① 事实上，实施本条规定的主要措施是通过实体规划来实现的，文中所提及的环境影响评价的目的就是为了在进行实体规划的过程中，揭示出所有可能的不利影响。"恢复"指的是对那些已经丧失的或被损害的生态功能进行重建。

本款特别强调要特别关注四种主要的自然系统——森林、② 淡水湿地、③ 海洋和海岸生态系统④以及极地地区。根据1980年《世界自然保护战略》，在河流的上游和水源地，森林是特别重要的，而湿地和海岸生态系统对基因多样性的维持以及渔业捕捞的可持续性至关重要。⑤ 《可持续发展世界峰会实施计划》强调指出，大洋、海洋、岛屿和海岸区构成了地球生态系统的一个整体和关键的部分，它对全球食品安全、持续的经济繁荣和许多国家的经济利益至关重要。必须在各个层面采取行动以提升海洋的保护和管理。

---

① 同时参见本盟约第39条（跨界自然资源）和第44条（环境质量监测）。

② 关于森林的碳汇功能，参见1992年《气候变化公约》第3条第3款（"政策和措施应该包括……温室气体的汇集和储存"和第4条第4款（"缔约方应……提升可持续管理……针对温室气体汇集和储存的保护及改善（在适当的情况下）……包括……森林和海洋以及其他陆地、海岸和海洋生态系统"）。关于森林的总体生态价值，参见1992年《森林原则》，特别是其序言第6段（"所有种类的森林都具有复杂和独特的生态进程，这是它们提供资源以满足人类需要和环境价值……的当前及潜在能力的基础"）和第7段（"森林对经济发展和所有生命种类的维持至关重要"）。

③ 湿地发挥的关键作用在1971年《关于特别是作为水禽栖息地的国际重要湿地的拉姆萨公约》的内容和广泛签署中表现得很明显（特别是序言："把湿地的基本生态功能当做水世界的调节器"和第3条：（缔约方应当制定和实施各自的规划以便尽可能地提升……其领土内湿地的合理使用"）。

④ 参见《联合国海洋法公约》第192条，它规定"各国有义务保护和维持海洋环境"，覆盖所有管辖地区，包括海岸环境的构成部分之领海和内陆水。同时参见1982年《联合国海洋法公约》第193条；1980年《南极海洋生物资源公约》序言的第1段："认识到保卫环境及保护环南极洲海洋的生态系统之完整性的重要性"；1991年《〈南极条约〉之关于环境保护的马德里议定书》第2条和第3条，以及1992年《21世纪议程》第17章。

⑤ 参见第5部分。

极地地区对全球气候系统和海洋生态系统之保存的重要意义日益得到更多的认可。本条所列举的自然系统并不是详尽无遗的，无论是在自然系统的主要种类上，抑或是在它们的各自功能方面。例如，山区生态系统就在《可持续发展世界峰会实施计划》中得以承认，被认为可以为特别的生计、重要的流域资源、生物多样性以及独特的动植物提供支持。许多自然系统是特别脆弱的，容易受到气候变化的不利影响，因此需要特别的保护。

第 24 条　生态系统方法

缔约各方应根据生态系统方法的相关原则适当履行自己的义务。特别是，他们应当：

（a）把水系统当做整体部门进行管理，以涵盖全部的蓄水区、补充区和排放区；

（b）把海岸系统当做整体部门进行管理，以涵盖水和陆地的要素。

第 24 条是基于这样一个观点，即当把一个自然系统当做一个单个生态整体时，才能实现对它的最佳管理方式（如它的保护、维持和恢复）。本条针对的是，在某一缔约方内部一个自然系统跨多个管理部门（包括地理上的和职能上的）所引发的具体问题。而本盟约第 39 条第 1 款（跨界自然资源）针对的则是跨国界的自然系统。“管辖范围”包括陆地、海洋和大气领域。在管理同一自然系统的不同方面时，行政和其他管辖权的部门划分有可能破坏这种整体的管理方法。因此，本条规定要求，缔约方内部不同机关或实体之间必须进行协调合作，以促使这些系统的管理能够符合整体的和跨部门的战略、规划、计划和政策。a 款项和 b 款项明确指出了水①和海岸②这两种重要自然系统的范围。《联合国水道公约》

① 参见 1982 年《联合国海洋法公约》第 66 条、207 条、212 条和 1992 年《21 世纪议程》第 18.9 段。

② 参见 1982 年《联合国海洋法公约》第 66 条、207 条、212 条和 1992 年《21 世纪议程》第 17.5 段。

第24条对管理的定义是，规划某一国际水道（包括其整个流域）的可持续发展，规定已通过规划的实施，提升河道的合理和最佳利用、保护和控制。《生物多样性公约》缔约方大会通过的《雅加达指令》（2/10号决议）要求建立和加强针对海洋和海岸生态系统的综合管理，还应整合这些领域的规划和战略。在1998年，缔约方大会批准了一个全球工作计划，特别建议利用风险预防的方法来指导所有影响到海洋和海岸生物多样性的活动。

第25条　生物多样性

1. 缔约各方应采取一切适当的措施来保护生物多样性，包括物种多样性、物种中的基因多样性和生态系统多样性，特别是要进行基于生态网络概念的就地保护。为达此目的，缔约各方应当：

（a）通过生态系统管理的方式把生物多样性及其要素的保护和持续利用整合到实体规划系统中；

（b）建立一个保护地系统，根据需要设立相应的缓冲区和交叉走廊；

（c）禁止对濒危物种的捕获或毁灭，应保护它们的栖息地，并根据需要对这些物种采取恢复或复原计划。

2. 缔约各方应基于确保生物资源的保护、持续利用以及恢复（如果存在必要性或可行性）的原则，来控制或管理生物资源。为达此目的，基于生态系统方法，缔约各方应当：

（a）针对被开发生物资源制定和实施保护及管理规划；

（b）预防被开发动植物种群数量递减至稳定补充所需的安全线以下；

（c）保卫或恢复物种（或种群）持续生存所需的栖息地；

（d）维护或恢复被开发物种和依赖物种（或相联物种）之间的生态关系；

（e）预防或最小化对于非目标物种的意外捕获，禁止不加选择的捕获方式。

第25条针对的是生物多样性的保护（第1段）和生物资源的

持续利用（第2段），这两者是紧密相关的。生物多样性的重要价值，包括其固有价值和对后代的福祉，已被广泛认可，这也促成1992年《生物多样性公约》在里约热内卢顺利通过。① 正如《生物多样性公约》所述，② 必须从广义上理解“生物多样性”。

第1款　指出保护生物多样性的较优方法是通过就地保护。③ 移地保护，例如，植物园或动物园，应该是在就地保护无法实现的情况下进行的。根据《生物多样性公约》第9条的规定，移地保护的努力应该是对就地保护的补充。这一段列举了三种实现保护义务的手段。④ 这个列举并不是详尽无遗的，但它是强制性的；所有

---

① 1992年《生物多样性公约》的序言把生物多样性的保护列为是人类共同关切事项（同时参见本盟约第3条（人类共同关切事项））。

② 1992年《生物多样性公约》第2条作出了如下定义：**“……所有来源的活的生物体中的变异性，这些来源除其他外包括陆地、海洋和其他水生生态系统及其所构成的生态综合体；这包括物种内、物种之间和生态系统的多样性。”**

③ 这符合1992年《生物多样性公约》第2条的规定，其对就地保护的定义是“保护生态系统和自然生境以及维持和恢复物种在其自然环境中有生存力的种群”。对于驯化和培植物种而言，其环境是指“它们在其中发展出其明显特性的环境”。2001年《联合国粮食与农业组织关于粮农植物遗传资源的国际条约》第5条。

④ 本条规定的主要基础是1992年《生物多样性公约》，它把早期法律具体化了；同时，许多早期关于物种保护和生态系统保护的文件也给出了一些先例，例如，1902年《巴黎鸟类公约》、1933年《动植物保护公约》、1940年《西半球公约》、1968年《非洲公约》、1985年《东盟自然及自然资源保护协定》，等等。同时，还有四个全球领域条约：1971年《关于特别是作为水禽栖息地的国际重要湿地的拉姆萨公约》（特别是作为水禽栖息地的湿地），1972年《世界遗产公约》（突出的普遍价值的地区），1973年《濒危野生动植物种国际贸易公约》（濒危物种贸易），1979年《迁徙物种公约》（迁徙物种）。还有许多国家的国内立法也规定了对濒危物种的保护（如美国《濒危物种法》）和对保护地的保护（如菲律宾《国家综合保护区系统法》）。同时参见一些重要的“软法”文件，例如，1972年《斯德哥尔摩宣言》原则2；1982年《世界自然宪章》原则2和原则3。

三种手段必须被利用，因为它们不是可供选择的。

（a）项要求，就地保护必须被纳入到实体规划中，通过适当的区域划分和重组，在分配土地利用时也应考虑到就地保护。本条规定应与本盟约第41条（实体规划）（特别是第41条第3款）结合在一起解读。

（b）项中，“保护地”指的是专门用于生物多样性的就地保护的地区；在这些地区，人类活动受到了一定程度的限制，即必须利于保护目标的实现。因为存在着许多不同类别的保护地，所以，在确定保护区的恰当类别时，缔约方应利用各自的法律制度以保证所需的灵活性。相关的考量因子是它们在保护生物多样性方面的功效。“缓冲区”是围绕于保护区周边的特殊区域，其目的是防止保护地受到有害的外部影响。那些不会对保护地造成不利影响的活动是被允许开展的。“交叉走廊”是根据土地利用法规或私人合约及其他原因而产生的，它对促成保护地之间的基因流动是十分必要的。科学研究表明，如果基因流动受到阻碍，则保护地将很快会丧失其生物多样性的某一部分。走廊可能是线状的，例如，河堤沿线（如果自然植被保持良好），也可能包括一些跳板；又如，串状或块状的自然植被，动物（和植物）可以借助它们迁徙到另一保护地。

（c）项中，对濒危生物的“捕获”既包括对目标物种的直接捕获，也包括对非目标物种的意外捕获，例如，用流网对海洋哺乳动物和海龟进行随意捕捞。“毁灭”应该被理解成杀戮，不论是有意还是无意的，它可能是某项获批或合法活动所导致的后果，如场地清理。如果要保护濒危物种，则毁灭就应受到限制。本条规定同时关注到栖息地的保护，它要求既要管控那些破坏栖息地的因素，也要管控那些使得栖息地不再适宜相关物种的改变。“恢复计划”指的是那些由保护机关制定的，旨在消除对某一濒危物种的威胁的计划。恢复计划可以是有约束力的或者无约束力的。

第2款 涉及的是生物资源的保护及持续利用问题，这些概念早就扎根于国际环境法中。① 这里的“生物资源”与《生物多样性公约》所提及的生物资源是一样的，它包括生态系统中对人类具有实际或潜在用途或价值的所有生物要素。② 在实践中，它涵盖了所有被开发的物种或种群，包括猎物、鱼类、林产品和药用植物。这里的“持续利用”与《生物多样性公约》所提及的持续利用也是一样的，③ 它体现了几个重要的考量：（1）捕获的程度应不至于导致生物多样性的长期下降；（2）捕获的手段不得影响到物种的其他关键要素；（3）非目标物种不应受到威胁。本条同时规定了管制和管理这两种手段，管制指的是对捕获施加限制（如休渔期）、禁止某些捕获方法、规定配额等，而管理则是对捕获以外的要素进行更广泛的管控，如污染或者栖息地的破坏。进行管制或管理的义务适用于所有生物资源，无论是陆地、淡水还是海洋，也无论它们身处何处。④

---

① 参见 1992 年《生物多样性公约》第 8 条第 3 款和第 10 条。同时参见 1982 年《联合国海洋法公约》第 61 条第 2 款、第 117 条、第 119 条第 1 款；2001 年《联合国粮食与农业组织关于粮农植物遗传资源的国际条约》第 6 条。在这些主要公约之前，其他自然保护条约也要求针对“捕获”作出相关规定，例如，1968 年《非洲公约》，1979 年《关于保护欧洲野生动物和自然栖息地的伯尔尼公约》，1973 年《濒危野生动植物种国际贸易公约》，1946 年《捕鲸公约》，以及大量的区域性条约。在这些早期协定中，1980 年《南极海洋生物资源保护公约》比较独特，它关注到了栖息地的保护问题。同时参见联合国第 44 届大会第 225 号决议（1989 年）和《南太平洋流网公约》（1989 年），它们限制使用流网捕鱼。1982 年《世界自然宪章》原则 4 提及了持续利用，即必须禁止那些可能威胁到一个现存物种之一体化的物种利用方式。同时，关于捕获的规定还体现在绝大多数国家的国内立法中。

② 1992 年《生物多样性公约》第 2 条。

③ 1992 年《生物多样性公约》第 2 条对持续利用的定义是“使用生物多样性组成部分的方式和速度不会导致生物多样性的长期下降，从而保持其满足今世后代的需要和期望的潜力”。

④ 参见《关于执行〈联合国海洋法公约〉有关养护和管理跨界鱼类种群和高度洄游鱼类种群规定的协定》第 5 条，它规定各成员国应该保护海洋环境中的生物多样性，要考虑到手工作业和自给自足渔民的利益，挑选环境安全和符合成本效益的捕鱼装置和技术。同时参见本盟约第 39 条（跨界自然资源）和第 65 条（国家管辖权以外地区）。

本款用非穷尽和强制性的方式列举了各国在履行其义务时所应采取的五种具体措施。最重要的一个义务是（a）项的规定，即制订和实施保护及管理规划。这些规划应涵盖一切有可能影响到资源的保护和持续利用的相关因素。（b）项指出的措施是预防被开发动植物种群数量递减至稳定补充所需的安全线以下，这也应该是（a）项所提及的规划中的一个首要目标。（c）项中的第3种措施强调了生物资源保护中一个经常被忽略的核心内容，即栖息地的维持和保护。事实上，如果关键的栖息地得不到保卫，则关于捕获的限制措施将不足以拯救某一种自然资源。（d）项和（e）项涉及的是目标物种以外的问题，它们意图保护依赖物种①和相联物种②，这一点在渔业领域显得尤为重要，③ 途径则是努力禁止意外捕获。④

第26条　文化和自然遗产

缔约各方应采取一切适当的措施来保护文化和自然遗产，

① “依赖物种”指的是与目标物种在生态上紧密相连的物种，如捕食者或猎物。如果目标物种受到过度开发，则捕食者因为缺少食物也会数量减少；另外，目标物种的猎物就会数量爆增。这两种情况都可能导致生态平衡的破坏。为避免这种情况，目标物种的开发就必须保持在持续产出的最高值之下。

② “相联物种”可能与目标物种之间并不存在生态上的关系，但是它们与目标物种生活在同一地区，会和目标物种一起被不加区别地捕获。如果捕获量太大，非目标物种也会数量减少。因此，应该采取措施限制意外捕获，例如，通过改变捕鱼装置的设计。

③ “意外”捕获指的是捕获那些既非目标物种的依赖物种也非其相联物种的物种。不加区别的捕获方式是造成意外捕获的一个主要原因，例如，在捕捉某种鸟类时使用网，或在海洋中使用流网捕鱼，这都会造成大量非目标物种落网。如果这些物种是濒危物种，则情况就显得尤其严重。

④ 例如，1982年《联合国海洋法公约》就提及了相联物种和依赖物种，它指出有义务维持或恢复这些物种的数量，最低要求标准是不得严重损害它们的再生产能力（第61条第2款关于专属经济区的规定暗含了这一层意思，第119条第1款关于公海的规定明确表述了这一层意思）。同时参见1980年《南极海洋生物资源公约》（第2条第2.2款），它要求必须维持被开发种群、依赖种群和相关种群之间的生态关系。

包括：

（a）保护或重建就地的文化和自然遗迹和地区，包括那些具有突出文化、精神或美学价值的风景；

（b）预防所有可能会对这些遗迹和地区造成损害或威胁的措施和行为；

（c）移地保护处于破坏风险中的遗产。

第26条的主要目标是保护那些具有重要地质、地文、古生物学、科学、美学价值的遗迹和地区。保护此类遗迹和地区是十分重要的，因为它们都具有突出的、不可替代的价值，这也是人类整体的利益所在。① 这些遗迹和地区指的是那些主要的文化遗迹和地区，包括古代城市和文化风景，也包括那些具有重要景观价值或科学价值的自然地区。它们其中某些地区可能在生物多样性方面具有重要价值。2001年《联合国教科文组织关于保护水下文化遗产的公约》还把保护的领域拓展到海洋环境。其附件中的规定指出，在采取涉及水下文化遗产的措施或行动时，必须采取一个能够确保海床和海洋生物不受过度打扰的环境政策。

本条规定的核心义务是要求各方必须保护这些遗迹和地区，它们有可能在其领土内、② 也可能在南极洲。③ 即必须预防那些有可能损害或威胁这些地方的故意行动（如污染）。同时，缔约各方控

① 参见本盟约第3条（人类共同关切事项）。

② 国际法中最重要的先例是1972年《世界遗产公约》。其序言指出，部分文化或自然遗产具有十分重要的价值，因此，必须把它们当做人类的世界遗产这一整体的一部分进行保护。第4条指出，缔约各方有义务为后代确保其境内此类世界遗产的鉴定、保护、保存、保留和传递。在第6条规定中，缔约各方承诺，不采取任何有可能直接或间接损害其他缔约方境内文化或自然遗产的故意措施。

③ 参见1980年《南极海洋生物资源保护公约》，以及1991年《〈南极条约〉之关于环境保护的马德里议定书》，它指出“缔约各方将致力于开展对南极环境及其依赖的和相关联生态系统的综合保护，并把南极指定为一个仅用于和平和科研的自然保护区”。

制下的活动也不得损害位于其他缔约方境内的这类遗迹和地区。①本条的实施有可能涉及国际合作，如经济和技术援助的提供。值得注意的是，这一条款同样适用于和平时期与武装冲突时期。②

本条规定也从《联合国土著人权利宣言》中获得了启发，③但是它的范畴绝不是仅限于这类土著人群。《宣言》的第11条明确规定，土著人有权维持、保护和开发其过去、现在及将来的标志性文化成果，包括考古学遗迹和历史遗迹。第12条进一步指出，土著人有权维持、保护和私密接触他们的宗教和文化场所。

---

① 参见1972年《世界遗产公约》第6条第3款。本项义务很大部分指的是跨界污染，但同时也涉及跨国公司的活动以及国外援助的提供。

② 同时参见本盟约第36条第3款（军事和敌对行动）；1954年《海牙文化财产公约》及其1977年《第一补充议定书》。

③ 参见《联合国土著人权利宣言》，联合国第61届大会第L.57号决议的附件（2007年9月12日）。

第五部分　有关过程和活动的义务

环境损害是由包含了（或源自于）物质和技术的利用过程和活动造成的。过程指的是那些直接造成损害的物理、化学或生物现象，而活动指的是涉及这些过程的人类行动。① 采用了不同物质和技术的不同活动可能会导致同一个过程，② 而同一个活动也可能导致不同的过程。③

虽然环境损害的防治需要对“过程”和“活动”进行同时管控，但是还是应该特别关注“过程”。每一个过程都必须受到鉴别、监测、规范和管理，其基础是导致此过程的所有物质、技术和活动。如果多个过程是由同一个物质、技术或活动造成的，那么，一旦得以确认，这一物质、技术或活动就应该根据所有相关过程的要求受到监测、规范和管理。

在本盟约第五部分，第 27 条（预防损害）确立了一般规范，第 28 条（污染）、第 29 条（废物）和第 30 条（外来或改性生物体的引入）则针对某些相对明确的活动确立了更多的具体规范。每个缔约方履行本条规定的能力依赖于它的自身能力和提供给发展中国家的援助。④ 虽然这里的每条规定针对的都是单一国家的活动

① 例如，臭氧层的消耗是由化学反应造成的，它破坏了臭氧微粒（“过程”），原因是某些特定物质（氯氟烃气体）存在于上层大气中。这些物质被用于某些技术应用（“活动”）中，如冰箱、空调、灭火器、气雾剂喷射器等。另一个例子是流网的使用，“过程”指的是意外捕获造成的某些物种在网中的超额死亡，而“活动”指的是公海捕鱼行动。

② 例如，气候变化是由于不同温室气体的排放而造成的一个过程，这些温室气体来自于各种不同的技术和活动，包括电力生产和森林采伐。

③ 例如，向大气中排放氯氟烃气体的活动，它就会同时影响到气候变化和臭氧层。

④ 同时参见本盟约第八部分（实施与合作）。

和过程，但是，它们的适用还是应该根据本盟约第 17 条（环境损害的转移或转化）的规定，以确保它们采用的是一个综合的方法。第五部分的核心义务是在早期采取干预措施以预防环境损害的发生。

第 27 条　预 防 损 害

缔约各方应进行明确和评估那些已经或者可能对环境或公共健康造成重大不利影响的活动的内容、技术、程序和种类。缔约方应制定一个授权和调查制度，控制或管理该类活动，以避免造成严重损害。

第 27 条确立了一个基础，据此可以采取行动以预防破坏性物质、技术、过程和活动造成的环境威胁。本条要求对这些物质、技术、过程和活动进行鉴别和评估，并对采取措施以预防重大环境损害提出了强制性要求。① 鉴别和评估是一个动态的过程，因此，缔约各方应当不断地开展这类活动。本条规定的内容是宽泛的；它包括了造成环境损害的直接和间接成因。国际法中存在着许多管控这些成因的相关规范。② 对公共健康的关注始于《斯德哥尔摩宣

---

① 同时参见本盟约第 6 条（损害预防），第 7 条（风险预防）和第 13 条（国家）。

② 关于过程的规范和管理，参见 1985 年《保护臭氧层维也纳公约》及其 1987 年《蒙特利尔议定书》，它是第一个完全基于过程管理的国际文件，它建立了一套国际管理制度。在此领域，最明确的义务规定出现在 1992 年《生物多样性公约》的第 7 条第 3 款和第 8 条第 2 款中。1992 年《气候变化公约》和 1994 年《联合国防治荒漠化公约》的目标也是对特定过程的所有成因进行管理。同时参见 1987 年《危险废物开罗准则》第 7 条（关于低废物技术和循环利用的提升），1982 年《世界自然宪章》原则 11，它指出“应控制那些可能影响大自然的活动，并应采用能尽量减轻对大自然构成重大危险或其他不利影响的现有最优良技术”。与此类似，1997 年《联合国水道公约》第 27 条规定，各水道国家应该单独和协同地（在必要情况下）采取一切恰当措施以预防或减缓那些有可能损害到其他水道国家的情况，不论这些情况是自然原因抑或是人类行为造成的，如洪水、冰情、水传疾病、淤积、侵蚀、咸水入侵、干旱或荒漠化。

言》。它的原则 7 要求缔约各方“采取一切可能措施以预防海洋受到那些有可能对人类健康造成危险的物质的污染……”

可以预见的是，将来会发现更多的环境损害成因，因此本条规定作出了前瞻性的要求，即必须对那些有可能造成重大环境损害的过程和行动进行监测、规范和管理。本条给缔约各方施加了一项义务，即必须努力发现更多的环境损害成因，并对与人类活动相关的环境风险进行评估。

如果没有具体的规范来规定采取何种措施去进行鉴别和评估，则鉴别可以通过综合环境影响评价［本盟约第 42 条（环境影响评价）］来得以实现，而评估则可以通过适用本盟约第 44 条（环境质量监测）来得以实现。在通过和实施了一定的标准［本盟约第 43 条（环境标准和控制）］后，规范和管理也就应运而生了，但是，最理想的办法应该是对过程管理计划的完美展现。①

第 28 条　污　　染

缔约各方应单独或集体采取一切适当的措施，尽最大可能预防、减少、控制和消除因为各种污染所造成的有害变化。为达此目的，缔约方应采取最优环境惯例和最佳可得技术，并应努力协调他们的政策。特别重要的是，缔约各方应尽最大努力消除那些有毒的、危险的或生物复积性的污染。

第 28 条的目的是预防、减少和控制所有来源的污染。它反映了现有的协定国际法和国际习惯法，② 它的标准化表述出现在

① 例如，1992 年澳大利亚《联邦濒危物种法》就规定，必须做一个清单以便详细列举那些威胁到濒危物种的过程，它同时还规定了威胁削减计划的推进工作。这些计划对联邦机关是具有约束力的，它们有可能成为联邦政府与各州或个人之间合同的主题。

② 关于污染控制的早期国际法律文件数量众多，例如，1973 年《防止船舶造成污染国际公约》、1972 年《防止倾倒废物及其他物质污染海洋的伦敦公约》、1979 年《长程越界空气污染公约》、1982 年《联合国海洋法公约》第 12 部分、1985 年《保护臭氧层维也纳公约》、1992 年《气候变化公约》、1991 年《美国—加拿大空气质量协定》。

1982年《联合国海洋法公约》的194条第1款，它适用于环境的所有部分。本条可以一般性适用，无论污染是否跨界，当然如果涉及跨界，则多边合作是必需的。例如，本条规定将会鼓励缔约各方开展合作，以进一步加强相对不完善的涉及陆源海洋污染的法律制度。本条规定应该与本盟约第43条（环境标准和控制）结合在一起解读。在MOX核燃料厂案（爱尔兰诉英国）中，国际海洋法法庭认为，在环境风险信息的交流上进行合作的义务是一个“预防海洋环境污染的基本原则”，这是《联合国海洋法公约》和其他一般国际法所规定的。

“污染“应该被理解为：

> “人类直接或间接把物质或能量引入环境，以致造成或可能造成损害生物资源、生态系统和其他形态的生命，危害人类健康，破坏或干涉环境优美及其他对自然资源的正当利用在内的各种有害影响。”①

第28条的文字表述是十分重要的；它的重点在于预防（参见第6条）。减少和控制都是对预防义务的补充，只有在预防已经不可能的情况下它们才能适用。本条义务的综合性特征使其不仅涉及规划程序的利用，如环境影响评价［本盟约第42条（环境影响评价）］和许可证制度，而且也涉及对环境的持续监测［本盟约第44条（环境质量监测）］。有大量的法律手段正用于规范污染；一个国际通用的方法是把物质按照毒性进行分类，这样的话，最有毒物质的排放就会被完全禁止，而那些毒性较小物质的排放就会被批准

① 这个定义改编自1982年《联合国海洋法公约》第1条第3款和1974年《经济合作与发展组织理事会关于境外污染的建议》。《联合国水道公约》第23条也对污染作了一个类似的定义，它还规定有义务预防、减少和控制那些有可能对其他水道国家及其环境造成重大损害的污染，包括对人类健康或安全的损害，也包括对基于有益目的之水利用或水道中生物资源的损害。

(或被有条件地批准)。① 环境质量、② 产品③和技术④标准也有可能发挥作用。"来自于环境的任何部分"及任何来源就要求缔约各方必须考虑到污染对所有环境介质的影响;这也表明,综合污染防治战略才是最有效的[参见本盟约第17条(环境损害的转移或转化)]。本条把放射性、有毒和其他有害物质具体列举出来,这是为了强调那些特别有害的污染种类;这个列举并不是详尽无遗的。

本条规定的标准是"所掌握的最佳手段",它的目的是把一个高水平的保护引入到这一义务中,其依据是传统国际法中"谨慎行事"这一概念。由此而导致的结果是,在决定本条款在各领域的具体适用时,应该考虑到各个国家的不同能力。

最后的部分是政策的协调,这是国际合作的自然结果。⑤ 它的目的是为了鼓励缔约各方在采取最佳方式解决环境问题方面达成国际协定。如此做法就会在规范管理的过程中增加透明度,吸引所有相关方有效参与,也有利于消除非关税贸易壁垒。本条规定中的义务并不是绝对的,因为本盟约认识到各国存在着生态上的差异;因此,相比其他国际文件中确定的标准,有必要采取更高或不同的标准设置。但是,政策的协调还是应当把一个高水平的环境保护作为它的基础。⑥

---

① 例如,1972年《防止倾倒废物及其他物质污染海洋的伦敦公约》第4条和附件1及附件2。

② 参见欧盟指令,如1976年《关于排入社区水环境的特定危险物质所造成污染的指令》、1980年《关于二氧化硫和悬浮颗粒物的大气质量限定值和指导值的指令》、1982年《关于大气中铅的限定值的指令》。

③ 参见1968年《欧洲清洁剂协定》。

④ 参见1973年《防止船舶造成污染国际公约》和1974年《海上人命安全公约》(修订)。

⑤ 参见《联合国水道公约》第23条。

⑥ 参见2009年《关于欧盟运作的里斯本条约》。

第 29 条　废　　物

1. 缔约各方应确保预防或尽可能减少废物的产生，特别是通过采取无废技术手段。

2. 废物应得到再利用、恢复和循环利用。

3. 应采取环境友好型的方式，尽最大可能地在源头处理那些无法再利用、恢复和循环利用的废物。

4. 如果有理由相信废物将不会得到环境友好型处置，或者是出口到一个禁止废物进口的地区，则在任何情况下缔约各方都不得出口或准许出口废物。如果越境转移无法满足这些要求，同时又没有替代性的环境友好型处置方案，则出口方应确保废物被收回。

第 29 条关注的是环境损害的一个主要成因，即废物的产生和不当处置。废物是现代生活的副产品，但是对它的规范管理可以把它造成的问题最小化。本条规定指出，废物问题是一个国际层面和国家层面都很关注的问题。① 废物应该被理解成是任何可能在自然环境中得到处置的物质，无论是根据它的本质还是国家法律的某项要求。② 它是污染的一个种类，因此必须与本盟约第 28 条（污染）结合在一起解读。

第 1 款　规定了缔约各方在处理废物问题上在国家层面的首要义务。根据损害预防原则（本盟约第 6 条）和风险预防原则（本盟约第 7 条），首要义务是使废物的产生最小化。③ 这一要求可以通过履行本盟约第 32 条（消费和生产模式）得以部分实现，第 32 条要求缔约各方鼓励尽可能多的循环和再利用，并提升产品设计以

① 例如，关于废物海洋倾倒问题，在国际层面有多个早期国际文件，如 1972 年《防止倾倒废物及其他物质污染海洋的伦敦公约》、1972 年《防止船舶和飞机倾倒引起的海洋污染奥斯陆公约》、1982 年《联合国海洋法公约》第 210 条。

② 这一定义改编自 1989 年《巴塞尔公约》第 2 条第 1 款。同时参见 1987 年《危险废物开罗准则》第 1 条。

③ 参见《21 世纪议程》第 21.10 段。

便尽可能多地消除废物。① 同时，本条也规定了“清洁”技术的利用，这可以通过技术和技术强制型排放标准②以及一个“从摇篮到坟墓”的管理模式而得以实现。③ 有鉴于此，传统的命令强制性机制和经济刺激型机制［本盟约第16条第2.2款（一体化政策）］都会是恰当的。

第2款　要求，一旦产生了废物，就应该在源头采取一切努力，通过恢复、循环和再利用的方法来处理废物。本条规定的目的，作为国际法的一个共同特点，就是支持和鼓励将废物的产生最小化。④

第3款　要求，对废物的处置必须采取一个环境友好型的方式。这就要求废物的处置方式应该保护人类健康和环境不会受到此种处置可能引发的不利影响。⑤

对本条规定的履行有赖于各国的个别能力。这就涉及了本盟约第47条（技术开发及转让）和第52条（国际资金），它们将会帮助发展中国家履行这些义务。

本条规定的**第4款**关注的是越境转移问题，当源头处置已经不

---

① 这些已经成为许多国家国内立法的标准特征。一个最值得关注的做法是1991年德国《包装规则》的规定，它要求卖方要么收回所有已售出商品的包装，要么采用单独的专业措施以收集此类废物；同时参见欧盟的做法。

② 参见美国《清洁水法》和美国《清洁空气法》。

③ 参见本盟约第17条（环境损害的转移或转化）。

④ 参见1989年《巴塞尔公约》第4条第2.1款；1991年《禁止向非洲进口危险废物并在非洲内管理和控制危险废物越境转移的巴马科公约》第3条第3款；1987年《危险废物开罗准则》第7条；1976年《经济合作与发展组织关于废物管理的意见》附件的原则3。同时参见C-2/90案（欧盟委员会诉比利时），“邻近”原则在此案中得以确认。

⑤ 参见1989年《巴塞尔公约》第2条第8款和1991年《禁止向非洲进口危险废物并在非洲内管理和控制危险废物越境转移的巴马科公约》第1条第10款。同时参见1987年《危险废物开罗准则》第12条。1995年《论坛岛屿国家危险废物公约》第1条对环境友好型管理的定义是：“采取一切实用的办法以确保危险废物的管理模式将会保护人类健康和环境不会受到此种废物可能导致的不利影响。”同时参见本盟约第38条。

可能时，越境转移就会被启动。它适用于危险废物。

为了与其他国际文件保持一致，**第 4 款**要求，在有理由相信危险废物将不会得到环境友好型处置的情况下，出口方必须禁止出口。这一要求对出口国和进口国都施加了隐性的义务。在有关危险废物的管理和处置问题上，包括可用设施的状况和技术水平，出口国应该与进口国的有关机构保持定期交流。① 其次，进口方应该建立一套制度以监督其辖区内的危险废物的管理和处置。最后，为了确保对此类废物的环境友好型管理或处置，第 4 段给出口方施加了一个义务，如果跨界交易无法在符合本条规定的前提下顺利完成，则进口方必须作出另外的安排，或者再次进口这些废物。② 如果在废物的越境转移过程中违反了本条规定的要求，则再次进口的义务就同样适用于此种情况。③

第 30 条　外来或改性生物体的引入

1. 针对那些有可能对其他生物体或环境造成不利影响的外来或改性生物体，缔约各方应禁止其有意识地引入到环境中。缔约各方还应采取适当的措施以预防该类生物体的侵袭、意外引入或逃离。

2. 在生物科技导致的改性生物体的开发、利用和释放的过程中，缔约各方应评估、预防或有效管理其对其他有机物或环境造成不利影响的风险。

3. 当外来或改性生物体已经（或者可能）对其他有机物或环境造成重大不利影响，缔约各方应采取一切合理措施来控制、最大限度地消除此类外来或改性生物体。

4. 缔约各方应采取一切合理措施来控制动物传染性疾病的自

---

① 参见 1989 年《巴塞尔公约》第 6 条第 3.2 款；1991 年《禁止向非洲进口危险废物并在非洲内管理和控制危险废物越境转移的巴马科公约》第 6 条第 8 款和第 10 条第 2.1 款；1987 年《危险废物开罗准则》第 26 条。

② 1989 年《巴塞尔公约》第 8 条；1987 年《危险废物开罗准则》第 27 条。

③ 1989 年《巴塞尔公约》第 9 条第 2 款。

然集散地，以预防物种间的相互传染。

第 30 条涉及的是外来或改性生物体的引入所引发的对人类、生物多样性和经济利益的威胁和风险。① 引入已经导致了灭绝，当前正在通过捕食、竞争、与本地物种的杂交、疾病和寄生虫的传播等方式威胁到大量物种的安全。这不仅影响到那些特定的受影响物种，而且也影响到其他物种并能造成重大的经济损失。② 如果某个有害引入已经传播至（或有可能传播至）另一方或者国家管辖范围以外区域，则本盟约关于跨界问题的相关规定（参见本盟约第七部分）就会适用于这些情况。值得注意的是，改性生物体所引发风险的具体程度相对来说还是未知的，因为这种新技术造成损害的相关记录还是非常少的。但是，鉴于风险的存在这一事实被广泛接受，还是有足够的理由去采取一个风险预防的方法［本盟约第 7 条（风险预防）］。

第 1 款　完全禁止有可能损害到其他生物体或环境的故意引入。它反映了《联合国国际水道非航行利用法公约》第 22 条的规定，它要求水道国家必须“采取一切必要措施以预防外来的或新的物种对国际水道的引入，这种引入有可能对国际水道的生态系统造成有害影响，并可能导致对其他水道国家的重大损害”。

第 1 段也要求缔约各方必须控制意外引入的风险。联合国粮农

---

① 参见 1992 年《生物多样性公约》，特别是第 8 条第 8 款（外来物种）和第 8 条第 7 款（改性生物体）；1982 年《联合国海洋法公约》第 196 条关于外来物种或新物种的规定：“各国应采取一切必要措施以防止、减少和控制……由于故意或偶然有海洋环境某一特定部分引进外来的或新的物种致使海洋环境可能发生重大和有害的变化”（“新的”物种在这里应该被理解成改性生物体）；1991 年《〈南极条约〉之关于环境保护的马德里议定书》附件 2 的第 4 条（包含有针对入侵的非常严格的规定）。对海洋环境的入侵也是国际海洋开发理事会的实施规程的一个主题，其 1994 年版的实施规程也涉及转基因生物。1997 年《联合国水道公约》第 22 条也是专门用来管理外来的或新的物种引入。

② 一个著名的案例是斑马蚌从欧洲东部引入（很有可能是通过船舶压舱水）到北美五大湖区（斑马蚌集群占据了管道和其他设施而造成经济损失）。

组织理事会在2000年10月批准了《关于建立西部地区沙漠蝗虫管理委员会的协定》。① 更宏观的一个例子是《生物多样性公约》第六次缔约方大会第6/23号决议，它要求缔约各方、其他政府和相关组织必须促进和实施公约规定的指导原则以预防生物入侵或减缓入侵或外来物种的影响。在2002年11月第八次缔约方大会上通过的第8/18号决议把入侵物种定义为一个“针对世界范围湿地的生态特性的主要威胁”。注意到它与全球气候变化之间的联系（气候变化会导致生物物种转移到新的地区），决议还要求缔约各方必须用“一个果断的和全盘的方式”解决那些湿地生态系统内的入侵物种的问题，包括对那些有可能对湿地的生态特性造成威胁的外来物种进行风险评估。

“外来生物体”指的是未经人工改性的生物，它一般不会自然出现在某一特定生态系统内。这一概念不仅仅包括物种，而且也包括亚种或者分类生物群（动物群、植物群、微生物）中基因特征明显的种群。“改性生物体”指的是经过人类行动进行过基因改性后的生物体，无论利用的是转基因技术、选择性繁殖还是其他方法。有可能受影响的“其他生物体”应该被理解为包含了人类、其他驯化和培植生物体和野生生物体。这里所说的“环境”指的是一个广义的概念，它包括对人类活动和利益的影响。“引入到环境中”指的是引入到那些非封闭环境，而封闭环境意指生物体无法逃离的环境。② 在采取措施以控制意外引入的风险时，缔约各方应该从广义上来理解“逃离”，它应该包括脱离囚禁以及船舶、飞机或其他方法造成的无意的进口。③

第2款 具体针对的是生物技术导致的改性生物体问题。它既

① 第1/119号决议。

② 例如，这也适用于某个生物体在其原生地国的引入，如果它被引入的是一个它通常不会自然出现的地区。

③ 例如，船舶的压舱水现已被认为是这类生物体的一个重要通道。船舶所携带的压舱水和沉淀物造成的引入问题已经成为国际社会关注的最前沿问题（参见国际海事组织1993年《第774（18）号决议》，它针对这一问题制定了准则）。

包括在一个封闭环境中对此类生物体的开发和利用，也包括将其释放到宏观环境中。为实现这些目标所需的规范手段包括转性生物体的分类、环境和健康风险的早期评估、事前通知和同意程序（针对包装、标签、处置和利用）、公众咨询、应急方案和信息交流。①

第3款　针对的是那些不需要的、可能有害的外来或改性生物体引入所造成的后果，它要求必须根除这类生物体，在不可能根除的情况下则应该对其进行控制。“控制”的内涵包括采用恰当的消灭、移除或其他办法限制其数量上的增长及其扩散。②但是，值得注意的是，想要提前判断（基于充分的科学确定性）是否可能产生重大不利影响几乎是不可能的，因此，本盟约第7条（风险预防）应该得以适用，除非此类风险并不存在。

第4款　指出，新疾病的传播和含病生物体的相互传染会导致一个流行病的风险。

---

①　参见1990年4月23日通过的欧盟第20/219/EEC号决议（《关于转基因微生物的封闭利用》）和欧盟第90/220/EEC号决议（《关于转基因微生物的故意释放（到环境中）》）；根据欧盟第2001/18/IC号指令，欧盟2002年第812号决定确立了《关于转基因生物作为产品（或其一部分）投放市场的摘要信息格式》；根据欧盟第2001/18/EC号指令，欧盟2002年第813号决定确立了《关于转基因生物基于非市场投放的目的被故意释放到环境中之通知问题的摘要通知信息格式》。

②　多个自然保护公约都承认有必要控制外来物种的引入，这些公约提出了控制引入的义务，无论引入是有意的还是无意的。例如，1979年《关于保护欧洲野生动物和自然栖息地的伯尔尼公约》第11条第2款；1992年《生物多样性公约》第8条第8款和第8条第7款；1982年《联合国海洋法公约》第196条。

第六部分　有关全球问题的义务

第六部分关注的是直接或间接影响环境保护以及可持续发展的各种社会活动。它们反映出世界上各种结构性问题和深层次原因的多样性，以及在国际层面以团结的精神解决这些问题的必要性，这也体现了共同但有区别的责任这一概念。除非采用一个全球视角来解决本部分提出的全球性问题，否则，可持续发展的目标将无法实现。

第 31 条　消除贫困的行动

缔约各方应单独或与其他国家、国际组织和民间组织、特别是私营经济部门合作，采取旨在消除贫困的措施，包括：

（a）从法律上赋予贫困人口行使自己的权利，包括发展权；

（b）尊重、保障、提升及实现脆弱和边缘人群的权利，特别是对食品、水、住房和其他基本需求的权利；

（c）努力使所有人都能实现可持续的生活，特别是通过增强对资源（包括土地）的获取及控制的方式；

（d）尽可能地恢复退化的资源，推动那些用于人类基本需求的资源的持续利用；

（e）提供可饮用水和卫生；

（f）提供教育，重点是吸收妇女、女孩、土著人、社区组织、脆弱和边缘人群的参与；

（g）支持微信用和微保险制度以及微金融机构及其能力的发展。

第 31 条是专为实施本盟约草案第 11 条（消除贫困）规定的原则而设计的。本条规定针对的是所有各方，因为面对消除贫困（包括其境内的贫困和基于全球视角的贫困）的挑战，没有一个国家可以置身事外。本条提及的与非成员国的合作，包括北—南资源转移、发展中国家之间的合作，以及发达国家之间的行动。因为造成贫困的原因通常具有区域性或国家特质，它们可能是很复杂的，因此，本条规定的起草是为了给予那些为达成目标而所采取的行动以最大的灵活性。

本条列举了一系列缔约方应努力实现的具体目标。它下面的七款项都是基于现有的国际人权和环境标准。[①] 这些义务也与本盟约其他条款密切相关，特别是第 14 条第 1 款（自然人和法人），只不过它们是在消除贫困这一语境下被强调的。实现这些目标的方式是多种多样的，它们涉及社会的各个领域。《可持续发展世界峰会实施计划》制定了与本条款相关的具体目标，包括在所有层面采取行动以便在 2015 年把日均收入不足 1 美元的、忍受饥饿的及缺少安全饮用水的世界人口的数量减少一半。

第 32 条　消费和生产模式

缔约各方应减少并争取消除不可持续的消费和生产模式。缔约各方应设计相关战略以减少不可再生资源在生产过程中的利用。为达到此目的，缔约各方应当：

（a）收集和传播有关消费模式的信息，开发或改善提升分析的方法；

（b）确保在所有产品和生产流程中，最高效率地保护和利用所有原材料和能源；

（c）要求最大限度地重复和循环利用材料；

（d）提升产品设计，以增加重复利用和循环利用，并尽可能

---

① 参见 1966 年《经济、社会和文化权利国际盟约》。（a）项参见 1948 年《世界人权宣言》第 25 条和 1966 年《经济、社会和文化权利国际盟约》第 7 条；（b）项参见 1948 年《世界人权宣言》第 25 条；（c）项参见 1995 年《世界粮农组织关于杀虫剂的散播和使用准则》；（d）项参见 1989 年《儿童权利公约》第 24 条第 2. 3 款；（e）项参见 1948 年《世界人权宣言》第 26 条，1966 年《经济、社会和文化权利国际盟约》第 13 条，1981 年《非洲人权宪章》第 17 条；（f）项参见联合国第 56 届大会第 207 号决议，第 57 届大会第 266 号决议——《联合国消除贫困第一个十年的实施》（1997—2006 年）第 24 段。

地消除废物；

（e）为消费者组织在促进可持续消费模式中的参与和作用提供便利；

（f）要求经济企业采取公司社会责任计划以节制消费并对社会和环境福利作贡献；

（g）确保公众能获得足够的产品信息，以便消费者可以作出环境选择。

第32条反映了《可持续发展世界峰会实施计划》中的一个观点，即改变不可持续的生产和消费模式，保护和管理经济和社会发展的自然资源基础，以及消除贫困；这些是可持续发展的首要目标和核心要求。有鉴于所有国家（不仅是工业化国家）在消除不可持续的生产和消费模式的过程中都面临着巨大挑战，本项义务的核心是必须善意地尽最大努力制定相关战略以促成这样的改变。这是基于这样一个期望，即制定这些战略将会是达成新的可持续的生产和消费模式的第一步。鉴于这些模式下社会经济因素的复杂性，期望所有发展中国家都能像工业化国家那样有效地制定出战略是不现实的。因此，本条款并未把制定战略规定成一个绝对的义务。但是，缔约方中的工业化国家应当帮助发展中国家进行这一领域的能力建设（如通过实施本盟约的规定）；发展中国家的能力一旦达到要求，就应该制定这些战略。

这些战略的设想是促使生产模式变得更具可持续性，同时满足贫困人口的基本需求。① 贫困人口的基本需求情况限制了消费模式改变的程度。本条提及的生产流程源自于这样一个事实，即向可持续发展的成功转变不应仅仅是由消费者所推动的。特别重要的是，缔约各方必须减少不可再生资源的利用；这也构成了代际公平和代内公平的部分内容。②

（a）到（g）项列举了具体的义务，缔约各方也可以自由决定采取更多的措施。（a）项规定了改变消费模式战略之制定的基础，

① 同时参见本盟约第11条（消除贫困）。

② 同时参见本盟约第5条（公平和正义）。

即通过鼓励相关信息的获取和分析来实现。“此类信息必须得以传播”这一项规定鼓励决策过程中有意义的公众参与，它与（d）项也密切相关。① （b）项旨在通过要求高效率地利用自然资源和能源，促使生产方式变得可持续。（c）项源自于（b）项，它关注的是生产流程中原材料的循环利用和再利用，缔约各方应尽全力以实现最大程度的循环利用和再利用。在（b）项中，应该采取适当的经济手段。（d）项要求采取积极的措施以鼓励“绿色”技术在产品设计中的应用。这一结果既可以通过传统的命令控制型规范来实现，也可以通过那些激励自愿履行的经济刺激机制来实现。② 不同的缔约方将会取得不同的结果，这取决于它们各自的能力。（e）项与（a）项和本盟约第 14 条第 3 款（自然人和法人）紧密相关，它更进一步提出要求，即缔约各方不仅必须为消费者组织的功能的有效发挥清除障碍，还应该以支持的方式采取行动。以一种非专业性和容易获取的方式传播（a）项中提及的信息，可以算是本条规定的具体应用之一。（f）项是环境信息制度的一个具体应用。参见本盟约第 14 条第 3 款。（g）项提及了消费者信息（消费者知情权）的必要性，大量国内法和 2009 年《关于欧盟运作的里斯本条约》第 169 条都承认这一点，它也应当成为本盟约第 14 条第 3 款规定的广义义务的一部分。

第 33 条　人口政策

缔约各方应制定或加强人口政策以促进可持续发展。为达此目的，缔约各方应当：

（a）开展环境可承载人口数量的研究，在各个层次制订关于人口增长的计划；

（b）开展合作以减轻大量人口流动对自然支持系统所造成的压力；

（c）开展合作以便为人口快速增长地区优先提供必需的基础

---

① 同时参见本盟约第 13 条第 3 款（国家）。

② 同时参见本盟约第 16 条第 2.2 款（一体化政策）。

设施；

（d）就有关计划生育的事项向公众提供足够的信息以供他们抉择；

（e）为那些因环境情况变化而移民的人们提供长期的安置。

第33条的目的是具体落实本盟约草案第16条（一体化政策）的规定，为实现此目的，第33条要求缔约各方必须采取可以支撑可持续发展的人口政策。① 本条规定倾向于各方基于各自情况采取单独行动，只有在申请援助时才由其他缔约方提供帮助。可持续发展应该被理解成是每个缔约方的单个目标。正是为了实现这一目标，所以应该制定并加强“恰当的”人口政策［参见本盟约第12条（共同但有区别的责任）］。

本条规定包括了四个强制性行动，这个列举也不是详尽无遗的。（a）项包含了缔约各方的双重义务：第一项义务是开展一个定期的人口调查，然后根据调查结果来预测环境的承载能力；第二项义务是制定或加强恰当的规划以适应人口的增长。活动进行的具体方式由缔约各方自行决定，前提是必须符合其他国际义务的要求。（b）项关注的是人口流动所造成的对自然系统的压力这一具体问题。它要求各国必须开展合作，因为这一压力有可能导致跨界环境问题；同时，这条规定还包括了另一种情况，即他国可以帮助解决难以处理的人口流动问题，如通过重新安置。（c）项规定，在基础设施已经无法支撑快速的人口增长之需求的情况下，必须提供援助。其他国家仅仅是被要求去致力于建设这样的基础设施，而不必确保一个具体的结果。（d）项具体落实了个人选择自由，这是通过要求提供所有符合国际人权义务的计划生育政策的完整信息来实现的。② 考虑到这一问题上文化的差异，本条规定的目的是要求缔约各方提供该方现有的计划生育政策信息；它的目的并不是为

① 本条规定是基于风险预防的方法［本盟约第7条（风险预防）］。同时参见1994年《开罗会议行动规划》。

② 参见1994年《开罗会议行动规划》原则8和第7.14段第1点。

了指定哪些计划生育政策是可以接受的。①

第 34 条　贸易与环境

1. 缔约各方应开展合作以建立和维持一个开放的、非歧视的国际贸易体制，同时满足今世后代人的发展需要和环境需要。

为达此目的，缔约各方应努力确保：

(a) 贸易不得导致资源的浪费利用，也不得影响到资源的保护与持续利用；

(b) 旨在解决跨界和全球环境问题的贸易措施应尽可能地建立于国际共识之上；

(c) 以环境为目的的贸易措施不应包含武断的、非正当的歧视、变相限制等措施；

(e) 针对那些对环境有害或可能造成危害的、不在其管辖范围内的活动，进口方应尽可能避免采取单边贸易措施，即使要采取，也必须与受影响国协商后以透明的方式予以实施；

(f) 商品和原材料的价格应能完全反映出直接和间接的社会和环境成本，包括它们的提取、生产、运输、营销以及可能会有的最终处置的成本。

2. 缔约方应努力确保针对生物资源、产品和衍生物：

(a) 贸易是基于此类资源可持续开采的管理规划的，不会危及任何物种或生态系统；

(b) 因为遵守多边贸易协定的禁止性规定而无法出口生物资源的缔约方，有权就因其他缔约方违反协定而对其所造成的损失而获得合理的补偿。

第 34 条关注的是环境保护和国际贸易制度的协调问题，这个问题一直是国际议程上的热点，特别是在联合国环境与发展大会之

① 参见 1979 年《消除一切形式的妇女歧视公约》第 12 条第 1 款。

后。国际贸易制度是以自由贸易的目标为依据的,① 它基于这样一个假设，即当商品和服务跨越国界自由流动时，所有人的福祉将会增加。然而，这一制度日益被认为是纵容了不可持续的行为方式。

尽管存在着自由贸易的命令，基于环境目的的贸易限制措施还是被长期利用，其目的是限制环境危险产品和采用不可持续性方法制造的产品的市场空间。② 但是，许多国家已经对那些基于环境目的而施加贸易限制的做法持怀疑态度，它们担心这些做法实际上是变相的贸易保护主义手段。第 34 条打破了环境保护和自由贸易目标之间的平衡，它的天平倾向了环境保护，它设定了一些保障措施以预防单边贸易保护措施的滥用。③ 这种做法就颠覆了当前的重自由贸易而轻环境规范的认识。④ 这也导致缔约各方必须努力工作，以确保国际经济法的相关规定是支持这一目标的。⑤ 本条规定是符合 2001 年 11 月 20 日在多哈获得通过的《世界贸易组织部长宣言》的；在此宣言中，参与方声明它们确信“赞成和保卫一个开放的、非歧视的多边贸易体制，开展保护环境和促进可持续发展的行动，这两者可以而且必须是相互支持的”。它们进一步指出“在世界贸易组织的规则下，任何国家都不得被禁止采取保护人类、动物或植物之生命和健康，或者在其认为恰当的程度保护环境的措施”，前提是这些措施不是武断的、歧视性的或者是变相的贸易保护。

第 1 款 规定缔约各方有义务开展合作，以建立和维持一个能确保代际和代内公平的国际经济体制，这也是对本盟约第 5 条

① 这一点在《关贸总协定》（1947 年）的两个关键条款中表现得尤为明显，它们体现了“最惠国待遇”原则（第 1 条）和“非歧视性”原则（第 3 条）。

② 参见 1973 年《野生动植物濒危物种国际贸易公约》；1987 年《蒙特利尔议定书》；1989 年《巴塞尔公约》。

③ 事实上，《21 世纪议程》要求改进发展中国家出口市场的准入。

④ 这一假定的存在源自于《关贸总协定》专家组关于《关贸总协定》第 20 条的解释的几个裁定。

⑤ 本盟约为实现目标所需的手段有可能与 1947 年《关贸总协定》（按照其当前的解释）发生冲突。

（公平和正义）和第 10 条（发展权）所阐述原则的具体落实。在近期的国际文件中，这一义务已经被认定为是可持续发展的一个核心要素。① 很明显，除非国际贸易规则是支持可持续发展的（至少不是可持续发展的一个障碍），否则，发展中国家是不可能可持续发展的。② 其后各项包含了一个并非详尽无遗的行动清单，缔约各方应该采取这些行动以实现第 1 款第一句话所述的"一个开放的、非歧视的国际贸易体制"。

（a）项　指出，国际贸易不应该成为自然资源可持续利用和保护的一个障碍。由此，它应该与本盟约的第 13 条第 2 款（国家）结合在一起解读。相比《21 世纪议程》中"国际贸易与环境政策应该保持一致性③或贸易与环境应该是相互支持的④"的表述，这里的文字表述更进了一步。本条的应用是对缔约各方必须保护及保存它们各自辖区内以及国家管辖范围以外区域环境这一义务（本盟约第 65 条）的具体落实。

（b）项　表述了这样一个主张，即涉及国际（全球或跨界）环境问题的贸易措施应该尽可能地建立于多边共识的基础之上。这是因为国际问题需要采用国际的解决办法，也是因为这种办法有助于更有效的执行和消除搭便车者。同时，这一义务也是符合国际法的一般要求的，即各国有义务善意地进行合作。最近的国际法也提

① 参见 1994 年《世界贸易组织协定》。同时参见 1992 年《里约宣言》原则 12；1992 年《21 世纪议程》第 2.9 段。

② 参见 1992 年《21 世纪议程》第 2 章。当前的障碍有些是工业产品在发达国家中的市场准入问题，这就增加了发展中国家对资源密集型工业的依赖；沉重的国际债务迫使发展中国家不得不过度开采它们的自然资源以便取得硬通货；发达国家农业剩余产品的倾销（保护主义政策的结果）造成了对发展中国家的出口经济意义重大的那些商品的贬值。

③ 1992 年《21 世纪议程》第 2.20 段。

④ 参见 1992 年《21 世纪议程》第 2.19 段。事实上，造成不良生态影响的国际贸易可以被认做是一种已经或可能对生物多样性保护和生物资源的可持续利用造成重大不利影响的活动，1992 年《生物多样性公约》第 7 条第 3 款要求对这种活动进行鉴别，第 8 条第 3 款要求对这种活动进行规范或管理。

出了反对在这些问题上采取单边行动的设想。本条并未要求每个缔约方都必须支持这些贸易措施，它的目的是尽可能地减少经济强制的情况。对那些采取贸易措施的多边环境条约的广泛遵守并不会违反本条规定，即使针对的是非缔约方。① 在某一缔约方或某一群缔约方试图施加一个有可能对发展中国家造成不利影响的贸易保护措施的情况下，所有相关方都应该进行合作以便找到一个解决方案。这样一个解决方案有可能通过向受影响的发展中国家转移技术来实现，因为这样可以促成发展中国家去履行相关的环境标准［同时参见第47条（技术开发及转让）］，或者通过补偿发展中国家的过度重负来实现［同时参见第52条（国际资金）］。最后，值得注意的是，产品和生产流程及方法都可能是（b）项中所指的“环境问题”。

（c）项 的目的是保护国际自由贸易体制的完整性，以及涉及贸易的环境措施的完整性。本条规定没有包含任何前置条件，这也表明了它的重要性。它与《21世纪议程》② 和1947年《关贸总协定》③ 是相符的，它们都致力于消除那些伪装成环保措施的贸易保护主义和/或歧视性贸易壁垒。④

（d）项 的目的是限制那些基于环境目的的单边贸易措施的利用。只有在与受影响国家进行协商之后，这些贸易措施才能被用

① 参见1973年《野生动植物濒危物种国际贸易公约》；1987年《蒙特利尔议定书》；1989年《巴塞尔公约》。1992年《北美自由贸易协定》第104条规定，在特定情况下，那些条约可以推翻它自己的规定。

② 第39.3段第4点。

③ 1947年《关贸总协定》第20条的序言。

④ 预防“可允许的例外”被滥用于贸易保护主义的目的，是《关贸总协定》法律体系中的一个重点关注问题。（参见《关贸总协定》专家组报告：1987年《加拿大——影响未被加工的青鱼和大马哈鱼的出口的措施》；《关贸总协定》专家组报告：1990年《泰国——针对香烟案例的限制和国际税》；《关贸总协定》之1991年“第一金枪鱼案”；《关贸总协定》之1994年“第二金枪鱼案”。同时参见1972年《斯德哥尔摩第103号建议》，它禁止把环境关注当做歧视性贸易政策的借口。

来保护那些国家管辖范围以外区域的环境,① 而且这些措施的实施必须做到公开透明。与（b）项允许采取基于国际环保目的的多边贸易壁垒不同，（c）项要求避免采取单边措施。这也表明，单边贸易措施总体来说是不受欢迎的。然而，在极端情况下，单边贸易保护措施有可能是唯一有效的办法，如对全球共同关切事项问题的保护。把本盟约第 65 条（国家管辖权以外区域）和第 13 条（国家）结合在一起解读，就使得缔约各方可以追求这一目标。但是，行动方所采取的行动和环保目标之间必须存在某种关联。这里的“协商”有两层含义，一个是努力协商以便达成共识，另一个是将迫在眉睫的环境问题及早通报到受影响国家。“透明”的义务是为了确保这样的单边措施不会被用于错误的目的，并使所有受影响国家能够理解这些措施的本质以及该如何履行这些措施。②

（e）项　给缔约方施加了一项义务以期对国际和国内市场造成影响，使产品和原材料的价格能够反映出所有的社会和环境成本。由此，这一条与本盟约第 13 条（国家）和第 16 条（一体化政策）密切相关，它也是“肇因者付费原则”的一个实际应用。本条规定特别强调了这一点，因为国际贸易有可能造成特别的有害影响。绝大多数国家已经部分实现了本条规定中的目标,③ 只是由于各国实现程度的不同而导致了非贸易壁垒的出现。本条规定同时也鼓励缔约各方限制他们对私人企业的补贴，包括那些以不可持续的方式经营的企业和那些寻求政府补贴以满足环保需求的企业。虽然全球贸易体制已经阻止采用补贴的方式［参见 1947 年《关贸总协定》第 26 条和 1994 年《乌拉圭回合补贴与反补贴措施协定》］，对本条规定的完全实施有赖于对“补贴”这一概念的广义解释；这个解释应该比当前通用的解释更宽，例如，它应该包括农业补贴

---

①　与此相反，参见《关贸总协定》之“1991 年第一金枪鱼案”。

②　例如，在《关贸总协定》之“1991 年第一金枪鱼案”中，墨西哥声称，美国有关金枪鱼捕捞的规定不是透明的，因为允许的外国配额的判定方式是不可预测的。

③　这个结果是由大量环境规范造成的，如排放标准、产品标准、环境税、环境费及环境征收的制定。

（在《乌拉圭回合农业协定》中，农业补贴是允许存在的）或者那些由于严格环保规范的缺失而造成的事实上的补贴。因此，这一政策的完全实施将会使绝大多数涉及环境的贸易保护措施变得不再需要，继而也会保存自由贸易体制的完整性。值得注意的是，本条规定的实施并不能替代那些尽可能减少环境损害之外部性成本的行为。

第 2 款 关注的是生物资源①，因为它们很容易受到国际贸易的不利影响的伤害。特别重要的是，各国在构建它们的贸易关系时不得威胁到这些资源。② **（a）项** 直接关注的是那些交易中生物资源的可持续收获问题。《生物多样性公约》明确指出，对管理规划的细化实施是一种特别有效生物资源保护方法。③ 第 2 款进一步引申了这一观点，它鼓励缔约各方在这些管理规划中把贸易建立在生态系统保护及物种保护的基础之上。④

（b）项 包含了一个特殊的情况，1973 年《野生动植物濒危物种国际贸易公约》对此给出了最好的例证。由于其他国家不履行条约而造成了特定物种的濒危状态时，那些履行了限制濒危物种贸易之相关义务的国家也随之会受到“惩罚”或被剥夺这些物种带来的利益。⑤ 第 19 届世界自然保护联盟大会要求，应该探索补偿这些国家的可能性，包括具体的补偿形式。

---

① 1992 年《生物多样性公约》第 2 条把生物资源定义为“对人类具有实际或潜在用途或价值的遗传资源、生物体或其部分、生物群体或生态系统中任何其他生物组成部分”。

② 参见 1973 年《野生动植物濒危物种国际贸易公约》，《非洲公约》第 9 条，1985 年《东盟自然及自然资源保护协定》第 5 条第 1. 2 款，1990 年《南太平洋流网公约》第 3 条第 2. 3 款。

③ 1992 年《生物多样性公约》第 8 条第 2 款、第 4 款和第 6 款。

④ 这条规定也是基于 1973 年《野生动植物濒危物种国际贸易公约》所建立的制度，它根据某一物种的保护状态来确立相关的贸易限制措施。

⑤ 本条规定的首要目标是适用 1973 年《野生动植物濒危物种国际贸易公约》，同时，它也与其他包含类似制度的区域条约的应用密切相关，例如，1940 年《西半球公约》第 9 条、1968 年《非洲公约》第 9 条、1985 年《东盟自然及自然资源保护协定》第 5 条。

第 35 条　跨国经济活动

1. 缔约各方应采取措施避免在其管辖或控制范围内的经济活动造成严重环境损害，并尽可能减少其风险。

2. 缔约各方应要求所有在其管辖或控制范围内从事活动的经济主体提供如下信息：

（a）他们的活动对环境造成的可能的或实际的损害；

（b）源起国的相关环境法律规定和标准及源起国所采用的旨在达到这些规定和标准的技术；

（c）可合理获取的有关环境损害预防技术的最新数据和信息；

3. 在涉及源自外国之活动时，在东道国的要求下，源起国应：

（a）向东道国提供源起国管辖下涉及环境要求和标准的所有相关信息；

（b）与东道国协商，以便东道国可以针对这些活动采取适当措施。

4. 如果东道国没有同样严格或更高的环境标准，或东道国明确同意，则源起国的国民应把其本国的相关标准作为适用的最低要求标准。

5. 缔约各方应与经济主体合作并鼓励它们制定并遵守公司承担社会责任的准则或守则。

第 35 条的目的是确保源自于外国的经济活动、主要指那些跨国公司的活动，必须以一种不会造成环境损害的方式进行。它包含和发展了用于规范此类活动的事先知情同意这一概念，并增加了一项新的法律选择原则，即要求适用最佳的环境法律。

本条规定的范围包括个人、私人或国有企业和公司以及其他源自国外的商业组织。后一术语包括了拥有他国国籍的个人、拥有他国国籍的企业、注册地不在活动发生地所在国的公司。① 它同时还包括了那些注册地就是在活动发生地所在国、但是实际由外国人完

① 根据国际法，国籍不仅仅指的是注册所在地，同时也包括有效管理的实际发生地。

全或主要掌控的公司。本条中的“源起国”指的是源自外国之活动的母国，“东道国”则指的是活动发生地所在国。

国际法中的领土主权原则允许一个国家有权管理外国人的入境，并可以要求他们在其境内时必须遵守其国内法。除了要遵守他们进行商业活动所在地国家的国内法外，公司还要受到其注册国国内法的约束，这一点也是国际法院在“巴塞罗那牵引公司案”（Barcelona Traction Case）中的观点。

根据**第 1 款**，缔约各方必须要求外国经济主体提供其经济活动所造成的潜在不利环境影响的相关信息，以及避免这种不利影响的方式和措施。这类信息的接收方应该为所有秘密商业信息提供合理和普遍适用的保障措施以保护它们的私密性。①

关于那些必须提供给东道国的信息，**(a) 项** 暗示，如果东道国提出要求，则外国经济主体将会进行环境影响评价②以便报告它们的活动所涉及的环境损害。③（b）项对源起国的相关立法和规定的信息提出了要求。④（c）项和（d）项对分享旨在预防环境损害的常用和最新工业技术信息作出了规定。⑤

第 2 款 确立了一个平行的义务，即要求源起国必须提供关于其环境要求和标准的附加信息（(a)项），并在被请求时进行协商（(b)项）。

第 3 款 要求源起国对那些在其领土以外区域从事活动的国民

---

① 参见《跨国公司行为准则草案》第 54 条。

② 在存在重大环境损害风险的情况下，根据本盟约第 42 条（环境影响评价）的规定，可能已经对提交一个环境影响评价报告提出了要求。但是即使不是这种情况，那一条款的相关规定还是应当在恰当的情况下予以运用。

③ 参见《跨国公司行为准则草案》第 44 条和第 47 条第 1 款，《经济合作与发展组织跨国企业准则》第 3 条。同时参见美国化学品制造者协会在 1988 年通过的《责任关怀准则》。

④ 参见《跨国公司行为准则草案》第 44 段。

⑤ 同前注。

施加它自身的行为标准，① 如果这些标准比东道国的标准更加严格，但双方另有约定的除外。本条的如此表述方式是为了不干涉东道国根据自己的判断进行管理的主权，这一规定将阻止那些对环境有害的活动被转移安置到那些环境标准较低的国家。② 通过禁止经济实体逃避更严格的规定，本条规定也可以消除采用较低标准以吸引环境有害型经济活动这一诱因，这样就可以提升整体的环境保护水平。

第 36 条　军事和敌对行动

1. 缔约方各应在武装冲突时保护环境。具体来说，缔约各方应当：

(a) 在战区以外的地区，遵守在和平时期适用的所有国家及国际的环境规定；

(b) 在武装冲突区，采取一切适当措施以保护环境免受可避免的损害；

(c) 不得利用战争或威胁利用战争的方法或方式来造成或者可能造成广泛传播的、长期的或严重的环境损害，还应确保这类方法或方式不得被开发、制造、测试或转移；

(d) 不得将摧毁或改变环境作为一种战争或报复的手段。

2. 缔约各方应加强合作，进一步制定并实施在武装冲突期间保护环境的规则和措施；在国际协议和规定没有涵盖的情况下，在更具体的环境保护守则出台之前，大气层和其构成及运动过程应受到国际法基本原则的保护，这些原则来自传统习惯、公共良俗，以及人类为今世后代进行信托管理的基本理念。

3. 缔约各方应采取必要措施保护具有特别意义的自然和文化

---

① 对一个国家的出国国民进行直接管理是被国际法所认可的。参见 1992 年《生物多样性公约》第 19 条第 4 款，它指出，缔约各方应要求其辖下的任何人必须向将要引进改性活生物体的另一缔约方提供其自身规定的、有关改性活生物体的安全及利用信息。

② 这一条利用了里约原则的原则 14（关于跨国企业的重新安置）。

景点，特别是那些根据可适用的国内法和国际条约而受到指定保护的景点，还包括那些存在潜在危险的设施，要避免它们受到来自武装冲突、叛乱、恐怖主义或破坏活动的攻击。军事人员应该被告知这类景点和设施的存在及具体方位。

4. 如果某些人故意采取战争的方法或措施，造成了广泛的、长期的或严峻的环境损害，或者开展恐怖活动造成了或意图造成环境损害，则缔约各方应采取措施确保这些人承担相应的责任。

5. 缔约各方应确保军事人员、飞机、舰船和其他设备及设施在和平时期不得豁免于相关的环保规定、标准和措施。

第36条回应了一个普遍的观点，即国际法应该通过加强现有规范和制定新的规范为武装冲突时的环境提供更好的保护。① 它试图在武装冲突时提供尽可能多的环境保护，这是基于传统国际法下的一个假定，即作为非军事目标的环境本身有权利得到保护。② 诸如1991年海湾战争和前南斯拉夫地区的武装冲突引起了国际社会针对其造成严重环境损害之可能性的关切。③ 在此背景下的环境保护显得特别困难和复杂，因为公理已经认定了所有的战争都必然会对环境造成损害。因此，这一问题上的法律只能限制而不能消除环境损害。④

第1款　的第1句话要求，在武装冲突期间，环境应当得到保护，后面的各项列举了实现这一目标的措施，这个列举并不是详尽

---

① 1992年《里约宣言》原则24和《21世纪议程》第39.6段都暗示了这一点。同时参见联合国第47届大会第37号决议。

② 参见1994年《国际红十字委员会准则》。

③ 参见在1991年海湾战争后成立的联合国赔偿委员会（联合国安理会《第687/1991号决议》），1993年波斯尼亚和黑塞哥维那诉南斯拉夫（塞尔维亚和黑山）案，原告要求对环境损害等进行赔偿。

④ 参见战争法的习惯原则“对称性”、“区别对待”和“军事需要”，以及条约法的规定，特别是1976年《禁止为军事或其他敌对目的使用改变环境的技术的公约》，1977年《第一附加议定书》，1980年《非人道武器公约》。另外，数个武器控制条约也与此相关（特别是1925年《禁止在战争中使用窒息性、毒性或其他气体和细菌作战方法的日内瓦议定书》；1972年《禁止生物武器公约》；1993年《禁止化学武器公约》。

无遗的。这项一般规则在很大程度上是国际法的一个重申,① 它意味着所有和平时期与环保有关的义务在敌对状况爆发后应当继续有效，只要它们没有干涉到合法的武力使用。② 在交战方与第三方之间，本盟约的规定是对“中立”这一习惯原则的一个应用。在交战方它们之间，有两个原因可以证明环境条约在武装冲突时继续生效的正当性：首先，在环境的整体性这个问题上存在着一个全球的利益,③ 这是基于生态现实的相互依赖和相互关系，例如，绝大多数环境损害的后果将不会仅仅局限于那些交战方本身；其次，绝大多数的环境条约都没有明文规定它们在武装冲突时的适用问题。

(a) 项　明确要求，在冲突以外区域，缔约各方在武装冲突时必须继续适用国家和国际环境规则，其依据如上文所述。和上文一样，本条规定同时包括了源自习惯法和条约法的环境规则。

(b) 项　确立了缔约各方在武装冲突时必须遵守的第二项基本义务。本条规定第一部分的依据是《世界自然宪章》所规定的要求,④ 它在规定“必须确保环境不会因为战争或其他敌对行动而造成恶化”的基础上，指出“应当避免采取那些损害自然的军事行动”。1977 年《第一附加议定书》也规定，必须高度关注以把自然环境当做一个整体来进行保护，避免其受到“广泛的、长期的

---

①　参见第一附加议定书 1977 年《第一附加议定书》第 35 条第 3 款和第 55 条第 1 款。同时参见 1992 年《里约宣言》原则 24。

②　值得注意的是，绝大多数环境条约对武装冲突造成的后果是保持缄默的。有一个例外是 1954 年《国际防止海上油污公约》第 19 条，它明确规定条约在武装冲突期间暂停生效。但是，这一条约后来被 1973 年《防止船舶造成污染国际公约》所取代，后者根本没有提及武装冲突。涉及武装冲突的其他环境条约的相关规定都是为了免除行为者的责任，例如，1960 年《巴黎核责任公约》第 9 条；1963 年《维也纳核责任公约》第 4 条第 3. 1 款；1969 年《国际油污损害民事责任公约》第 3 条第 2. 1 款。最后，还应特别关注 1972 年《世界遗产公约》第 6 条第 3 款，它禁止采取那些可能直接或间接损害指定地点的故意措施。

③　本盟约第 3 条（人类共同关切事项）也反映了这一点。

④　1982 年《世界自然宪章》原则 5。

和严峻的损害”。①

(c) 项 包含了一个不同于现有先例的、可允许之损害的门槛，其中的要素都应根据它们的普通含义进行解读。② 本条规定在1976 年《禁止为军事或其他敌对目的利用改变环境的技术的公约》③ 中的表述方式是分隔式的（“或”），在 1977 年《第一附加议定书》④ 中的表述方式则是连接式的（“和”），虽然采用“长期的”（来自《第一附加议定书》）这一术语取代了“持续时间长的”（来自《禁止为军事或其他敌对目的利用改变环境的技术的公约》）。⑤ 本条规定的目的是，通过对战争进行的手段和方法进行管理，进一步加强（b）项所提出的要求。如果武器系统造成了不加区分的后果或过分的伤害，它们就会受到国际管制。特别是化学武器、核武器和杀伤地雷，它们都受到了国际协定的规制。《关于禁止发展、生产、储存和利用化学武器及销毁此种武器的公约》于 1993 年 1 月 15 日在巴黎被签署。1996 年，《关于禁止或限制利用特定传统武器的公约》缔约方大会通过了一个关于地雷、陷阱和其他装置的利用的议定书。最后，1997 年《关于禁止利用、储存、生产和转移反人员地雷以及关于它们的销毁的奥斯陆公约》也提及了环境问题，虽然它的用意是为了结束地雷造成的伤亡。

本条规定禁止利用那些故意或可能造成损害的战争的方法或方

---

① 1977 年《第一附加议定书》第 35 条第 3 款和第 55 条第 1 款。

② 裁军委员会大会（《禁止为军事或其他敌对目的使用改变环境的技术的公约》的协商正是在裁军委员会的主持下进行的）向联合国大会提交了一份《关于对〈禁止为军事或其他敌对目的使用改变环境的技术的公约〉第 1 条的理解》，它指出“广泛的”指的是数百平方公里的地区，“严峻的”指的是针对人类生命、自然和经济资源及其他资产的严重的或重大的破坏或损害。在外交会议期间（本次会议通过了《第一附加议定书》），对“长期的”的一般理解是数十年。

③ 第 1 条。

④ 第 35 条第 3 款。

⑤ 因为 1976 年《禁止为军事或其他敌对目的使用改变环境的技术的公约》和 1977 年《第一附加议定书》是同时进行协商的，而它们针对门槛问题的表述又存在着细微的区别，很明显，它们所述的门槛其实是不同的。

式，这是对《第一附加议定书》第35条第3款和第55条第1款的文字表述的回应，它指出攻击者故意造成损害结果并非是违反本条规定的一个必需的构成要件。（c）项的最后部分是为了落实损害预防和风险预防的方法（本盟约第6条和第7条），它是通过禁止战斗者采取那些超出可允许之损害门槛的战争手段及措施来实现的。① 这一保障措施的提出是基于这样一个认识，即处于战火深渊中的绝望的指挥官有可能难以抵抗住诱惑而采取被禁止的战争手段及措施。本条规定的履行需要综合的保障手段，包括复杂的制度支持和核实支持。②

（d）项　的目的是保护环境不被当做一种战争手段来利用，这也是重申了当前国际法的规定。这也当然是《关于禁止发展、生产、储存和利用化学武器及销毁此种武器的公约》的意图。同时，《第一附加议定书》被解读为是对环境本身的保护，这就排除了环境在很多情况下被当做武器利用的可能性。事实上，《第一附加议定书》的起草历史清楚地表明了一个意图，即预防交战方把它们自身的环境当成一个战争手段来利用。禁止针对环境的报复这一规定是《第一附加议定书》第35条第3款的重述，它进一步发展了此领域的国际习惯法。

第2款　旨在进一步发展这一领域的法律，以应对国际武装冲突和非国际武装冲突。在非国际武装冲突中，相关法律还很匮乏，必须得到补救。③

---

①　例如，1993年《禁止化学武器公约》也是试图这样去做的。1997年《关于反人员地雷的公约》和2008年《关于集束弹药的公约》都提到了环境保护问题，它们要求每个缔约方都必须向联合国秘书长汇报，报告的内容应该包括地雷和集束弹药的销毁计划的实际情况，将要采取的具体办法，销毁地点和适用的安全及环境标准。同时值得关注的是，1996年《全面禁止核试验条约》在其序言中也指出“本条约中所述观点可能有助于环境的保护”。

②　参见1993年《禁止化学武器公约》所规定的制度和核实制度。

③　例如，《第二附加议定书》（1977年），它适用于非国际武装冲突发生期间，在数个方面规定了与1977年《第一附加议定书》相似的义务，以备在《第一附加议定书》缺少直接保护环境之规定的情况下发挥作用。

第3款 的目的是为具有特别意义的景点和设施提供保护。它源自于现行国际法,① 但是它表现得更有力，因为它并未规定一个详尽无遗的清单，也不允许任何例外。同时，《第一附加议定书》中关于非武装地带和不设防地区的规定也可能包含有对自然和文化景点的保护。"军事人员应受到特别指导"这一规定是为了回应一个普遍的看法，即武装人员通常对他们行动所造成的环境后果及相关法律并不在意。这一点在获得一致通过的联合国第47届大会第37号决议中表现得尤为明显；该决议要求（包括但不限于），应改进武装力量对战争法中环境规定的了解。也正是基于这一看法，国际红十字委员会为关于环保规定的军事手册制定了准则。②

第4款 通过对那些超过可允许之损害（上文第1款（b）项概述了此点）的门槛的行动施加个人刑事责任，进一步增强了现行国际法。③ 这种做法也是对联合国国际法委员会最近所做努力的一个响应，国际法委员会的努力体现在它的《反和平和人类安全犯罪准则草案》中。④ 本条规定的意图是，通过表明个人将会因为违反第1款（b）项的规定而被追究责任，以满足威慑和惩罚的需要。但是，值得注意的是，只有那些以故意方式采取行动的违法者才会受到惩罚。而那些无法预见的附加损害则未被包括在内。如何

---

① 在武装冲突时保护文化景点的义务源自于1954年《海牙文化遗产公约》所建立的制度。1972年《世界遗产公约》第3条将这种保护延伸至自然景点，它要求各国不得采取任何有可能直接或间接损害他国指定景点的故意行动。保护潜在危险设施这一义务则是吸收了1977年《第一附加议定书》第56条的内容。1997年《联合国水道公约》第29条规定，"国际水道和相关设施、设备及其他产品应当受到根据（适用于国际和非国际武装冲突的）国际法原则和规则所进行的保护，它们的利用也不得违反那些原则和规则"。

② 同时参见1994年《国际红十字委员会准则》。

③ 参见1994年《国际红十字委员会准则》。

④ 第26条，国际法委员会于1991年通过；值得注意的是，国际法委员会的门槛是累积的（"和"），它是基于1977年《第一附加议定书》第55条第1款的文字表述。同时参见1996年《全面禁止核试验条约》，它要求，缔约各方必须对那些在任何地点违反条约的本国国民和那些发生在其领土和管辖范围内的违法行为实施管辖。

具体实施本项义务，交由各个缔约方自己自由裁量决定。缔约各方也可以采取合作行动（如通过联合国）。

第5款　的目的是管理和平时期的军事行动所造成的重大环境威胁，这是通过将这些军事行动纳入一般环境法管辖之下来实现的。它是以国际法的一般规则为根据的，根据国际法，主权豁免权只能用于阻止诉讼当事人针对一个主权国家（或具有主权特性的某一方）提起诉讼，但是并不能免除这些主体遵守国内或国际法之义务。① 1973年《防止船舶造成污染国际公约》和1982年《联合国海洋法公约》都要求那些享有此项豁免权的船舶必须尽可能地履行条约中的环境条款。② 在其他情况下，环境条约在主权豁免问题上是保持缄默的。1986年《及早通报核事故公约》的实施值得重点关注，因为它导致某些国家在实践中将军事潜水艇也纳入管辖范围，即使公约并未明确要求这样做。此外，各国有关和平时期的军事行动的国内实践也越来越多地考虑到环境的因素。③

---

① 参见1972年《防止倾倒废物及其他物质污染海洋的伦敦公约》第7条第4款。

② 1973年《防止船舶造成污染国际公约》第3条第3款，1982年《联合国海洋法公约》第236条。

③ 参见1992年《关于欧洲安全与合作会议的赫尔辛基峰会宣言》第32段。

第七部分　跨界问题

国际环境法的第一批规则源自于解决跨界问题的需要，这些问题是由日益增加的人类活动造成的，并对其他国家的环境造成了不利影响。① 这些规范的根源可追溯至习惯法和条约法。本盟约草案中的“跨界”特指的是源自某国管辖范围之下的事项影响到其他一个或多个国家的环境，② 或者是影响了国家管辖以外区域的环境。本部分通篇都明显体现了两个核心的主题。第一个是避免跨界损害，第二个是关注跨界自然资源，包括它们的公平和可持续的或合理的利用和管理。本盟约草案的条款和评注都反映了这两个主题。

第37条　跨界环境影响

缔约各方应采取适当措施以预防和最小化对其他国家或国家管辖范围以外区域的环境造成的损害风险。如果某个建议的行动可能会造成损害，则缔约各方应当：

（a）确保进行环境影响评价；

（b）向那些可能会受到影响的国家提供事先和及时的通报以及相关信息，并在前期与这些国家开展善意的协商；

（c）就有关建议的活动，向那些可能会受到影响的其他国家的国民提供便利及正当的行政和司法程序保障，不得因为居住地或国籍而区别对待；

（d）对该项活动进行事前审批，如果该项活动发生重大变动或试图转变为第九部分范围内的活动，则也必须经过审批。

---

① 参见“特雷尔冶炼厂案”。

② 这包括某国的领土及其管辖权以下的其他主体（如船舶），也可能包括某国的专属经济区。

第37条具体阐述了本盟约第13条第1款（国家中表述的一项国际环境法基本规则：各国有义务预防跨界环境损害。① 本条规定同时涉及两种行动，一种是避免此类损害所需采取的行动，第二种是当损害之可能性被确认时所需采取的行动。由此，它与损害预防原则［本盟约第6条（损害预防）］密切相关。当损害可能是重大的、或存在着造成不可逆转之损害的风险时，风险预防［本盟约第7条（风险预防）］要求必须采取措施，即使科学证据还没有给出结论性的意见。

第37条的第1句要求缔约各方必须采取"恰当措施"以预防或者在任何情况下最小化跨界损害，同时必须符合《国际法委员会关于由危险活动造成的跨界损害事件中损失之分担的原则草案》原则3（预防）的要求；同时参见本盟约第54条。事实上，当预防措施成功消除了损害风险时，相关活动就不再具有危险性了。只有那些即使采取了预防措施还是继续保持危险性的活动，才是本盟约第九部分的内容所关注的活动；因此，这类活动必须被减少到最低程度。

第37条中的义务不仅涉及政府活动，而且也隐含了另一层含

① "特雷尔冶炼厂案"（关于加拿大的一个冶炼厂对美国造成的损害）产生了一个著名的意见：**"根据国际法的原则……任何国家也没有权利这样地利用或允许利用它的领土，以致其烟雾在他国领土或对他国领土上的财产和生命造成损害，如果已发生后果严重的情况，而损害又是证据确凿的话。"**

虽然这一裁判意见只是一个附带意见，它还是被当做国际习惯法的一个宣示（或被当做基于《国际法院规约》第38条第1.3款的一个国际法的普遍原则）而被广泛接受，它源于"任何人使用自己的财产不得造成他人的损耗"的古老原则。参见国际仲裁法庭关于拉努湖案判决的意见，据此，就可以对污染了跨国河流的某个国家提起诉讼；1982年《联合国海洋法公约》第194条第2款；1985年《东盟自然及自然资源保护协定》第20条第2款。同时参见1972年《斯德哥尔摩宣言》原则21；1992年《里约宣言》原则2；1978年联合国环境规划署《关于指导各国在两国或多国共享的自然资源的保护和协调利用中（在环境领域）的行为原则草案》原则3第3款。

义，即必须建立一个框架以管理某缔约方控制下的个人活动。① 正如国际法院在“科孚海峡案”中所述，每个国家都有义务“不故意允许其领土被用来进行违背他国权利的行为”。实现这一目标所需的“谨慎行事”的具体内容也将会根据各种案例的不同情况而相应地发生变化；两个相关的因素是缔约方的能力和损害的可预测性。在某种程度上，第二个因素依赖于第一个因素，而第一个因素本身与本盟约的其他几个条款密切相关［如第 47 条（技术开发及转让）、第 49 条（信息和知识）、第 52 条（国际资金）］。②“谨慎行事”意味着虽然微量的环境损害几乎是不可避免的，它还是要求，一旦跨界损害得以肯定地证实，就必须尽最大努力消减损害。这可能不仅仅包括源起方的行动，而且还包括国际合作行动。③ 这也会要求缔约各方开展相互间的合作或者与国际组织进行合作以应对跨界损害。④ 本条也试图把处于国家管辖范围以外区域的环境威胁纳入其管理范围，因此它反映了国际环境法的演进过程。⑤

---

① 参见“特雷尔冶炼厂仲裁案”，仲裁庭认为加拿大有义务管理其辖区内的一个私人冶炼厂。1982 年《联合国海洋法公约》第 192 条。

② 同时参见 1972 年《防止倾倒废物及其他物质污染海洋的伦敦公约》第 2 条，它把采取有效措施的义务与缔约各方的科学、技术和经济能力联系在一起。同时参见 1992 年《气候变化公约》第 12 条和 1992 年《生物多样性公约》第 12 条，它们都为发展中国家履行环保义务设置了前提条件，即发展中国家必须提供资金。

③ 同时参见本盟约第 18 条（紧急事件）。

④ 参见 1982 年《联合国海洋法公约》第 199 条。

⑤ 同时参见 1992 年《生物多样性公约》第 3 条，它效仿了 1972 年《斯德哥尔摩宣言》原则 21，1992 年《里约宣言》原则 2，以及 1974 年《国际经济权利和义务宪章》。关于海洋环境，参见 1982 年《联合国海洋法公约》第 194 条第 2 款，其他旨在保护海洋环境的条约也制定了相关标准以预防、减少和控制污染（如 1972 年《防止倾倒废物及其他物质污染海洋的伦敦公约》和 1973 年《防止船舶造成污染国际公约》）。针对国家管辖范围以外地区的环境，参见 1959 年《南极条约》和 1967 年《关于各国探索和利用包括月球和其他天体在内外层空间活动的原则条约》；1963 年《禁止核试验条约》第 1 条；1992 年《生物多样性公约》第 4 条和第 5 条；1985 年《东盟自然及自然资源保护协定》第 20 条。

第37条的第2句列举了跨界损害风险一旦被确认存在后所引发的义务。①

(a)项中的第一项义务是根据本盟约第42条(环境影响评价)的要求进行环境影响评价。在很多情况下，环评可能已经按照现行国际环境法规则进行了，其目的是为了判断计划活动是否会造成跨界损害。② 这就要求(包括但不限于)，把受到影响的其他国家的公众吸收进环评的过程中，并确保最终决定和阶段评估能通知到所有相关方，特别是要保证充分行使司法或行政复议的权利。为了让这一投入变得更有意义，就必须保持相关国家间充分的信息流动。③ 2010年4月20日，国际法院针对“乌拉圭河纸浆厂案(阿根廷诉乌拉圭)”作出了它的判决。判决声明，环境影响评价至少在特定情况下应当是一种国际习惯法的规范。在解释双方的一项双边条约的条款时，法院认为相关的条款“必须根据实践加以解释，这一实践近些年在各国赢得了如此广泛的接受，以至于在存在特定风险的情况下进行环评可以被当做一项基于一般国际法的规定，这种特定风险指的是计划的工业活动有可能造成一个重大的、不利的跨界影响(特别是针对共享资源)。此外，如果没有对容易影响河流或其水质的某一方的计划工作之潜在后果进行环评，则谨慎行事及其暗含的警示和预防义务就不会被认定为已被履行”。但是，法院的意见也指出，一般国际法尚未明确环境影响评价的范围及内容。

(b)项中的第二个规定，是必须通知和磋商。通知是国际环

---

① 正如1982年《欧洲经济委员会工业事故公约》第4条所述，应当单独或合作采取积极的措施以证明这种可能性的存在。同时值得注意的是，当缔约各方存在不同意见时，应当根据此公约建立质询程序。

② 例如，其依据有1991年《关于跨国界环境影响评价的埃斯波公约》第2条第7款；1982年《联合国海洋法公约》第206条；1985年《东盟自然及自然资源保护协定》第20条第3.1款；1983年《大加勒比海地区海洋环境保护和发展公约》；1983年《美国—墨西哥关于合作保护和改进边境地区之环境的协定》第6条。同时参见1994年国际法委员会《国家责任条款草案》(1994年)第12条。1997年《联合国水道公约》第37条也是管理影响评价的。

③ 参见本盟约第39条第4款(跨界自然资源)，第49条(信息和知识)，第50条(教育、培训和信息公开)。

境法的一个重要特征。① 针对通知的最广泛规定出现在1974年《北欧环境保护公约》中。它要求，一旦确认可能存在着一个针对另一缔约方的重大损害，

> "……如果公告或公开在某些情形下是必需的，检查机关应当尽快地将案例的材料副本发送至其他国家的监督机关……"②

第37条要求必须以一种"事先和及时的"方式送达通知，它意味着通知的送达不得晚于通知本国公众之时。③ 实现这一要求的最佳途径是采用一种固定或制度化的方式。④ 还必须提供通知以外的相关信息以利于针对这一风险的恰当应对。⑤

---

① 参见1978年《科威特地区公约》第11条第2款；1985年《东盟自然及自然资源保护协定》第20条第3款；1992年《欧洲经济委员会工业事故公约》第4条；1991年《美国—加拿大空气质量协定》（1991年）第5条第2款；1992年《生物多样性公约》第14条第1.3款和第1.4款。同时参见1992年《里约宣言》原则19；1994年国际法委员会《国家责任条款草案》第15条。1994年《多瑙河公约》第4条第1款；1997年《联合国水道公约》第11条和第12条规定，针对那些"有可能对其他水道国家造成一个重大不利影响的"计划措施，必须提供事先信息，信息应包括现有的技术数据和信息以及有关环境影响评价的结果。

② 1974年《北欧公约》第5条。

③ 参见1992年《欧洲经济委员会工业事故公约》附件3第2条；1985年《欧盟理事会关于特定公众及私人项目的环境影响评估的指令》。

④ 参见"美国—加拿大国际合作委员会"（根据1909年《美国—加拿大边界水条约》而建立，它的功能被延伸至后续涉及空气质量和水质的协定中）的作用；1964年《尼日尔河协定》第12条；《西班牙和葡萄牙关于在影响边界附近地区核设施安全的问题上进行合作的协定》第3条。

⑤ 这类信息应该包括所有相关的报告，涉及紧急预案、选址依据、提供给起源国公众的信息、所采取的预防措施、环评报告的结果等。在涉及污染的案例中，这类信息还可包括排放和流量数据，国家政策和工业发展的相关变化，控制技术，排放控制的预计成本，相关的气象学、物理化学和生物学数据，国家、分区域或区域的污染控制政策。同时参见本盟约第49条（信息和知识）中交换信息之义务。

磋商也是传统国际环境法的一个基本要素。① 它可能是后续协商的第一步，其目的都是为了公平地平衡受影响各方的利益。② 它可以通过双边或通过胜任的国际组织来进行。

(c) 项要求给予受影响人群参与所有涉及计划行动的相关程序的权利。它的根据是本盟约第 14 条第 4 款（自然人和法人），并且与第 57 条（非歧视）相类似。两者的区别在于，本条规定适用于行动计划被实施之前，而第 57 条则适用于损害发生以后。这里的"程序"有可能包括行政许可听证、针对继续进行某一行动之决定的上诉、禁止令的申请等。禁止基于住处或国籍的歧视就确保了那些源起国以外的人群享有与源起国公民同样的权利（包括程序性权利和实体性权利）。③

(d) 项指出了批准的必要性，这一点在 1974 年《北欧环境保护公约》（第 2 ~ 6 条，关于对环境有害的跨界活动的许可）和 1991 年《关于跨国界环境影响评价的埃斯波公约》（第 6 条，关于计划行动的最终决定）已经获得了明确的认可。

---

① 参见 1980 年《关于 1976 年〈巴塞罗那公约〉关于保护地中海免受陆源污染的雅典议定书》第 12 条；1992 年《欧洲经济委员会工业事故公约》第 4 条；1991 年《关于跨国界环境影响评价的埃斯波公约》第 5 条；1979 年《长程越界空气污染公约》第 5 条；1992 年《生物多样性公约》第 14 条第 1. 3 款。同时参见"拉努湖仲裁案"裁决；1992 年《里约宣言》原则 19；1994 年国际法委员会《国家责任条款草案》第 18 条。

② 参见 1994 年国际法委员会《国家责任条款草案》第 18 条和第 20 条所建议的制度，以及 1986 年《世界环境与发展委员会法律原则》第 12 条。

③ 平等参与这一概念在 1974 年《北欧公约》第 3 条中体现得最为充分，它同时出现在 1991 年《关于跨国界环境影响评价的埃斯波公约》第 2 条第 6 款，1909 年《美国—加拿大边界水条约》第 12 条；1997 年《联合国水道公约》第 32 条。同时参见本盟约第 54 条第 1 款。在下列文件中这一概念也被提及：经济合作与发展组织第 C（74）224 号和第 C（77）28 号意见；联合国环境规划署 1978 年《关于指导各国在两国或多国共享的自然资源的保护和协调利用中（在环境领域）的行为原则》原则 14；1985 年《保护海洋环境免受陆源污染的蒙特利尔准则》准则 16 第 3 款；1986 年《世界环境与发展委员会法律原则》第 20 条。

预防环境损害的最常用的一个手段是政府批准，它通过许可证、证书或执照的形式来实现。① 那些被认为对环境有害的活动或建设被具体定义或详细列举出来，它们必须经过正式的许可程序。诸如核电厂、矿山、天然气或石油站等有害设施一般都会有更严格的许可规定。事先批准代表了不受管控的实践与完全的禁止之间的一个中间地带。由此，它提供了区划的一个替代选项，用于确定设施的选址和通过颁发临时许可的方式允许进行试验。当存在着对环境有害的物质时，如工业化学品、杀虫剂或药物，产品的生产、利用、市场化、进出口的每一个程序可能都需要进行批准。绝大多数批准制度是在一个活动清单或目录的基础上进行运作的，清单（目录）上的活动都需要一个许可，因为根据预测它们都可能对环境造成损害。开始和继续进行批准的一个核心前提条件是履行特定的环境标准。下面这些情况会被定期检查，它们也要求利用最佳可得技术：履行国内法或国际法规定的环保义务；履行相关的限制或规定，达到法律规定的质量标准或目标；施加排放限制；要求事前通知针对活动开展或进程的任何改变建议。

第 38 条　事先知情同意

在出口本国禁止或国际管制的有害物质和废物以及将改性活生物体投放到环境中之前，缔约各方应征得进口方以及过境方的事先知情同意。

---

① 参见《防止船舶和飞机倾倒引起海洋污染奥斯陆公约》（1972 年 2 月 15 日），《防止陆源污染物污染海洋巴黎公约》（1974 年 6 月 4 日），《保护莱茵河免受化学污染波恩公约》（1976 年 12 月 3 日），《野生动植物濒危物种国际贸易公约》（1973 年 3 月 3 日），《巴塞尔公约》（1989 年 3 月 22 日），《禁止向非洲进口危险废物并在非洲内管理和控制危险废物越境转移的巴马科公约》（1991 年 1 月 29 日），《防止倾倒废物及其他物质污染海洋的伦敦公约》（1972 年 12 月 20 日），《防止船舶造成污染国际公约》（1978 年 2 月 17 日），《联合国海洋法公约》（1982 年 12 月 10 日），区域海洋诸协定，《捕鲸公约》（1946 年 12 月 2 日），《南极条约》（1959 年 12 月 1 日），《非洲公约》（1968 年 9 月 15 日），《东盟自然及自然资源保护协定》（1985 年 7 月 9 日）。

事先知情同意这一规定越来越多地被用于有害物质和产品的贸易活动。在1983年，联合国大会宣布：

> "……那些因为被判定会威胁健康和环境而在国内被禁止消费和/或出售的产品，只有在收到某个进口国对此产品的申请要求时，或者在此产品的消费在进口国获得了正式许可时，才可以被公司、企业或个人售往国外。"①

1987年《联合国环境规划署关于国际贸易中化学品之信息交流的伦敦准则》对事先知情同意的规定是：

> "……基于保护人类健康或环境而被禁止或被严格限制的某种化学品的国际装运在没有协定的情况下不得进行，这类协定要么是与（禁止或限制的）决定相反，要么是有进口国指定的国家级授权。"

三个全球环境协定依赖于某种形式的事先知情同意：1989年《关于有害废物越界转移的巴塞尔公约》、1998年《关于国际贸易中特定有害化学品和杀虫剂之事先知情同意程序的鹿特丹公约》，以及2000年《1992年〈生物多样性公约〉之生物安全议定书》。《生物多样性公约》本身要求遗传资源的获取必须根据协定的条款，它还规定这种获取必须经过资源提供国的事先知情同意（第15条第5款）。适用于遗传资源获取中的事先知情同意这一程序的要求在《波恩准则》中得到了详细的表述，《波恩准则》是在2002年4月召开的第六次成员国大会第24号决议中获得通过的。《联合国海洋法公约》针对在一国专属经济区进行科研活动规定了一个程序，明确指出外国船舶必须申请获得事先的国家同意。《关于国际贸易中特定有害化学品和杀虫剂之事先知情同意程序的鹿特丹公约》规定，在出口国内禁止的商品或有害废物及其他

① 1983年联合国第37届大会第137号决议第1段。

国际管制的有害物质之前，缔约各方应当寻求获得进口国的事先知情同意，在涉及跨界运输时，还应征得过境国的同意。

第39条　跨界自然资源

缔约各方应合作保护、管理和恢复那些位于多个国家管辖区域内的自然资源以及全部或部分在国家管辖范围以外区域的自然资源。

(a) 共享同一个自然系统的缔约各方应尽最大努力把该系统作为单个生态单元进行管理，而无论其国家边界。缔约各方应基于公平和互惠的原则开展合作，特别是通过双边和多边协定或安排，以便达成覆盖整个系统及其子生态系统的和谐政策和战略。针对水系统，此类协定或部署应涵盖集水区，包括毗邻的海洋环境及蓄水层的补充区和排放区。

(b) 共享同一物种或种群的缔约各方，无论物种或种群是否迁徙，应尽最大努力把该系统作为单个生态单元进行管理。缔约各方应开展合作，特别是通过双边和多边协定或部署，以便维持该类物种或种群的良好保护状态。就猎捕物种或种群而言，所有涉及的缔约各方应开展合作，制定和实施一个联合管理方案，以确保该类资源的持续利用及因其利用所获利益的公平分享。

第39条旨在更好地保护跨界自然资源。它涉及两类情况：共享自然资源和国家管辖范围以外的资源。在国家管辖范围以外的资源这一问题上，在有关参与方之间的协调问题上面临的国际挑战更加复杂，因为不断会有新的成员加入进来。

在法规缺位的情况下，特别是在那些国家管辖范围以外的地区，自然资源很容易受到伤害，这种现象通常被称为“公地悲剧”。因为每个国家由于国际竞争的压力都想开发这些资源以实现最大化的自身利益，自然资源就会被耗尽或枯竭。想要预防这种结果的发生就必须开展国际合作。采用单边行动去保护这些资源是不可能成功的。

为了建立合作努力的基础，本条规定试图保护自然资源以确保它们的可持续开发，并试图保护它们本身的整体性。关于这一关键问题的现行国际法都是零碎的和不平衡的，它们绝大多数针对的是跨界水资源①及其生物资源的问题。② 在空气质量③和迁徙物种④的管理上，大量的条约也已被缔结。但是，对跨界资源的有效管制必须要涵括那些影响到任何环境介质和领域的活动。针对这一问题，联合国环境规划署在1978年组织起草了一个综合性的“软法”文件。⑤

第39条发源于国家必须进行相互合作这项一般义务，本盟约第13条（国家）对此有所规定。⑥ 它平衡了国家对自身资源之主权（本盟约第13条第1款）和国家把全球环境当做“共同关切事项”加以保护之义务［如本盟约第3条（人类共同关切事项）］之间的关系。就这一点而言，根据各国的实践来看，似乎已经出现了一项国际习惯法的规定，要求各国在跨界自然资源的

① 例如，1992年《欧洲经济共同体跨界水道公约》；1909年《美国—加拿大边界水条约》；1976年《莱茵河化学品公约》。参见1997年《联合国水道公约》和1994年《多瑙河公约》，《多瑙河公约》第1条把多瑙河流域的国家定为“分享了多瑙河相当部分水文流域面积”的国家。相当部分一般指的是超过总体水文流域面积之中的2000平方公里。流域面积指的是水文上的河流流域。存在着大量的有关国际水道的诉讼案例，如奥得河案、默兹河案和拉努湖案。

② 参见1982年《联合国海洋法公约》第63条和第64条；1885年《莱茵河渔业公约》；1946年《捕鲸公约》；1980年《南极海洋生物资源公约》；“白令海海豹仲裁案”，“渔业管辖权案”。

③ 1992年《气候变化公约》；1987年《〈保护臭氧层维也纳公约〉之蒙特利尔议定书》；1979年《长程越界空气污染公约》（1979年）；1991年《美国—加拿大空气质量协定》。

④ 1979年《迁徙物种公约》，1979年《欧洲野生动物伯尔尼公约》；1950年《鸟类公约》，1979年《欧盟理事会关于野生鸟类保护的指令》，1973年《极地熊协定》，1992年《生物多样性公约》。

⑤ 《关于指导各国在两国或多国共享的自然资源的保护和协调利用中（在环境领域）的行为原则草案》。同时参见1986年《世界环境与发展委员会法律原则》第18条，1972年《斯德哥尔摩宣言》原则21和1992年《里约宣言》原则2。

⑥ 1992年《生物多样性公约》第5条也持相同的观点。

保护和管理上进行合作，虽然规定的运作细节尚未明确。①

跨界自然资源应当受到保护和管理以便为当代人产生可持续的利益，同时，也必须保持满足后代需要和期望的可能性。② 这就包含了对这类资源的保存、维护和提升。“恢复”指的是采取行动将本条所涉及的资源恢复原状、修复及回复到其以前的水平上。开展上述行动的最有效办法是建立适当的机构。③

（a）项要求缔约各方必须把共享生态系统当做生态单元来进行管理，这可以通过缔结那些协调及制定政策和战略的协定来实现。这就要求必须采用综合的办法，既把每个生态系统当做一个整体来保护以确保其整体性，也要保护其所有的组成部分。一个“生态系统”应当被看成是所有生物及其非生物环境之间各种关系的复合体。对生态系统的关注④源自这样一种认识，即当生态系统这一整体发生故障时，关于环境各组成部分的规则注定会失败。只有通过保护整个的支持性环境才能实现对其组成部分的保护。实现这种保护的一个关键因素是，在开展那些会影响到这些资源的活动时，必须采用最佳可得技术。⑤ 国际上保护生态系统的一种手段是建立“特别受保护”或“特别敏感”地区。⑥

水系统被单列出来并被给予了特别的关注，这是考虑到它们特

① 参见“白令海海豹案”和“渔业管辖权案”。同时参见1986年《世界环境与发展委员会法律原则》第8条。

② 参见本盟约第5条（公平和正义）。

③ 例如南极海洋生物资源保护委员会和国际捕鲸委员会。

④ 参见1980年《南极海洋生物资源保护公约》）第1条和第2条，同时参见《极地熊协定》（1973年）第2条，1992年《欧洲经济共同体跨界水道公约》第2条第2.4款，1992年《生物多样性公约》。同时参见关于南极的条约，1991年《阿尔卑斯山保护公约》及其议定书，以及《北极环境保护战略》。

⑤ 1982年《世界自然宪章》原则11。

⑥ 1968年《非洲公约》第3条；同时参见1940年《西半球公约》；1985年《东盟自然及自然资源保护协定》；1982年《〈巴塞罗那公约〉之关于地中海特别受保护区的日内瓦议定书》；1991年《〈南极条约〉之关于环境保护的马德里议定书》。

别的重要性，这就要求协定必须覆盖整个流域地区及其毗邻的海洋环境。1997 年《联合国水道公约》为合作建立了一个基本框架。第 5 条规定了公平和合理的利用。特别是，各方应当是基于实现最佳及可持续利用的目来利用和开发水道，并可以从对水道的足够保护中获益。所有水道国家应当以一种公平及合理的方式参与到水道的利用、可持续发展和保护工作中，它既包括利用水道的权利，也包括在水道的保护和开发中进行合作的义务。

在非生物资源这个问题上，国际社会在法律管制上作出了长久的努力。大量早期的双边协定都涉及国际水道问题。在近些年，这些努力延伸到了公海、① 大气、② 外层空间③和南极地区的资源。④针对此类资源的国际规范经常会受到社会、政治和科学复杂性的困扰。因此，建立合作机构（如委员会）来处理日常事务通常被证实是一个好办法。⑤ 这些机构不仅为权威的科学研究的开展提供了一个平台，而且它们也是有关各方进行国际合作的一个中心，特别是在那些有可能对资源造成风险的资源利用的信息披露和协商问题上；同时，这些机构也可以制定涉及公平利用的相关制度。⑥ 这类机构还可以帮助预防国际争端，特别是在相互冲突的利用需要调解的时候。

（b）项关注的是共享物种或种群，因为各国在保护迁徙物种

---

① 例如，1982 年《联合国海洋法公约》和 1973 年《防止船舶造成污染国际公约》。

② 例如，1979 年《长程越界空气污染公约》，1985 年《保护臭氧层维也纳公约》，1987 年《〈保护臭氧层维也纳公约〉蒙特利尔议定书》，以及 1992 年《气候变化公约》。

③ 例如，1963 年《禁止核试验条约》，1967 年《关于各国探索和利用包括月球和其他天体在内外层空间活动的原则条约》和 1979 年《月球协定》。

④ 1991 年《〈南极条约〉之关于环境保护的马德里议定书》。

⑤ 在此问题上有大量的例证：美国—加拿大合作委员会，莱茵河委员会，保护东北大西洋海洋环境委员会，尼日尔河委员会，以及根据《南极条约》建立的委员会。

⑥ 例如，1975 年《北太平洋海豹公约》第 9 条，它规定只有美国和苏联才能猎捕海豹，但是它们猎物的一部分必须提交给日本和加拿大。

上的合作对这些物种的生存至关重要。① 想要把这类物种或种群维持在一个良好的保护状态就必须要求：（1）只能基于科学建议在合理的基础上批准开发；②（2）对物种的整个范围进行管理；③（3）考虑影响物种和栖息地的所有生态因素。④ 因此，本条规定的履行包含了多层含义，例如，必须保护湿地以保护迁徙类水鸟。⑤

本规定还要求，缔约各方应针对可捕获的跨界生物资源的合作制订具体的管理计划，以确保这些资源的利用方式是可持续的。管理计划的制订意味着必须考虑到这些资源所面临的所有威胁。它至少必须考虑到建立配额和禁猎期（禁渔期）的必要性，也应考虑到应对非直接威胁的必要性，非直接威胁包括栖息地的丧失、针对关联物种的威胁以及国际贸易等。管理计划最好是具有法律约束力的，但如果在特定情况下做不到这一点，各国还是应当确保管理计划以一种能强制促成广泛遵守的方式被制订。有一种办法可以实现管理计划的广泛合法性，即把那些参与特定资源的利用的社区和产业部门召集起来进行公众听证，允许公众参与到管理计划的起草程序中。如果起草程序的预订目标是为了实现一个公平的利益分享，则程序的广泛合法性就会得到进一步增强。⑥

① 进行合作的义务源自于习惯法和条约法。条约法的例子主要包括1979年《迁徙物种公约》及其随后通过的各种协定；修订后的《北太平洋海豹保护临时公约》；1966年《大西洋金枪鱼保护国际公约》；1940年《西半球公约》第7条和1979年《欧洲野生动物伯尔尼公约》第10条。同时参见联合国第27届大会第2995号和第2996号决议。

② 例如，国际捕鲸委员会就是这样操作的。

③ 参见（1979年）《迁徙物种公约》第2条。

④ 参见（1979年）《欧洲野生动物伯尔尼公约》和（1979年）《欧盟理事会关于野生鸟类保护的指令》。

⑤ 1971年《关于特别是作为水禽栖息地的国际重要湿地的拉姆萨公约》第3条也作出了这一规定。

⑥ 参见本盟约第48条（生物技术的利益共享）。

第八部分　履约与合作

这是本盟约草案的操作部分，它规定了缔约各方所必须采取的具体的国内和国际措施。它包括了法律程序、科学和管理措施以及财政和技术贡献的相关规定。如本盟约草案的其他部分一样，它强调了公众参与和信息公开的必要性。所有的措施都应该是与时俱进的，它们的实施应当跟上环境和发展的具体问题及情况的步伐。本部分的标题内含“合作”字样，这反映出合作对本盟约中所有义务的履行至关重要，也体现了它作为一般国际法的一项基本原则的重要性。国际法院在其于2010年4月20日作出的“纸浆厂案”的判决中指出，根据1969年《维也纳条约法公约》第26条所体现出的国际习惯法，“每项有效的条约对其缔约方都具有约束力，必须被缔约各方善意履行”。这一规定适用于条约规定的所有义务，也包括对国家间合作至关重要的程序性义务。

第40条　行动计划

缔约各方应制订并定期评估和更新其国家、双边或地区行动计划，包括目标和时间表，以求达到本盟约的目标。

第40条强制要求缔约各方制订行动计划以实现本盟约草案的目标。许多国家的环境管理是基于当地和区域行动计划的。① 这类计划的内容应当是系统性的和具体的，应包括目标和时间表。在国家和国际社会两者中，到底由谁来决定这些目标和时间表，本条规定的文字表述对此持开放态度。如果选择由国际社会来决定，则它可以通过评估会议（本盟约第70条）的方式来进行。如果由国家

① 1994年《联合国防治荒漠化公约》第10条对国家行动计划作出了规定，第11条对分区域和区域行动计划作出了规定。

来决定，则它可以由缔约各方根据自己的自由裁量来决定。① 无论本盟约的缔约方采用何种方式，它的实效应当成为每次评估会议的关注问题之一。行动计划的制订过程可以促进有效的和充分知情的公众参与［本盟约第 14 条第 3 款（自然人和法人）］。理想状态是，在实施本盟约草案的问题上，这一过程可以有助于巩固一个国家的共识。② 行动计划也可以构成每个缔约方国家报告的基础［本盟约第 67 条（报告）］。另一个更深层次和更基本的好处是，缔约方可以明确它们可持续发展的潜能及需要。这一决定将会有助于本盟约中许多义务的有效实施。

更新行动计划这一需要强调了义务的动态特征。本条的标题并不是想要排除适当条件下国际行动计划的可能性，实际上，1972 年《斯德哥尔摩行动计划》和 1992 年《21 世纪议程》都是主要的例子。双边或区域行动计划也可能是恰当的。

第 41 条　实体规划

1. 缔约各方应建立和实施一体化的实体规划制度，包括基础设施和城乡规划的相关规定，以期把环境（包括生物多样性）的保护整合到社会和经济可持续发展中。

2. 在此类规划中，缔约各方应考虑到各种自然系统，包括蓄水层、流域盆地、海岸和海洋地区以及其他构成独立生态单元的地区。

---

① 在国际法中，两种方式都有先例：（1）1987 年《蒙特利尔议定书》在它的正文中明确规定了目标和时间表，并允许成员国大会在必要时对其进行调整；但是（2）1992 年《气候变化公约》将决定的权利交由每个缔约方自由决定（参见第 4 条第 2 款）。同时值得注意的是，1992 年《生物多样性公约》（第 6 条第 1 款）规定，缔约各方缔约各方有义务制订关于生物多样性保护及可持续利用的战略、计划或规划，同时参见 1992 年《21 世纪议程》的建议和 1992 年《森林原则》原则 3，它们指出政府应当采取可持续发展的战略。

② 同时参见 1992 年《21 世纪议程》第 37.5 段。

3. 在进行城市、农业、放牧、林业或其他用途的区划时，缔约各方应考虑到各地区的自然特点和生态承载力。

第 41 条要求缔约各方必须制定实体规划制度，并把它当做整合环境目标和发展目标的一种手段（参见本盟约第 16 条（一体化政策)］。它是基于这样一个假定，即可持续发展需要维持自然系统的功能和承载力。① 由此，它土地利用必须采用一种综合的方法。②

第 1 款 规定了本条的基本原则并将它适用于所有形式的实体规划。为举例说明，本款根据重要程度提及了两个例子。规划应当适用于所有形式的基础设施中，如高速公路、铁路、水道、大坝、港口等。城乡规划包括了各级政府制订的土地利用规划。

第 2 款 要求必须考虑到生态系统。正如本盟约第 24 条（生态系统方法）所述，在进行实体规划时，构成特点鲜明的生态单元的自然系统应当被看做各种单个的单元，而不用顾及一国之内的行政区划。③ 这里特别强调了两个例子，即流域盆地和海岸地区及其毗邻水体。流域盆地，或称为流域，应当被当做单个规划单元，因为上游的活动会对下游造成影响。④ 海岸地区及其毗邻水体也构成了各种生态单元，但是，由于陆地和海上的行政区划，想要将这些地区当做单独的单元来进行有效管理通常是很难的，甚至是不可能的。本段的目的就是解决这一状况。

---

① 参见 1982 年《世界自然宪章》原则 7 和原则 16。

② 参见 1992 年《21 世纪议程》第 10 章。

③ 这一观点也体现在几个法律上的先例中：1971 年《关于特别是作为水禽栖息地的国际重要湿地的拉姆萨公约》第 3 条第 1 款；1992 年《生物多样性公约》第 6 条第 2 款和 1985 年《东盟自然及自然资源保护协定》第 12 条。同时参见 1992 年《21 世纪议程》第 10.7 段第 1 点。关于跨界自然系统，参见本盟约第 39 条。

④ 例如，一个江口上游的森林砍伐有可能造成干流江口的淤积，而大坝也会对水世界造成不利影响，它阻止了维持三角洲所必需的泥沙淤积。

第3款 是基于《21世纪议程》的第10.5段，它试图“促进土地的分配以便使它的利用能提供最大的可持续收益，并推动旨在实现土地资源的可持续和整体管理方式的转变”。①

第42条 环境影响评价

1. 缔约各方应建立或加强环境影响评价程序以确保所有会造成严重风险或有可能对环境造成重大负面影响的活动及技术在获批之前必须经过评估。

2. 环评必须对以下内容进行科学上合理的评估：

（a）所有影响，包括累积的、长期的、直接的、远程的和跨界的影响；

（b）替代方案，包括取消原计划的活动；

（c）避免、最小化或抵消可能的不利影响的措施；

3. 缔约各方应指派适当的国家机关以确保环境影响评价是公开的、透明的、有效的有利于相关国家、国际组织、自然人和法人的介入。缔约各方应确保决策机关在作出决策时要考虑到环境影响评价程序中所发现的所有问题，并把决策结果向公众公开。

4. 缔约各方应进行定期的审查，以判断获批的活动是否按照批准所规定的条件来实施的，还应对所规定的减缓措施的实效进行评价。这些审查的结果必须向公众公开。

5. 缔约各方应对那些有可能造成重大负面环境影响的政策、项目和规划进行战略环境影响评价，并确保充分考虑到其环境后果。

① 同时参见《斯德哥尔摩宣言》原则13和原则14，以及1982年《世界自然宪章》原则9。

环境影响评价是当代国内①和国际②环境法的一大亮点。环评最早建立于美国的《国家环境政策法》中，现在它已被广泛认可为一种极端重要的程序，用于实现两个目标：（1）告知决策者们所作决定的环境后果；③（2）将环境问题整合进其他决策领域。④第二个目标再次提到整合环境和发展问题的义务（本盟约第16条(一体化政策)]。战略环境评估或战略环境评价是一种先进的影响评价程序的方式，它是由世界银行所开发的。它是一个综合和整体的程序，用于评估某项目早期决策阶段的环境计划、政策和规划，并同时评估其社会及经济影响。联合国经济委员会《〈关于跨界环境影响评价的埃斯波公约〉之战略环境评价议定书》于2003年6月在基辅获得通过，它明确区分了两类决策文件的评估：计划与规划（第12条和第14条）以及政策与立法（第13条）。第13条(关于政策与立法的战略环境评价）规定了一项具体义务，即必须

---

① 大量的法域采用了立法或准则的形式。同时参见《企业永续发展宪章》中的建议。

② 参见1991年《关于跨国界环境影响评价的埃斯波公约》，它是一个最综合的关于环评的国际文件。另外，其他文件也提及了环评：例如，1992年《生物多样性公约》第14条第1.1款；1992年《气候变化公约》第4条第1.6款，环评作为遵守规定的一种建议的手段被提出；1982年《联合国海洋法公约》第206条；1978年《科威特地区公约》第11条；1981年《中西非海洋环境公约》第13条；1981年《东南太平洋海洋环境公约》第10条；1985年《东盟自然及自然资源保护协定》第14条。也有数个“软法”文件也提出了环评的要求：1992年《里约宣言》原则17；1972年联合国第27届大会《关于各国在环境领域合作的第2995号决议》；1982年《世界自然宪章》原则11.2和原则11.3；1987年联合国环境规划署《环境影响评价的目标及原则》；值得注意的是，1986年《世界环境与发展委员会法律原则》第5条指出，环境影响评价是一个新兴的国际法原则。

③ 参见1987年联合国环境规划署《环境影响评价的目标及原则》(1987年)。

④ 1992年《21世纪议程》第8.2段把这确定为一个重要的目标，而环评则被认为是实现这一目标的一个关键性手段。

考虑到环境和健康政策并将其整合到原计划的政策与立法之中。2003 年《关于喀尔巴阡山的保护及可持续发展的框架公约》规定，缔约各方在必要时必须适用“风险评估、环境影响评价及战略环境评价，要考虑到喀尔巴阡山生态系统的特殊性，以及……就喀尔巴阡山地区的跨界项目进行磋商，评估它们的环境影响，以便避免跨界损害结果”。（第 12 条第 1 款）。

环评的一个附属的、但也同样重要的目的，是让政府可以把特定项目的情况通知到相关公众并听取他们的意见。① 由此，本条规定应当与准许公众参与之义务［本盟约第 14 条第 3 款（自然人和法人）］以及提供环境信息之义务［本盟约第 49 条（信息和知识）］结合在一起解读，后面一项义务是实现有意义的公众参与的一个前提条件。联合国环境规划署蒙得维的亚项目法律专家组特意增加了一个工作范畴以促进环评的广泛适用，这就极大地强调了环评的重要性。

环评是履行基本损害预防原则（本盟约第 6 条）和风险预防原则（本盟约第 7 条）的核心办法。另外，在涉及跨界环境损害时，环评构成了各国基于一般国际法的一项义务的部分内容，即不得故意对他国造成损害。② 因为部分环评规定的实施需要大量的资源，涉及资金转移的本盟约第 52 条（国际资金）与此相关。③ 在这一重要领域，各国可以在它们参加的国际组织中寻求实现本盟约所述的政策［本盟约第 16 条第 3 款（一体化政策）］。④

根据具体事项的不同类别（活动、项目、政策或规划），第 42 条规定了不同的要求。

第 1 款　针对的是活动，其环评的规定是最严格的。本条适用于公众活动和那些需要政府批准的私人活动，无论它们是否位于相

① 例如，1992 年《21 世纪议程》第 8.4 段第 6 点。

② 例如“科孚海峡案”。

③ 同时参见 1982 年《联合国海洋法公约》第 202 条第 3 款。

④ 有些国际组织已经有了环评政策，例如《世界银行运行政策/银行程序 4.01》（1999 年）。

关国家境内。①

环评要求的启动要件是确认活动“有可能对环境造成重大不利影响”，在这种情况下，各级政府在授予许可证之前必须进行环评。《里约宣言》确认了这一标准，② 之前也有些区域性文件对此予以确认。③ 虽然没有对“重大的”下一个定义，它还是应该涉及背景和深度两个方面，④ 它比“严重的”要轻，但是比“微量的”或“相当可观的”要重。

本条规定允许各个缔约方自由决定采取何种最佳办法去确定启动要件的出现。这一模式被成功建立，并有效地为环评确立了一个两步走的法律程序：第一步是判断重大损害是否可能发生；第二步是在可能性被确认后进行一个更广泛的调查。各国的实践给出了几种可能的选项：一种办法是采用具体问题具体分析的程序，⑤ 虽然这容易引起针对具体决定的争议及可能的漫长诉讼；第二种办法是针对那些可能会启动环评要求的活动制定出清单；⑥ 第三种办法是针对敏感地区或特别紧迫的环境问题制定出一个清单。任何对该地

① 值得注意的是，1976 年《北欧公约》第 6 条规定，在特定情况下，各国必须针对那些在他国境内开展的活动进行一个环境影响评价。同时参见 1982 年《联合国海洋法公约》第 206 条（适用于国家管辖范围以外区域的环境影响评价）。

② 1992 年《里约宣言》原则 17。

③ 1985 年《东盟自然及自然资源保护协定》第 14 条第 1 款；1983 年《大加勒比海地区海洋环境保护和发展公约》第 12 条第 2 款；1991 年《关于跨国界环境影响评价的埃斯波公约》第 2 条第 2 款。同时参见 1985 年《欧盟理事会关于特定公众及私人项目的环境影响评价的指令》。

④ 参见 1992 年《国家环境政策法的实施规定》，（美国）40 CFR §1508.27。

⑤ 例如，这是美国《国家环境政策法》采取的模式，它包括进行一个初步的快速及非正式的评价，以判断门槛是否被触及。

⑥ 1985 年《欧盟理事会关于特定公众及私人项目的环境影响评价的指令》把这两种办法结合在一起，它的附件 1 包含了一个需要进行环评的项目的清单，附件 2 列举了一些项目，这些项目一般不需要进行环评，除非它们被发现“会对环境造成重大影响”。

区造成不利影响或者导致环境问题恶化的活动都会被认定为是“重大的”。① 还有一个办法是，推定那些超过特定资金门槛的活动就可能会造成重大环境影响。② 最后，在特定情况下，当某企业（活动）的所有权发生变动时，要求对其进行环评也可能是恰当的。③ 当采用了上述的一种或多种办法时，就必须在规划的早期阶段进行环评。④

第2款 针对环评应该包括的要素列举了一个并非详尽无遗的清单。**(a) 项**的目的是为了确保环评程序会考虑到所有可能的重大影响。⑤ “影响”包括对环境这一整体造成的所有重大影响，而且也包括对环境要素的影响。⑥

---

① 参见1991年《关于跨国界环境影响评价的埃斯波公约》附件3的第1条第2款；加那利群岛1990年《环境影响评价法》；希腊1986年《环境保护法》；法国1989年《自然保护区及野生动植物保护法》；加利福尼亚《环境质量准则》。

② 参见法国1976年《自然保护法》第2条及1977年《法令》。值得注意的是，这一立法提及了一种可能性，即开发商为了逃避环评要求而将他们的项目进一步划分为多个较小资金的子项目。美国预防项目分割的办法可能会有效，它对行动的关联性作出了明确规定（参见40 CFR § 1508.25 (a) (1) (1992年)。

③ 参见美国新泽西州《环境清洁责任法》（美国），在搬迁或者关停那些必须经过政府批准的有害废物场地时，它要求提交一个清洁计划，里面必须包含有一个环评报告。同时参见1991年《〈南极条约〉之关于环境保护的马德里议定书》第8条第3款，它要求，活动中的任何变化都必须进行环评。

④ 参见1987年联合国环境规划署《环境影响评价的目标及原则》原则1。

⑤ 1987年联合国环境规划署《环境影响评价的目标及原则》原则4.4列举了这些影响，并把它当做环评应该考虑到的最低要求。

⑥ 可以借鉴1991年《关于跨国界环境影响评价的埃斯波公约》第1条第7款对“影响”下的定义：

“……原计划的行动造成的对环境的影响，包括人类健康与安全、植物、动物、土壤、空气、水、气候、风景和历史遗迹或者其他物质的建筑以及这些要素间的相互作用；它还包括因为要素变化所导致的对自然遗产或社会经济条件造成的影响。”

经验表明，最难整合进入环评的一个概念是“累积的”影响。这一概念不仅包括数个同时进行的相关联活动所造成的增量的、协同的影响，而且也包括一个单一行动造成的聚合的影响。① 重点应该是各种影响之间的联系、而不是活动本身，② 虽然它应当包括所有相关活动造成的影响，即使有些单个影响可能并不是重大的。③ 就这一点而言，针对项目确定地区的底线并同时进行环评将会是有用的。

“长期的”应该被广义地解读，它指的是将来的数十年。④ “长程的”有可能包括跨界的⑤影响，但也可能包括境内的影响。

(b) 项 要求缔约各方必须考虑到相关活动的替代方案。这意味着所有合理的替代方案，⑥ 甚至包括取消活动这一选项。⑦ **(c) 项**要求明确所谓的“减缓措施”。授予开发许可应当以这些减缓措施的实施为前提条件。

第3款 有几个方面的问题。首先，环评必须根据相关政府机

---

① 这是美国加利福尼亚州《环境质量法》（美国）中规定的“影响”这一定义的外延。

② 正如1985年美国第五巡回法院针对“Fritiofson 诉 Alexander 案”所作的判决。

③ 参见美国“国王县农场局诉汉福德市案”。

④ 同样的表述出现在1949年《日内瓦公约》之1977年《第一附加议定书》的第35条第3款和第55条中，通过了这一议定书的外交会议的意图也是要如此解读“长期的”。则它可以被用来与1976年《禁止为军事或任何其他敌对目的使用改变环境的技术的公约》中的“持续时间长的”进行比较，后者指的是一段时间，它包括几个月，可能是一个季度（参见联合国裁军大会委员会提交的关于对第1条的理解）。

⑤ 在本盟约的第七部分中，“跨界的”影响指的是那些跨越国界（包括对他国或全球共同关切事项地区）的影响，它也可以单指对全球共同关切事项地区的影响。

⑥ 1991年《关于跨国界环境影响评价的埃斯波公约》明确指出，地点或者技术的更改都可能是理性的替代方案。(附件2)。

⑦ 在1991年《关于跨国界环境影响评价的埃斯波公约》（附件2中）明确指出这是一个值得考虑的替代方案。

构所授权的预定方式来进行，虽然各个缔约方有权决定由谁来具体进行环评工作。本条规定要求，相关方都可以参与到环评程序中。① 本款并非是要求在每个案例中都必须进行一个完全的公众听证，但是至少应该有一个充分的公告与评论程序。“利于……获取”指的是所有公众可获取的文件应该包括一个非专业性的简介。本段的目的也是为了确保在决定是否应该开展某项活动时，相关决策者可以考虑到环评程序的遵守情况。② 最终的决定必须公开之规定是为了确保公众的问责，这样公众就可以行使所有的审查、司法或其他权利。本款并未规定应该用何种方式来公开决定，但是一般情况是，在官方或大众媒体中采用书面形式进行公开可以实现最广的传播。

第4款 要求进行定期的检查评估以实现两个明示的目标：（1）对开发许可中规定条款的遵守情况进行一个估量；（2）对所规定的减缓措施的妥善性进行评估。③ 第一个目标就促使各国去严格遵循实施或其他履行措施。第二个目标更着眼于向前看，其目的是告知将来的决策者何种减缓措施会产生效果。第三个未明示的目标是，评估是否按照预想的那样发生了环境影响。基于恰当性和有效性的标准，各方可自由决定检查评估的时间间隔。在公众或他国提出要求后，缔约方应当要考虑进行检查评估。同样，评估结果的公开也是为了促进可追责性。

第5款 针对的是政策、规划和计划。它们所需的环评程序不像活动所需的环评程序那么严格，但是，考虑到它们也可能造成重

① 这里也包括了国家和国际组织，因为跨界环境损害的案例会涉及它们（参见本盟约第37条（跨界环境影响））。

② 1991年《关于跨国界环境影响评价的埃斯波公约》第6条第1款规定必须给予环评（的遵守情况）“应有的考虑”。

③ 1991年《关于跨国界环境影响评价的埃斯波公约》第7条及其附件5中有本条规定的标准模式。

大环境影响，在实施它们之前进行某种评估还是必需的。① 在决策阶段，必须考虑到所有评估的结果，也应当实施所有被明确的减缓措施。

第 43 条　环境标准和控制

1. 针对环境保护和资源的可持续利用这些共同关切事项问题，缔约各方应开展合作以制定、开发、增强国际规则、标准、先进惯例和指标，并应根据各自的能力考虑采取灵活的实施方法。

2. 缔约各方应采用、增强和实施具体的国家标准，包括排放、质量、产品和流程标准，以预防或减轻对环境的损害，提升或恢复环境质量。

第 43 条关注的是国家和国际标准的设定。它的两款采用了“增强”这一术语，而第 2 款还提及了环境质量的提升，这都反映了本项义务的动态性特征。本条规定表明，国家的标准应当基于国际的规范，还应适当考虑到那些不具约束力的建议及类似文本。

与 1982 年《联合国海洋法公约》和其他条约相类似，② 本条**第 1 款**规定：各方有义务合作制定国际规则及标准。在解决共同关

① 这种观点是一个新兴的观点，它得到了国际环境法的认可，例如，1992 年《生物多样性公约》第 14 条第 1. 2 款，《欧盟战略环境评价指令》(2001/42/欧盟)，2003 年欧洲经济委员会《1991 年〈关于跨国界环境影响评价的埃斯波公约〉关于战略环境评价的议定书》。同时值得注意的是，欧盟已经承诺将对其自身的计划和规划进行环境评价（1993 年《欧盟第五个环境行动规划——走向可持续性》），例如，1992 年《欧盟理事会关于自然栖息地及动植物保护的指令》就表明了这一点。在国家层面上，法国规定，城市的土地利用规划必须提交一份“展示报告”，它包含了一个有关环境状况及该规划对环境演变之可能影响的初步分析。另外，美国针对那些在土地管理局所有土地上的放牧活动建立了评估制度，安大略湖最近还对其林业项目进行了环评。

② 1982 年《联合国海洋法公约》第 197 条；1976 年《巴塞罗那公约》第 4 条第 2 款；1992 年《保护东北大西洋海洋环境公约》第 2 条第 1 款和第 2 款。

切事项问题时，特别是在全球共同关切事项的保护上，和谐与协调都是必需的。这可以避免冲突及恶性竞争，还可以促进贸易壁垒的减少或消除。虽然各方原则上都必须遵守拟订的规范，本条规定中提及的“灵活的实施方法”还是考虑到了发展中国家的需求。这也与里约会议所阐述的共同但有区别的责任这一概念相吻合（参见本盟约第 12 条）。值得注意的是，国际标准应当尽可能地建立在实现一个更高环保标准的基础之上。① 鉴于它们不同的生态、社会及经济情况，各个缔约方制定更严格环保标准的权利不应受到侵害，前提是这些标准不是变相的贸易壁垒措施［参见本盟约第 34 条第 1 款（贸易与环境）］。

在国家层面，正如**第 2 款**所述，措施所针对的问题是环境恶化的成因（产品、流程和排放）及环境质量的管理。② 标准必须是兼具预防性的和补救性的。

第 44 条　环境质量监测

1. 缔约各方应开展科学研究，建立、增强和实施环境数据、信息收集方面的监测项目，以确定：

(a) 环境所有要素的条件，包括自然资源和生态敏感地区状态的变化；

(b) 特定物质、活动及二者结合对环境的影响（特别是积累性和合成性的影响）；

2. 为此目的，缔约各方应相互合作并加强与相关国际组织的合作，以建立能够制定国际通用的环境安全标准的专业知识和组织系统。

3. 缔约各方应定期公布和传播关于环境状况的国家报告，包括环境质量以及所面临的环境压力的信息。

科学研究是环保行动的基础。要采取本盟约第 43 条（环境标

① 参见 2009 年《关于欧盟运作的里斯本条约》第 191 条。

② 参见 1992 年《里约宣言》原则 11。

准和控制）所规定的相关措施，关于环境本身、环境状况、环境恶化情况及其成因的可靠数据是必不可少的，相关措施的有效实施也有赖于这些数据。首要义务是发展和增强国家层面的科学研究。① 然而，环境问题的规模如此之大，以至于在某些情况下必须进行国际合作，如长程大气污染或长程水污染、臭氧层的保护、濒危物种的国际贸易以及海洋状况等。另外，也有部分国家是无力开展科学研究的。除非它们有来自其他国家和相应国际组织的援助，否则它们将无力履行这一义务。所以，第 2 款重述了进行合作的义务。

第 45 条　应急和紧急预案

缔约各方应评估环境紧急事件的风险。缔约方应单独或与其他国家（或者是相关国际组织）合作进行能力建设，以便进行环境紧急事件的风险评估。为应对环境紧急事件或其他自然灾害，缔约各方应单独或联合制定应急预案，并确保所需的后勤、人力和方案随时待命，以便可以作出有效和及时的应对。

本条与本盟约的第 18 条（紧急事件）密切相关。它涉及评估风险和预判紧急事件所需的预防性措施，也包括那些旨在增强紧急事件发生后的反应能力的措施。与本盟约第 18 条相比（第 18 条的重点是，在紧急事件一旦发生后，应采取的通报、减缓及应对措施），本条采取的是一种长期的办法。它要求各国必须对其管辖范围内活动引发环境紧急事件的可能性进行评估。如果存在着风险，那么它们就必须与所有有可能受影响的国家（包括非缔约方）与相关国际组织进行合作，以制定针对这一紧急事件的应急预案。本条规定的先例也就是第 18 条所引述的先例。

---

① 在废物管理领域，有一个类似的规定，参见 1987 年《危险废物开罗准则》第 19 条。

第46条　科技合作

1. 缔约各方应促进在环境保护和自然资源的持续利用等领域的科技合作，特别是在发展中国家。在促进此类活动的过程中，应特别重视国家能力的开发和增强，包括人力资源、立法和机构建设。

2. 缔约各方应当：

(a) 开展合作以建立可比较的或标准的研究手段，协调测量环境参数的国际方法，促进所有国家广泛而有效地参与到这些方法的开发过程中；

(b) 定期交换适当的科学、技术和法律数据、信息和经验，特别是涉及生物资源现状的数据、信息和经验；

(c) 相互告知各自的环境保护措施并努力协调这些措施，特别是在跨界自然资源领域。

为了促进本盟约第44条（环境质量监测）所规定的监测，第46条要求缔约各方在科学研究及科研成果的共享上进行合作。这一点并不是一个创新，因为在国际层面以及在不同国家间的学术及科研领域，实际上已经存在着此类合作。大量有关环保及可持续发展的条约也针对这一点作出了规定。① 第46条强调了这一义务的全球性特质，特别考虑了发展中国家的利益，因为发展中国家目前可能缺乏科学研究和技术开发所需的人力和物质资源。这一点也可能包括了本盟约第47条（技术开发及转让）提及的环境友好型技术的转让。

第1款　是基于1992年《生物多样性公约》第18条第2款。它将重点放在了与发展中国家的合作上，这是考虑到工业化国家和发展中国家之间巨大的技术鸿沟。本条规定的明示目标就是希望发

---

① 参见1992年《气候变化公约》第4条第1.7款和第1.8款；1982年《联合国海洋法公约》第200条以及1979年《长程越界空气污染公约》第7条和第8条。

展中国家能够通过这样的合作来提升自身的国家能力。①

第2款　规定了科学及技术合作的核心方面。**（a）项**的理论依据在于，如果在研究的技术、数据和方法上缺乏一定程度的标准化及统一性，那么想要恰当评估全球环境状况及补救环境恶化是不可能的。② 鉴于这一目标的重要意义，“所有国家广泛而有效地参与”意味着必须为发展中国家提供财政及技术援助，以便它们能派出合格的代表去参加所有的国际会议。③ 其次，**（b）项**的规定指出，一般信息交流应当是定期的，即应当是一个不间断的系统性程序。④“适当的”在这里的意思是指应当与本盟约的目标密切相关。在某些情况下，一种格式化的信息交流制度，应该是最有效的。⑤ **（c）项**暗含了一个比前面各项更严格的义务，它规定必须相互“告知”各自的环保措施，这意味着一旦这些环保措施得以制定，就应该尽快地告知。⑥ 虽然缔约各方有权自由决定这一信息的恰当内容及形式，但是，所涉具体问题的重要性也应该是一个有用的标准。“环境保护措施”应该被广义解读，它包含了与本盟约

---

① 参见1992年《气候变化公约》第5条；1982年《联合国海洋法公约》第202条第1款和第203条；1986年《世界环境与发展委员会法律原则》第7条；1972年《斯德哥尔摩宣言》原则9和原则12以及1992年《里约宣言》原则9。

② 参见1985年《东盟自然及自然资源保护协定》第18条第2款，1975年《赫尔辛基最终法案》第2条第5款；1992年《21世纪议程》第40.8段和第40.9段。同时参见本盟约第42条第2款（环境质量监测）。

③ 参见1982年《联合国海洋法公约》第200条。

④ 数据的交流也涉及本盟约第49条（信息和知识），它也是许多条约的一个特点，例如，1964年《波兰—苏联关于边界水资源利用的协定》第7条第1款；1960年《印度—巴基斯坦印度河水条约》第6条；1964年《尼日尔河协定》第2条第3款；1985年《东盟自然及自然资源保护协定》第18条第2.4款；《关于跨界转移的巴塞尔公约》第10条。同时参见1972年《斯德哥尔摩宣言》原则20。

⑤ 参见1992年《生物多样性公约》第18条第3款，它建立了一套交换机制以提升和促进技术及科学合作。

⑥ 参见1992年《气候变化公约》第4条第1款。

相关的所有措施。①

第 47 条　技术开发及转让

缔约方应鼓励与加强合作，在共同商定条件的基础上，建立合作科研项目和企业，以利于环境友好型技术的开发、利用、获取与转让，加快向可持续发展的转变。

第 47 条将技术的开发及转让当做一种实现可持续发展的方法。② 这种技术应当是"环境友好型"，而且能反映出最新水平，虽然它也包含了传统技术。这些技术包含了"流程"、"产品"和"末端治理"，也包括了诀窍、程序、商品、服务、设备和管理程序。③ 应当把这些技术转让精心安排在合作研究项目的框架下及合资企业中，使它们能够联合所有参与方的力量，进行能力建设以增强那些薄弱之处。④ 所有缔约方在决定它们有关技术转移的政策时，都应有效吸取来自私营部门，特别是科学家、商人及非政府组织的经验和建议。

通过定期的信息交换，可以极大地加强有效的技术转让，因为信息交换可以让各方了解到最新的技术，以及技术的来源和技术的环境风险。⑤ 信息交换可以帮助各方明确它们具体的技术需求是什

① 因此，本条规定也与本盟约的其他规定密切相关，如第 28 条（污染）和第 39 条（跨界自然资源）。

② 在近期的国际环境协定中，这一条款已经是一种标准化的规定了，如 1985 年《保护臭氧层维也纳公约》第 4 条第 2 款；1987 年《蒙特利尔议定书》第 5 条第 2 款；1992 年《气候变化公约》第 4 条第 5 款；1982 年《联合国海洋法公约》第 144 条和第 14 部分；《关于跨界转移的巴塞尔公约》第 10 条第 4 款。同时，参见 1987 年《危险废物开罗准则》第 4 条和第 5 条，它包含了针对环境友好型技术的开发及转让的具体规定，以及 1994 年《联合国防治荒漠化公约》第 17 条。

③ 1992 年《21 世纪议程》第 34.2 段和第 34.3 段。

④ 参见本盟约第 46 条（科技合作）。同时参见 1992 年《生物多样性公约》第 18 条第 5 款。

⑤ 参见 1992 年《21 世纪议程》第 34.15 段。

么，以及如何满足这些需求。① 另外，技术援助必须以适当的方式进行，要对各方的实际需求、“环境友好型”的内涵、具体技术的利用方式进行评判。② 同时，也应当开展能力建设，以便发展中国家可以进一步发展他们相对有优势的技术，特别是通过与缔约方中的工业化国家合办的合资企业。③

虽然并未明示，本条所指的其实是所有缔约方之间的环境友好型技术的转让，但是重点是向发展中国家转让技术。“鼓励与加强”表明，在涉及发展中国家时，技术转让的条件应当是优惠的。④“共同商定条件”意味着，这类技术转让应当通过协商来进行，即既要满足发展中国家的需求，也要确保对相关知识产权的充分保护。⑤ 当存在着知识产权时，各方应当探索采用经济刺激机制［参见本盟约第 16 条（一体化政策）］来鼓励适当的技术转让。⑥ 实际上，在公共领域，已经出现了许多相关和有用的技术，因此各方就可以免费地直接转让。

第 48 条　生物技术的惠益分享

针对生物技术凭借遗传资源所获取的惠益，缔约各方应当在双方协议的基础上，向遗传资源的提供方提供公平合理的惠益分享。

第 48 条主要基于《生物多样性公约》第 15 条第 7 款；在规定生物技术所获利益的“公平合理”分享问题上，它是第一项具有约束力的国际文件。其基于这样一种观点，即遗传资源构成了国家

① 参见 1992 年《21 世纪议程》第 34. 16 段和第 34. 17 段。

② 参见 1992 年《21 世纪议程》第 34. 22 ~ 34. 24 段和第 34. 26 段。

③ 参见 1992 年《21 世纪议程》第 34. 20 段。同时参见 1992 年《21 世纪议程》第 34. 27 段，它强调了跨国公司在这一问题上所起的积极作用。

④ 参见 1992 年《生物多样性公约》第 16 条第 2 款和 1992 年《21 世纪议程》第 34. 4 段。同时参见本盟约第 52 条第 1 款（国际资金）。

⑤ 参见 1993 年乌拉圭回合《与贸易相关的知识产权协定》。

⑥ 这类工具的例子有鼓励出口的税收减免政策、改革后的外资投资规定以及补偿机制。同时参见 1992 年《21 世纪议程》第 34. 18 段。

享有主权的自然资源的一部分。这一规定比《生物多样性公约》更进了一步，它规定了一个具体的结果，而《生物多样性公约》则是规定缔约各方必须采取旨在实现公平合理惠益分享的措施。

这里的“惠益”可能包括：研究及开发成果、遗传资源利用带来的商业或其他利益（如版税）、这类资源的利用技术的获取及转让，① 基于遗传资源的生物技术研究活动的参与，② 以及遗传资源的生物技术利用导致的成果及利益的优先获取权。③

本规定的设想是，在遗传资源每次转让之前，提供者与接受者之间应当进行直接或间接的协商。虽然大量（即使不是绝大部分）的交易有可能是在私人主体之间进行的，政府还是有责任确保其结果必须是“公平合理的”。于是，基于这一目标的管理框架将会为指导私人主体间的合同安排提供应有的帮助。这一管理框架还应当鼓励合同方去明确交易所带来的潜在的短期及长期利益、利益如何分配、谁将拥有样本所有权。如果这一管理框架仅仅规定条款必须是经过双方同意的，它就是不够充分的，因为交易各方的讨价还价权力有可能是千差万别的，特别是由于绝大多数转让是发生在遗传资源丰富的发展中国家与工业化国家之间的。因此，必须对此专门规定公平性和合理性的要求。通过允许遗传资源提供国分享惠益，可以增强这些遗传资源及其关联生态系统的保护及可持续利用。

每笔交易的具体情况千差万别，这也导致对交易的规范性要求各不相同。所提供的遗传资源的价值和数量，以及生物技术的价值，是决定性要素。在交易实际发生前，商业利用带来的切实收益也许并不是现实可见的，因此，恰当的做法应该是在协定中增加一个条款以允许后续的调整。有一种方法可以被各方用来去履行他们在转让国际资金［本盟约第 52 条（国际资金）］中的义务；即通过建设缔约方中发展中国家的能力，以准确评估它们的遗传资源的

① 参见 1992 年《生物多样性公约》第 16 条第 3 款。

② 参见 1992 年《生物多样性公约》第 19 条第 1 款。

③ 参见 1992 年《生物多样性公约》第 19 条第 2 款。

价值，并确保这些资源的利用是可持续的。

第 49 条　信息和知识

1. 缔约各方应促进自然资源保护及可持续发展方面的、公众可获取信息的交流，并应考虑到发展中国家的特殊需要。

2. 在获取土著人及本地社区的传统知识时，缔约各方应符合如下前提条件：相关社区的事先知情同意、承认社区权利的具体规定、该知识的合理经济价值的具体规定。

第 49 条涉及实现可持续发展的最有效手段之一——信息的国际交流，它对弥补工业化国家与发展中国家之间的信息差距是必需的。本盟约第 14 条第 3 款（自然人和法人）提及了国家内部的信息交流。环境信息必须在国家间进行交流这一规定出现在几项条约中，① 特别是在《21 世纪议程》中。② 在绝大多数情况下，信息交流将会是个人可以获取的，其依据是本盟约第 14 条第 3 款之规定。

第 1 款　特意采用了一种一般性的表述方式，它涉及了各方合作中附带的义务。③ 它对于那些想要行使平等权利以参与涉及环境的所有程序的他国公民个人来说至关重要［本盟约第 14 条第 4 款（自然人和法人）和第 57 条（非歧视待遇）］。④ 另外，在国际层

① 参见 1974 年《防止陆源污染物污染海洋巴黎公约》第 10 条；1982 年《联合国海洋法公约》第 200 条；1979 年《长程越界空气污染公约》第 8 条；1978 年《科威特地区公约》第 10 条；1983 年《大加勒比海地区海洋环境保护和发展公约》第 13 条；1978 年《亚马逊合作条约》第 7 条和第 15 条；1992 年《气候变化公约》第 4 条第 1. 8 款和第 7 条第 2. 2 款。

② 特别是 1992 年《21 世纪议程》第 34 章。

③ 缔约各方的合作义务涉及本盟约第 18 条（紧急事件）、第 29 条（水）、第七部分（跨界问题）（特别是自然资源的共享）、第 46 条第 2. 2 款（科技合作）、第 47 条（技术开发及转让）、第 49 条（信息和知识）、第 50 条（教育、培训和信息公开）。

④ 参见《经济合作与发展组织理事会建议 C（74）224（附件）和 C（77）28（第 8 条第 1 款）关于此点的规定。同时参见 1992 年《欧洲经济委员会工业事故公约》第 9 条。

面解决全球环境问题［共同关切事项，本盟约第3条（人类共同关切事项）］上，这类信息也是至关重要的。本条中的条款并不是为了要对那些相关条款进行解释，虽然可能存在部分的重叠。

信息共享的外延应当宽泛到足以覆盖潜在的损害过程（包括污染）。1992年《生物多样性公约》第17条第2款可以为此提供指导，它指出：

“这类信息交换应当包括技术、科学及社会经济的研究成果，也包括培训及调查项目的信息、专业知识、当地及传统知识……在可行的情况下，它还应包括信息的归还。”

1992年《保护东北大西洋海洋环境公约》明确指出，共享的信息包括书面的、视觉的、听觉的或数据库形式的可获信息。①

第1款中的义务并不是一种结果义务（如被转让信息的具体数量），而是要求必须促进信息的交换。② 这里的“促进”意味着必须排除公共领域中信息交换的障碍，无论信息是源自于公共或私人。实施这一规定的具体办法交由缔约各方自由决定。它可以通过双边或者胜任的国际组织来完成。③ 各国可能想探索以相互交换的形式建立信息网络的可能性，这也是《21世纪议程》所建议的。④ 从公开可用的来源中获取信息必须遵循一个前提条件，而这个前提条件并不妨碍各国自愿转让秘密信息，但是，在此情况下，接收国应当尊重这种私密性。⑤ 本条的有效实施就要求信息的转让必须采用一种可以理解的方式，在适当时候还必须是非专业性的。最后，本条指出必须考虑到发展中国家的特殊需求，它暗含了一些优惠性

① 1992年《保护东北大西洋海洋环境公约》第9条第2款。

② 这是1992年《生物多样性公约》第17条的文字表述。

③ 例如，1982年《联合国海洋法公约》第200条之规定。

④ 1992年《21世纪议程》第34.15段及以下。

⑤ 例如，1985年《保护臭氧层维也纳公约》第4条也是如此规定的。

措施。①

第2款 是基于这样一个假设，即土著人或当地人对他们的知识享有所有权或准所有权。② 本条响应了1992年《生物多样性公约》第8条第6款的推动力，而且它并不包含后者规定的一个前提条件，即必须根据国家立法，才有资格去公平分享此类知识之利用所带来的惠益。外来者在利用土著人的知识时经常会忽略提供这些知识的当地社区。本条规定指出，在获取知识之前必须征求土著人的事先知情同意，其意图是为土著人提供更强的控制力以管理他们的传统知识。③ 本条规定同时要求，缔约各方必须根据法律管理此类获取，并在法律上认可土著人对其知识所享有的权利。最后，本段要求赋予此类知识以适当的经济价值，这就比《生物多样性公约》所用的术语更精确，该公约的表述是"（土著人有权）公平地分享此类知识之利用所带来的利益……"④

第50条 教育、培训和公众意识

1. 缔约各方应在各层次建立学习机构以开展能力建设，包括提升环境和自然资源管理方面的基础教育，建立环境知识领域的数据库，以便使国民有能力促进可持续发展。

2. 缔约各方应通过教育公众的形式传播环境知识，特别要向土著人和当地社区的居民提供环境培训和教育方面的信息、教材和机会。

3. 缔约各方应相互开展合作，在可行的情况下，还应与国际和国家组织开展合作，以提升环境教育、培训、能力建设和公众

① 例如，当一方决定收费以支付信息交换的成本时，当接收国是发展中国家时，这种收费应当予以减少。

② 参见1992年《里约宣言》原则22和1992年《21世纪议程》第26.4段。1994年《开罗会议行动规划》第4部分第6章也充分强调了土著人总体上的权利。

③ 这一点类似于1992年《生物多样性公约》第8条第10款的规定。

④ 1992年《生物多样性公约》第8条第10款。

意识。

第50条的意图是提升公众在环境问题上的知识，这是因为考虑到公民个人通常能有效地促进环境保护工作。公众知识也会增强对环境领域的政府行动的支持力度。另外，公民个人在决策过程中的有效参与［本盟约第14条第3款（自然人和法人）］也有赖于足够的环境知识。最后，本条规定试图实现儿童受教育的基本权利，即必须培养儿童去尊重自然环境。① 许多环境条约②也有类似的规定，《21世纪议程》第36章对此还给出了具体的建议。其他国际文件也提到了环境教育问题。③ 本条剖析了旨在提高环境知识的国家及国际努力。

第1款 给缔约各方施加了必须提高其国民的环境知识这一首要义务，因为缔约各方都拥有利用及传播环境知识的手段，无论是直接进行还是通过私人主体。工作应当针对一般大众，但是也必须关注到土著人和地方社区。后面这一规定是认识到这类人群在实现可持续发展中的特殊作用。④

该款列举了三类应当被传播的环境知识。第一类是信息，它包含了所有与环境相关的、公共可得的信息。传播可以通过电子的、印刷或广播媒体，而且必须是非专业的易获取格式。第二类是教育材料，包括以打包形式出现的、容易被大众吸收的全套信息。通过

① 1989年《儿童权利公约》第29条第1.5款。

② 例如，1972年《世界遗产公约》第27条；1982年《〈巴塞罗那公约〉之关于地中海特别受保护区的日内瓦议定书》第11条；1992年《气候变化公约》第6条。同时参见1972年《斯德哥尔摩宣言》原则19；1982年《世界自然宪章》原则15；1990年欧洲经济共同体《关于可持续发展的卑尔根部长宣言》第16条第4款；1994年《联合国防治荒漠化公约》第19条（能力建设、教育和信息公开）；1998年《在环境领域获取信息、公众参与决策和诉诸司法的奥胡斯公约》第3条第3款规定，各方应当提升公众中的环境教育及环境知情，特别是在环境问题上应当如何获取信息，如何参与决策以及如何诉诸司法。

③ 《非洲儿童权利公约》第11条规定了一种受教育权，其目标应当是“培养对环境及自然资源的尊重”。

④ 参见1992年《21世纪议程》第26章。

小学和中学很容易实现这样的传播，但是也应当鼓励成人教育场所。第三类指的是获得环境培训及教育的机会，这是使前两类发挥作用所必需的。在绝大多数情况下，缔约各方必须分配足够的资源给那些现有的教育机构。

第 2 款　要求各国开展合作以增强全球范围内的环境知识。① 各国有权自由选择最有效的合作方式，无论是直接合作还是通过胜任的国际或国内组织。②

该款也要求必须提升能力建设，特别是在急需能力建设的发展中国家，双边或多变援助应当是适当的实现方式。《21 世纪议程》专门就此主题规定了一整章的内容，以便增强发展中国家的能力。③ 它要求每个国家都对其涉及国家可持续发展战略的能力及能力建设需求进行一个评估，它还要求联合国秘书长向联合国大会提交一份报告，内容包括那些旨在实现可持续发展的技术合作项目以及如何进一步增强此类合作项目。④《21 世纪议程》还提出了下列建议：充分发挥国际组织和非政府组织在能力建设战略的设计和推广⑤以及实际技术合作中的作用；⑥ 在长期的行业或次行业需求的

---

① 参见 1982 年《联合国海洋法公约》第 202 条第 1 款；1992 年《生物多样性公约》第 13 条第 2 款；1992 年《气候变化公约》第 6 条。

② 参见 1980 年《关于涉及经济发展的环境政策及程序的宣言》第 6 条，主要的开发银行在此承诺它们将“准备、公布并传播文件及视听材料以便指导经济发展活动中的环境问题”。

③ 1992 年《21 世纪议程》第 37 章。同时参见 1972 年《斯德哥尔摩宣言》第 13 条第 2 款和 1986 年《世界环境与发展委员会法律原则》第 7 条。鉴于能力建设对发展中国家履行本盟约规定的义务来说是必不可少的，本条规定实际上暗示出全球环境是一个人类共同关切事项（本盟约第 3 条）。就这一点而言，本条实际上与本盟约的所有条款都有关联，特别是第 46 条（科技合作）、第 47 条（技术开发及转让）和第 49 条（信息和知识）。第 52 条（国际资金）也具有关键的重要性。事实上，1992 年《气候变化公约》和 1992 年《生物多样性公约》都为发展中国家履行义务设置了前提条件，即发达国家缔约方必须向它们传输资金。

④ 1992 年《21 世纪议程》第 37.4 段。

⑤ 1992 年《21 世纪议程》第 37.5 段。

⑥ 1992 年《21 世纪议程》第 37.5-37.10 段。

框架中引入技术合作；① 在接收者、捐赠者、联合国组织和非政府组织中建立相关机制用以评估国际技术合作；② 通过协商和评估机制来协调区域层面上援助的分配。③

第51条 国家资金

1. 缔约各方承诺，根据各自的能力，为那些旨在达成本盟约目标的国家活动提供资金支持和激励措施。

2. 缔约各方应积极探索各种创新的方法，以筹措公共和私人资金来支持可持续发展。

第51条是对那些规定了保护环境之总体及具体义务的条款的补充，特别是那些涉及规则及标准的条款。许多此类活动需要大量的资金以确保它们完全发挥效果。与本盟约第52条（国际资金）不同，本条的重点是根据各国的实际能力，在国家层面上利用资金以实现本盟约的目标。

第1款 规定了一项承诺提供此类资源的一般义务。本条的生效取决于一个前提条件，即各国的实际能力，因为很明显许多国家（特别是发展中国家）所拥有的可用于实施本盟约草案的资源是十分有限的。④ 各国所需资金的精确数量将会是千差万别的，但是，国家行动计划的制订［本盟约第40条（行动计划）］将会有助于预测出所需的资金。由此，这一义务是一种“最大努力”的义务，它的意图是促使缔约各方在经济发展水平提升后能增加此类资金的投入。即使没有外部的财政支援，所有缔约方还是可以采取重大步骤以达成这一义务，通过更合理地分配它们现有的开支：使之更符合成本—效益原则或把资金用于优先考虑的问题上。这里的“激励措施”应当被广义地解读，它不仅包括了经济激励，而且还包

① 1992年《21世纪议程》第37.6段。

② 1992年《21世纪议程》第37.7段。

③ 1992年《21世纪议程》第37.11段。

④ 参见匈牙利1992年《第L2012号法案》，它创建了一个中央环境基金。

括所有那些能引导各方自愿实现目标的管理手段。这是因为考虑到私人资金在实现可持续发展中所起到的重要作用，只要它能受到正确的引导。① 例证包括生态标签，② 或者允许一个当地社区为了某特定目的进入一个保护区，条件是这样做不会破坏保护区的目标。其他的例证可能是更间接的，例如土地占有制改革或者针对社区的非实物的技术援助。本条也鼓励缔约各方去排除那些违背本盟约目标的“不当的激励”。③

第2款　要求在实现第1款所述目标的过程中必须进行创新。“费和税”可以被当做重点单列出来，④ 但是还是应当考虑到所有种类的“经济工具”。⑤ 但是在这样做的时候，还应考虑到公平性的问题，即这些机制所针对的对象应该是那些消费了特定环境资源的主体，如非自给的消费者、商业和工业。在许多情况下，本条规定的实施需要立法或其他法律工具。⑥ 因为预算安排是与总体的政府决策密切相关的，所以预算应当包括特定资源的重新分配。⑦

第52条　国际资金

1. 缔约各方应在建立、维护和增强融资途径上开展合作，努

---

①　本条规定受到了1982年《世界自然宪章》原则17的支持，原则17的规定指出“必要的资金、项目和行政组织以实现自然保护的目标”，1992年《21世纪议程》也要求各国为环境项目提供财政支持（第34.22段、34.23段和34.29段（关于资金和成本评估））。根据各国的实际情况，《21世纪议程》第36.7段规定了具体的战略，其内容就是资助那些涉及环保教育、培训及信息公开的事业。另外，第37.9段要求财政制度也必须在此过程中提供帮助。

②　参见1992年《欧盟理事会关于社区生态标签授予方案的第EEC/880/92号条例》。

③　例如，批准非营利性的土地清理和农业及渔业补贴。

④　参见拉脱维亚《自然资源税法》和立陶宛《污染税法》。

⑤　例如，可交易的污染额度（如修订后的美国《清洁空气法》中的规定）。

⑥　同时参见本盟约第16条第2.2款（一体化政策）。

⑦　参见1992年《21世纪议程》第33.16段第5点。

力筹措新的及额外的资金（特别是为发展中国家），以便实施：

（a）环境友好型开发计划和项目；

（b）能力建设和相关机构提升；

（c）解决全球关切的重大环境问题的措施以及实施本盟约的措施（如果缺乏足够的资金支持、专家或技术能力，那么这些措施必将会导致特别的负担）；

（d）对那些遵守承诺而放弃开发某种自然资源的行为（当这种自然资源的经济开发有可能威胁到环境时）支付相应补偿；

（e）环境友好型技术的最优惠转让。

2. 缔约各方，基于各自的能力和具体的国家及地区发展战略、目标和条件，应努力加大他们的援助计划以达到联合国大会规定的目标（政府开发援助应该达到国民生产总值的0.7%）。缔约各方应鼓励公共或私人在提供更多资金支持上所作的努力。

3. 缔约方应考虑相关办法以帮助那些背负沉重债务负担的发展中国家减轻债务，这些办法包括免除债务、重新规定还款期限、把债务转化为投资以及可持续发展债务交换。

4. 当某个缔约方计划为某国提供资金援助以开展某些项目，而这些项目有可能对环境造成严重的负面影响时，该缔约方必须在受援助国的协助下确保该类项目必须进行环境影响评价。该缔约方所提供的资金必须包括受援助国进行环评所需的资金。

第52条反映了国际环境条约中的一个趋势，即针对从发达国家流向发展中国家的资金流动作出专门的规定，其目的是促使发展中国家能够履行他们的条约义务。①

---

① 参见1994年《联合国防治荒漠化公约》第20条和第21条，1987年《蒙特利尔议定书》第5条，1992年《气候变化公约》第4条第3款，以及1992年《生物多样性公约》第20条。另外，还应注意到全球环境基金在这个方面的作用。同时参见1992年《21世纪议程》第33章和1992年《森林原则》原则10。有些来自发展中国家的评论员指出，如果没有这样的援助，则这些协定的很大部分将不会被发展中国家实施（还包括一些条约的实施，如《气候变化公约》和《生物多样性公约》，它们在发展中国家的实施取决于工业化国家是否履行了它们在资金及技术转让方面的义务）。

第1款 并未具体规定以何种形式来提供资源，它交由缔约各方在合作的过程中自由决定。但是，特定的趋势还是比较明晰的，此类机制应当是：(1) 透明的；(2) 本质上是民主的，并在发展中国家与发达国家之间建立了一个公平的平衡；(3) 为发展中国家提供无任何附加条件的获取及支付；(4) 根据发展中国家的优先考虑及需求提供活动资金，还必须考虑到《21世纪议程》的规定。① 这些资源被称为“新的及额外的”，因为它们必须区别于发达国家的常规援助预算，它们是对预算的额外补充。针对如何提供国际资金以实现本条所列举的目标，数个建议已被提出，如基于进口关税而建立的一个基金。②

(a) 项和 **(b) 项**必须与本盟约第10条（发展权）和第16条（一体化政策）结合在一起解读。**(c)** 项直接针对的是全球关注的环境问题，但是本条规定比联合国环境与发展会议的诸项条约更宽泛，它并未将资金的传输局限于满足“议定的增量成本”的需要。③ 所有议定的机制必须是基于从本盟约的保管者那里获取的关于各方经验的信息（本盟约第78条第2款），而且必须受到评估会议（本盟约第70条）的定期评估。**(d) 项**谈到了某些创新的方

① 参见1992年《吉隆坡宣言》第12段和《21世纪议程》第33.14段第1.3点。

② 例如，即将离任的欧盟驻关贸总协定大使 Tran Van-Trinh 提出的建立“团结基金”的建议。《21世纪议程》第33.14段也明确指出，在尽最大努力争取新的及额外的资金时，国际开发协会、区域性及分区域性开发银行、全球环境基金以及来自非政府实体的资金都是可能的载体，

③ 参见1987年《蒙特利尔议定书》第10条，1992年《气候变化公约》第11条，以及1992年《生物多样性公约》第20条。1994年《联合国防治荒漠化公约第20条也有类似的规定：它要求发达国家缔约方必须 (1) 筹集实质性资金资源，包括赠款和减让贷款，以便为防治荒漠化及缓解干旱影响这类项目的实施提供支持；(2) 促进筹集充分、及时和可预测的资金资源，其中包括来自“全球环境基金”的新的及额外的资金，这类资金指的是，遵照“全球环境基金”之创立文件的相关规定，针对那些与其四个核心领域相关的、涉及荒漠化的活动所议定的增量成本。这一观念受到了批评，因为在实践中很难运用它，它使专断成为必然现象。

案，例如厄瓜多尔在2010年承诺放弃在叶苏尼保护区的石油资源开发以换取针对当地环保项目的国际资助。**(e) 项**应当与本盟约第47条（技术开发及转让）结合在一起解读，这样就可以保证各方能在技术转让的所有前提条件上达成一致意见。本条规定将如何解决所涉知识产权问题交由各国去自由决定［如可以依据乌拉圭回合1989年《与贸易相关的知识产权协定》］，但很明显的是，在建构财政机制时，应当考虑让资金足以用于购买许可证、专利等。需要强调的是，本条的目的并不是要违背这样的一些知识产权。①

第2款 主要关注的是常规性海外开发援助这些层面，用以区别于第1段中提及的“新的及额外的资源”。它确认了1992年《21世纪议程》第33.13段及其他地方所作出的政治承诺，即努力促使政府开发援助达到其国民生产总值的0.7%。② 本条的措辞意味着，这一条应适用于所有缔约方，不仅包括那些工业化国家，而且还包括其他缔约方，如新兴的工业化国家，它们也应当为海外开发援助提供适当数量的资源。

第3款 要求缔约各方应考虑采取某些措施以降低发展中国家的国际债务，这是基于这样一个认识，即这种异常沉重的负担使得一些国家无法可持续地发展。③ 这些措施的适当尺度及具体形式交由缔约各方自由决定，前提是所有的救援必须都是用于可持续发展活动。本条款的切实可行的履行方式之一是实施“债务换自然协定”（译者注：债务国以建立自然保护区换取债权国对贷款偿还的豁免的一种金融协定）。④ 另一种方式是根据1991年12月巴黎俱乐部的协定的规定，债权国减免最贫困重度债务国的债务。

---

① 同时参见1992年《生物多样性公约》第16条第2款，1992年《气候变化公约》第4条第5款，以及1987年《蒙特利尔议定书》第5条。

② 参见1992年《关于资助全球环境与发展的东京宣言》第33.13段。

③ 参见1994年《联合国防治荒漠化公约》第20条和1992年《21世纪议程》第33.14段第5点。同时参见1990年联合国大会《针对发展中国家的经济增长及发展之振兴的国际经济合作宣言》。

④ 参见1994年《联合国防治荒漠化公约》第20条第2.4款和1992年《21世纪议程》第33.16段第1点。

第4款　源自于本盟约第42条（环境影响评价）之规定，它要求援助方必须针对它们的开发援助所引发的相关活动进行环评。① 采用“国家”这一术语意味着，无论受援助国是不是本盟约草案的缔约方，本条照样适用。原则上说，援助国应当与受援助国进行合作，尽最大努力去适当履行第42条之规定。② 为了让受援助国能够有效地参与到环评过程之中，援助国应当提供必需的技术援助及人力资源。

本项要求的理论依据是，所有国家都承担着一项国际义务，即把环境当做共同关切事项来进行保护［本盟约第3条（人类共同关切事项）］，在本条中它就意味着不得以破坏环境的方式来利用它们的开发援助。③

---

① 参见1981年“自然资源保护理事会诉核管理局案”（虽然这个问题在美国还未得到完全解决）；1985年《经济合作与发展组织理事会关于开发援助项目的环境评价的第c（85）104号建议》，1986年《经济合作与发展组织理事会关于促进开发援助项目及规划中的环境评价所需措施的建议》，以及1992年《经济合作与发展组织开发援助委员会环境与援助准则》。虽然本条的文字表述从表面看来是针对国家间的资金传输，但它暗含的意思是，国际开发银行中的成员国应当试图让这样一些机构也进行环评，这也是现在的一种普遍做法。

② 参见1999年《世界银行关于环境评价的运行政策/银行程序4.01（1999年）》。

③ 同时参见本盟约第42条（环境影响评价）。

第九部分　责任和赔偿责任

这一部分的目的及目标不仅是为了确保跨界环境损害的受害者能得到及时和充分的赔偿，而且也是为了在跨界损害发生时保存及保护环境。针对那些因为违反本盟约草案及其他国际环境法的规定而造成的环境损害，必须要有一套有效的补救制度，它对环境保护及可持续发展是至关重要的。第九部分详述了当这类损害发生后缔约各方应承担的责任，无论是否处在其领土或管辖范围以内，这种责任包含了对其他缔约方和个人所应负的责任。这一部分是基于有关国家责任与赔偿责任的一般国际法原理，也从国际法委员会的工作中得到了启发。① 它同时还考虑到了环境法中民事责任或私人责任制度方面的国家及国际经验。由于根据国际法，区域经济一体化组织可能没有足够的法律人格来做一个“有责任的”或“有义务的”主体，所以这一部分主要针对的是本盟约草案的国家缔约方。②

这一部分回应了《斯德哥尔摩人类环境宣言》原则 22 中的要求，即各国应“进行合作，以进一步发展针对受害者的责任承担及赔偿问题的国际法，在它们管辖或控制之内的活动对其辖区以外区域造成了污染及其他环境损害的情况下”。大量的国际文件都重

① 《国际法委员会第 53 届工作报告》中的《关于国际不法行为之国家责任的草案条款》，联合国大会官方记录，56 届，Supp. No. 10，at 45，联合国第 56 届大会第 10 号文件（2001 年），它在联合国第 56 届大会第 83 号决议中得以通过（2001 年 12 月 12 日）。关于国际法委员会的工作历史以及针对这些条款的评论，参见 James Crawford 所著《国际法委员会针对国家责任的条款》(2002 年)。

② 参见 1945 年《国际法院规约》第 35 条第 1 款。

申了《斯德哥尔摩宣言》中的表述。①

第九部分的条款要求针对民事层面和国家间层面的环境损害提供救济。国际环境法关注的重点是国家的实施措施，国际遵守及实施程序（从基于国家责任的国家报告到司法程序）是对国家措施的补充。有些国际文件倾向于采用一种单独的民事责任制度,② 把责任施加于“污染者”或者“某一设施的经营者或所有者”,③ 而其他的一些文件则是单纯地针对国家责任。④ 单用这两种方法的任何一种都被证明是效果有限的。如果单独针对国家义务，那么它的不足之处在于：（1）传统的观念认为，只有受到影响或伤害的国家才能提起诉讼，而一个受到影响的国家可能选择不提供它的外交保护；（2）针对其国家管辖以外区域的保护，国家没有提起诉讼的资格；（3）在造成损害的国家已经履行了其“谨慎行事”的情况下，无辜的受害者可能得不到赔偿。与此相反，民事责任制度的不足体现于下列情形：（1）当经营者破产或无法为其所造成的损害提供完全的赔偿时；（2）在某些情况下，把所有的赔偿负担施加于一个私人主体是不公平的，因为国家许可了私人主体的这类活动的发生。

由此，这一部分的目的是提供一个民事救济和国家间救济的结

① 例如，在海洋污染领域，参见 1986 年《南太平洋公约》第 20 条；1983 年《大加勒比海地区海洋环境保护和发展公约》第 14 条；1981 年《中西非洲海洋环境公约》第 15 条。同时参见 1992 年《里约宣言》原则 13。

② 参见 1981 年《东南太平洋海洋环境公约》第 11 条。其他的一些公约将民事责任与国际责任结合在一起。参见 1978 年《科威特地区公约》第 13 条；1982 年《关于海洋环境的吉达公约》。1999 年《关于危险废物越界转移及其处置所致损害之责任及赔偿的巴塞尔议定书》；1996 年《关于与危险品及有毒物品海上运输相关的责任及损害赔偿国际公约》第 6 条和第 7 条。

③ 参见 1960 年《巴黎核责任公约》第 3 条；1963 年《维也纳核责任公约》第 2 条；1969 年《国际油污损害民事责任公约》第 3 条；2001 年《国际船用燃料油污染损害民事责任公约》。

④ 这是国际法中的一个总体推定，因为绝大多数的环境条约并没有制定具体的民事责任制度。同时参见 1976 年《巴塞罗那公约》第 12 条和 1982 年《联合国海洋法公约》第 235 条第 1 款。

合体，国家间救济包含了基于国际责任的救济以及合法行为导致的有害后果所应承担的国际赔偿责任。① 责任涉及的是违反了某项义务的问题，而赔偿责任涉及的是损失风险的分担问题。

必须把国家责任及赔偿责任补充进民事责任制度的大体原因是：(1) 某国可能违反了其国际义务，因此它必须承担责任；(2) 某国管辖或控制范围内的活动有可能造成了重大损害，因此它必须承担赔偿责任；(3) 有时可能无法明确确定谁是私人经营者，或者损失量太大，以至于经营者无法承担，因此源起国就应当承担连带责任。

这一部分的目的是为了确立基本规则；它鼓励缔约各方去进一步制定这类规则并根据不同的具体情况加以灵活适用。本盟约制定了涉及预防措施的各种方面的条款。第 27 条是非常重要的，它包含了不同情况下的预防义务；第 35 条第 1 款针对的是经济活动；而第 36 条则是针对军事及敌对活动。另外，关于环境影响评价的第 42 条为预防措施以及责任/赔偿责任应对提供了一个必需的要件。这些涉及责任和赔偿责任的条款是受到了国际法委员会关于损失的预防及分担的相关工作报告（被收录于联合国第 62 届大会第 68 号决议和第 61 届大会第 36 号决议）的启发。②

第九部分关注的是环境“损害”，③ 但并未对其作出定义。环境这一术语有多个定义，而关于可赔偿的环境损害的具体含义，也存在着许多不同的观点。在某些法域，“可赔偿的环境损害”还包

① 参见 1960 年《巴黎核责任公约》和 1963 年《维也纳核责任公约》；同时参见 1999 年《关于危险废物越界转移及其处置所致损害之责任及赔偿的巴塞尔议定书》，它针对进出口双方规定了严格的责任，也针对任何人的故意、鲁莽或过失行为或者违背本公约实施中的相关规定规定了责任。公约还预见到了不履行议定书义务而引发的国家责任。

② 国际法委员会关于责任（损失分担）的方式与本盟约第九部分的建议是一致的，例如，为应对跨界环境损害导致的义务及责任问题，它专门设立了数个核心原则。

③ 国际法委员会把“损害”用来特指可能的将来的损害，专用于预防领域。

含了非服务类价值。

国际法委员会为了损失分担条款的目的，而对“环境”作了如下定义：

> “（b）环境包括了自然资源，包含非生物及生物，例如，空气、水、土壤、动植物和相同要素间的相互作用，以及景观的显著特征。”

这一环境定义包含了“景观的显著特征”和那些非利用价值。另外，它排除掉了几个被某些论者认定为是环境损害的要素。在国际法委员会的原则2中，“损害”指的是“（a）……对人、财产和自然造成的重大损害”。它意味着，原则上说，对人及财产的损害和环境损害之间是存在区别的。例如，那些构成了文化遗产之部分内容的财产（如果受到损害），会被认定为是财产损坏而非环境损害（原则2第2点）。

在国际法委员会的原则2中，“恢复环境（包括自然资源）之合理措施的成本“（第4点）和“合理的应对措施的成本”（第5点）都被认定是可赔偿的损害。

第53条　国家责任

国家缔约各方如果违反本盟约所规定的义务，应根据国际法承担责任。

国家责任（并非赔偿责任）针对的是那些违反预防义务及盟约规定的其他国家责任的行为，国家责任包括确保定居的和非定居的受害者都有非歧视的诉诸司法的权利，或者提供那些具备有效救济能力的法院，或是使那些经营者及其他适当的私人主体对损害承担责任等。简而言之，采取这类措施将可以为非定居的受害者提供足够的、及时的救济和赔偿。违背那些义务就会导致一般国际法中提及的后果，国际法委员会《2001年条款》具体反映了这些后果。那些旨在达成这些法律后果的行动（所导致的责任）是独立于经营者或其他私人主体的赔偿责任的（例如，即使未造成实际的损害，源起国也会因为违反了预防义务而被追究责任，因此也不会导致任何私人主体的赔偿责任）。

值得注意的是，本盟约相关条款中所提及的预防义务并不是结果义务；盟约只是要求各国必须努力预防事故和损害。违反这类义务所导致的后果与那些活动内在风险的意外事故造成的实际损害是有明显区别的：如果发生了实际损害，那么经营者或者其他适当的个人及主体必须承担严格责任。例如，如果源起国在没有完成一个事先正式许可所必需的步骤的情况下就允许进行某项危险的或有害的活动，那么它就违反了这一义务。一旦发生了意外事故，严格责任就会被自动地适用于经营者身上，但是国家也会因违反了义务而承担责任。

除非某一危险活动是由国家来经营的，否则这类活动造成的损害就不会导致直接的国家“赔偿责任”。原则上说，源起国只应当对其自己的行为“负责”。这点看起来是合理的：活动内在风险所导致的损害理应由不同的追责机制来解决，原则上应当由实施这项活动的私人主体来负责并承担“赔偿责任”。但是，源起国还是应当“确保”实现即时的、可得的赔偿。

源起国与有责任的私人主体之间责任的划分似乎成为了协定法及其他实践的当前趋势。关于责任和赔偿的现行公约以及其他一些国际实践表明，当在其管辖范围内或控制下的活动造成了跨界损害时，国家是不可能置身事外的；但是，也不是一定能要使国家成为首要的责任方。在国际“条约”（民事责任公约）的实践中，通常会要求国家必须确保外国的受害者能享有有非歧视的诉诸司法的权利，要求这些法院必须具备有效救济能力以便为所造成的损害提供赔偿，还要求经营者或其他私人主体必须承担损害的责任。总之，国家承担着多项旨在为受害者提供足够的、及时的救济及赔偿的义务。如果国家缔约方没有履行谨慎行事的义务，那么根据国际法，它们就必须承担责任，还必须面对违反国际义务所带来的后果。

有些时候，国家会做得更多，当有责任的私人主体或其保险无法全部支付赔偿的总额时，国家会投入公共资金，或者支付额外赔偿金,① 它其实就是基于实际义务而变相支付。这类国家行为可以看做它们享有领土主权之特权所应付出的代价，也是排除他国干预其内政的一个筹码。②“科孚海峡案”判决书中的意见：不得利用或准许利用一国的领土去损害他国的权利，可以在这里适用。

第54条　赔偿责任

1. 国家缔约各方应采取必要的措施以便使那些受到严重跨界损害的受害人得到及时和适当的赔偿，如果该损害是由该国领土范围内或在该国管辖及控制范围内的有害活动所造成的。

2. 这些措施包括但不限于：

(a) 根据无过错责任原则，将赔偿责任施加于活动的经营者，或适当的其他个人或实体。

(b) 该赔偿责任的任何条件、限制或例外，必须符合能够为受害者提供及时和充分的赔偿这一基本原则，并应符合在跨界损害发生时，国家保持及保护环境的责任，特别是必须减轻对环境的损害，以及修复和复原环境。

确保及时和适当的赔偿是一个谨慎行事义务；遵守第九部分规定的各种措施以便实现这一目标应当是一个最低要求的谨慎行事门槛。考虑到其他因素，国际法委员会重新对“谨慎行事”作出了一个定义：

> “在预防义务中，谨慎行事的主要内容可以如此表述：一个良好政府所应达到的谨慎程度。它应当拥有一套法律制度及足够资源去维持一个适当的管理机构以便管理并监测这类活动。但是，一个经济发达、人力及物质资源丰富、拥有完善管理制度及组织的国家府所应达到的谨慎程度，与那些条件不够好的国家相比，应当是大不相同的。即使在条件不够好的国家中，还是应当保持谨慎，利用基础设施，监测其境内的有危险

① 例如，在核工业和石油工业中。

② 正如仲裁员胡伯在“帕尔马斯岛案”中的裁决所述。

的活动，这应当所有政府的自然属性。”

“所需谨慎的程度是与有关的危险程度成比例的。损害程度本身应该是可以预测的，各国必须知道或应该已经知道特定活动有造成重大损害的风险。不可接受的损害程度越高，预防这种损害所需的谨慎义务就会更大。”①

除了向相关私人主体施加赔偿责任，国家的谨慎行事义务还可以通过其他手段来实现，例如，要求经营者或其他个人及单位建立并维护财务安全，或者建立国家层次上的行业基金，在必要时还可以去争取其他资金。② 诉诸这些措施可以被当成一国在履行其基本义务时所表现出的谨慎行事。

造成环境损害的根源有可能是源起国内的任何活动，这类活动也会、或者可能会造成重大的跨界环境损害。这类活动可以分为两类：在其正常运行中造成了损害的第一类活动（有害活动，参见本盟约第58条），以及由于内在风险容易引发事故而可能造成损害的第二类活动（有危险的活动）。③ 第二类活动在正常运行中一般不会造成重大的环境损害，它们应当受到两种不同的法律框架的管控：一种涉及违法国家义务而导致的“责任”；另一种是经营者或其他适当的私人主体（如船舶或其他物品的所有者、运送者、进口商、出口商、处置者等）的“赔偿责任”，当其活动所引发的事故造成了实际的损害时。

① 文件 A/CN. 4. L. 554/附加1第44页。

② 参见国际法委员会《2004年条款》第3段原则4，第4段和第5段。

③ 似乎还存在着第三类活动，即被禁止的活动。有害活动并不一定会被禁止：如果要禁止，就有必要针对其制定一个国际法案。条约明示禁止在大气中进行核试验，后来在其他介质中也一样禁止。（被禁止的）活动本身就会导致过错责任，即使没有造成任何物质或精神的损害。采矿活动在南极是被禁止的，因此一旦采取了采矿行动，就会引发责任。另外，在任何损害发生以前，可以采取一种程序上的行动（如反制措施）。从其他方面来看，被禁止的有害活动与未被禁止的有害活动两者之间几乎没有区别。

第55条　应对措施

当某个有害活动所致事故发生、而这个事故导致了或可能导致跨界环境损害时，事故源起国应在经营者的适当参与下，确保采取适当的应对措施。已经受到影响或可能受到影响的国家应当采取一切可行的办法来减轻并尽可能清除该损害所造成的影响。

应对措施的成本被看做必须赔偿的损害的一部分。根据国际法委员会的评注意见，它们是“新兴的观念”。① 应对措施指的是那些旨在“评估、修复或恢复受损害或受破坏的环境要素；如果上述目标已没有可能实现，则也可在适当情况下，将这些要素的相等物引入到环境之中”等合理的措施。②

“合理的”措辞意味着，这些措施的花费与它们取得的效果应当是成比例的。③ “近期的条约实践倾向于认可这类措施的重要意义，但是还是交由国内法去明确到底谁有资格采取这类措施。这类措施包括任何人（包含公共机关）在跨界损害一旦发生后采取的所有合理措施，其目的是为了预防、最小化或者减缓可能的损失和损害以及为环境清理做准备。”④

也许采取这类措施的具体时间点不是“在跨界损害一旦发生

---

① 参见国际法委员会《2006年年鉴》，第130页。

② 参见国际法委员会《2006年年鉴》，第131页。应对措施可能具有一个双重特性：“修复”可以被理解为是一种形式的恢复原状（它可能就等同于恢复），在其他情况下它指的是同等物赔偿。如果被损坏或被破坏的自然资源要素是完全可代替的，例如，如果一个湖泊中特定的鱼类被捕杀，而死鱼又被同等数量的相同鱼类所代替，则这种做法就非常接近恢复原状；如果被引入到这一湖泊中的鱼类与原来的并不是同一种类，但是它们也能实现类似的功能，那么这种做法就相当于是同等物赔偿。“同等物”并不只是专指金钱，虽然赔偿金可以支付所有人采取的应对措施的花费。

③ 参见“波多黎各联邦诉Zoe Colocotroni案”：“可收回成本指的是……为了将受影响地区的环境恢复或重建到它曾经的状态（或者尽可能地恢复原状）所产生的花费，花费不得过度地不成比例。”628 F. 2第652页（1st Cir. 1980年）。

④ Doc. A/CN. 4. L. 554/Add. 1, p. 33.

后"，而是"在（导致那种损害的）事故发生后"，因为，通常的情况是：事故发生在源起国，在事故的影响抵达受影响国的领土之前，一些旨在"预防、最小化或减缓可能的损失和损害"的措施就已经被采取了。①

第56条　国际及国内救济

1. 缔约各方应授予它们国内的司法和行政机关必需的管辖权和权限，使这些机关在跨界损害发生后可以提供及时、充足和有效的救济，如果该损害是由该国领土范围内或在该国管辖及控制范围内的有害活动所造成的。

2. 缔约各方应当为解决国际索赔问题的诉求提供快捷及最经济的程序。

环境协定中的一些条款和本条都映射出许多人权方面的内容，要求在依法设立的独立和公正的机构履行法定程序（《世界人权宣言》第8条和第10条；《公民权利和政治权利国际公约》第2条第3.2款和第14条；《欧洲人权公约》第6条和第13条；《美洲人权公约》第8条和第25条；《非洲人权宪章》第3条和第7条）。《在环境领域获得信息、公众参与决策和诉诸法律的奥胡斯公约》第9条（关于诉诸法律的权利）规定，各缔约国应当针对所有驳回索取信息之请求的决定提供司法复审，并应针对政府行政许可的所有作为及不作为提供救济，还应针对"私人或公共机构违反涉及国内环境法之规定的作为及不作为"提供救济。质疑许可程序或结果的诉讼资格仅限于那些具有充分利益或某项权利受损的公

---

① 这类措施也被称为事后预防措施。许多涉及责任和赔偿的公约针对源起国国家义务（有时还包括受影响国国家义务）作出了规定，引导它们在某一事故发生后应该如何做才能尽可能地缓和后续的损害。那些措施的目的是为了预防事故的后果达到其完全的效果，也被称为"事后预防措施"，即事故发生后所采取的预防措施。例如，《关于危害环境的活动造成损害的民事责任的卢加诺公约》在其第2条第9段指出："预防措施"指的是"所有人在某一事故发生后所采取的所有合理措施，其目的是为了预防或最下化损失和损害"（强调）。同类的许多其他公约也有类似的段落。

众；但是，公约规定，环境非政府组织“理应被认为”具有充分利益（以获取诉讼资格）。质疑违反环境法之行为的诉讼资格是向公众开放的，也包括那些“符合国家法律可能规定的标准”的非政府组织”［第9条第3款］。

《关于危险和有毒物质的海洋运输所致损害的责任及赔偿的国际公约》（伦敦，1996年5月3日）与《油污染损害责任公约》相类似。它确保那些受到损害的人可能获得一个救济，它规定了强制性保险，并规定了责任及赔偿金的限度。

1997年9月12日，《1963年5月21日〈维也纳核责任公约〉和1960年7月29日〈巴黎核能第三方责任公约〉联合议定书》得以修正，它作出了最新的规定，即对那些受到核事故损害的人群，核设施的所有者和经营者负有民事责任并必须提供救济。

《关于保护黑海不受污染的公约》（布加勒斯特，1992年4月21日）① 有一个关于救济的规定。它的第16条明确指出，每个缔约方都应采用规则及法规来管理自然人或法人造成损害所导致的责任；当对黑海海洋环境的污染造成了损害时，必须根据它们的法律制度确保诉求权，以便获得及时和足够的赔偿或其他救济（第14条）。

《关于对环境构成威胁的活动导致的损害之民事义务的卢加诺公约》（卢加诺，1993年6月26日）。② 这一公约的核心是针对环境损害的救济。环保组织被授予了宽泛的诉讼资格，以便它们能针对某个存在重大环境损害危险的非法活动申请禁令，或者申请针对经营者的命令以预防或减缓损害。原告应当在知道（或应当知道）损害的发生和经营者身份之日起的3年之内提起损害赔偿诉讼，在任何情况下都必须是在造成损害之事故的发生日的30年之内。遭受损害之地点、进行危险活动之地点以及被告的惯常居所地都享有司法管辖权。第3章包含了第13～16条，关注的是信息获取的问题。公共机关在收到请求后应当为任何人提供信息获取的渠道，申

① 32 I. L. M. 1101（1993）。

② EMuT，993：19。

请人无须证明其利益关联性。它还规定了一些例外情况，并规定必须在两个月之内作出答复。当有人认为他索取信息的请求遭到一个公共机关的无理拒绝、忽视或不充分的答复时，有权根据相关的法律制度来寻求针对该决定的司法或行政复审。缔约各方应当这些信息的提供规定一个合理的成本（第14条）。第15条和第16条规定“公共机关控制下的、对环境负有公共责任的机构”也必须向公众提供相关信息；在特定情况下，对环境构成威胁的活动经营者也应如此。在后一种情形下，遭受到损害的个人可以在任何时候申请法院命令经营者提供详细的信息，只要它是基于本公约的赔偿诉讼所必需的（第16条）。

在有关人权的文件中，《非洲人权和民族权宪章》（班珠尔，1991年6月26日）第7条规定“每个人都有权公开表达他的诉求”。在美洲的人权制度中，获取司法救济的权利在国家层面被认为是一种基本的权利保证。① 《美洲人权公约》第25条规定“每个人都有权获取简易和及时的诉求，或其他有效的诉求，针对那些损害他的基本权利（指的是当事国宪法或法律认可的以及本公约规定的权利）的行为，申请一个胜任的法院或法庭为其提供保护。② 这就意味着每个人都应当有权诉诸司法以维护其生命权、身心健康权及享有安全环境的权利，特别是一国宪法明示要保护这些权利的时候。③ 在涉及祖传土地的诉求问题时，土著人和当地社区应当有权诉诸司法以确保获得有效的司法保护。④

---

① 《厄瓜多尔报告》，前注，第93页。

② 《美洲人权公约》，前注，第25条。

③ 《厄瓜多尔报告》，前注，第93页。

④ 参见“Sawhoyamaxa印第安社区诉巴拉圭政府”案（在该案中，印地安社区根据有关土著人权利保护的国际人权公约，要求巴拉圭政府归还已为德国投资者所有的原属于印地安社区的土地，巴拉圭政府以其与德国的双边投资条约中保护投资的条约义务进行抗辩，美洲人权法院没有支持巴托圭政府的抗辩理由）；“Awas Tingni诉尼加拉瓜政府案”；“Yakye Axa土著人社区诉巴拉圭政府案”，2005年美洲人权法院（丛书.C）第125号（2005年6月17日）。

第2款　参考了《国际法委员会关于由危险活动造成跨界损害事件中损失之分担的原则草案》原则6第4点；同时参见国际法委员评论第10段（第176～178页），它举例说明了总额协定和赔偿委员会在此领域的重要意义。

第57条　非　歧　视

跨界损害的受害者都有权获得与损害发生国的同一事故的受害者同等及时、充足和有效的救济。

本条借鉴了一些国际文件中的相关规定，即获取救济的权利可以延伸至一国的公民以外。① 国际协定中可能会规定这样一类义务，即必须给予一个可能或实际受到损害的个人诉诸所有行政或司法程序的权利，这种权利必须与当事国本国公民或居民的权利相等。国家救济的平等获取权已经被认为是实施污染者付费原则的一种手段。

第58条　有害活动

源起国应当关停那些在正常运行中造成重大跨界损害的活动，并尽可能地对活动过程中所造成的损害进行完全的修复。

根据第58条，在正常运行中也会造成重大跨界损害的活动应当停止运行。国际法委员会在讨论赔偿责任问题时，把这类活动排除在外；② 但是对于有害活动，本盟约规定源起国有义务去通知受影响国，并与之磋商及最后商定一个体制以管理此类活动或完全停

---

①《经济合作与发展组织关于涉及境外污染之平等获取权的建议》，1976年5月11日，C（76）55（最终版）；1991年《关于跨国界环境影响评价的埃斯波公约》；1992年《工业事故跨界影响赫尔辛基公约》；1997年《联合国国际水道非航行利用法公约》。

② 当国际法委员会决定把这些活动排除在主题之外时，它的文字表述是这样的，“当前阶段的重点应当是起草针对那些有风险造成跨界损害的活动的条款，在当前阶段，委员会不应该涉及其他实际造成损害的活动……这些条款应当首先关注预防性措施以应对那些有可能造成跨界损害的活动……”《1992年年鉴》，第2册第2部分第346段。

止这类活动。争端解决机制（本盟约第 69 条）可以用来解决缔约各方在涉及活动的性质等问题上的不同意见（例如，所涉活动到底是一个有害活动还是一个危险活动），或者各方在这一领域中的各种不同意见。另外，如果有关国家（指受影响的国家）同意，那么在一国管辖范围内进行这一活动的不法性就会被排除。还存在另一种可能性：世界环境与发展委员会专家组指出，如果规划了某个“造成了实质性损害，但是损害要远低于旨在预防或减少这一损害的全部技术、社会经济成本或者利益损耗”的活动，那么源起国必须“就进行这一活动所必需的、公平的技术及资金条件与受影响国进行协商”。①

危险活动和有害活动都会导致源起国的预防义务，例如，通知、信息以及与受影响国的磋商，因为规划中的活动会造成或者可能会造成跨界环境损害。上文引自布伦特兰专家组的内容有可能可充当缔约各方和仲裁者的指导方针；应当引起关注的是，有些形式的环境损害可能会超出双边（直接受影响的两国）范畴。②

针对那些现有的而又无法从当代生活中根除的有害活动，例如，房屋的供暖或汽车的驾驶，为了控制这类活动造成的损害（酸雨、大气污染等），责任似乎并不是最适当的手段。它们所需要的应当是集体行动和监测这类措施，只有这样才能使它们的有害影响被减少到最新技术所能做到的最低限度，同时还要考虑到经济可行性。

根据国际法委员会于 2001 年编纂的一般国际法，当出现了违反国际义务的持续行为时，必须令其中止；这里的持续的行为指的是造成跨界环境损害的持续行为。

不过，似乎应该警惕的是：一个行为并不是一个活动。虽然某

---

① 环境保护及可持续发展（J. G. Lammers. 编辑，伦敦，多德雷赫特，波士顿，1986 年）第 85 页（第 12 条）。

② 有些形式的环境损害可能不会被国际社会接受，即使某一特定国家基于自己认为适当的理由而决定允许它们发生在其领土之上及其管辖或控制范围之内。

一活动的有些行为可能是有害的，但是一旦去除这些有害行为或者用其他无害行为代替它们，这一活动就可以发生改变并除掉它的有害性。因此，如果通过补救措施改良了某一活动的流程或机制，而结束了跨界环境损害，这一活动就应当被允许继续进行。但是，如果造成损害的持续行为无法从这一活动中分离出来，则这一活动就应当被终止。

第59条　违　　法

缔约各方应把违反环境法的行为定性为相应的刑事犯罪和行政违法，特别是针对那些造成了环境损害的故意或过失行为以及未经批准的有害活动。

必然地，应当由缔约各方来制定必需的立法及管理文件以处罚未经批准的有害行为和活动。

第60条　免除行为不法性的情况

1. 违反本盟约中义务的行为在下列情况下可以免除行为的不法性：同意、正当防卫、针对某国际不法行为的合法对抗措施、不可抗力、危难及紧急避险。免除行为不法性的情况的适用不应妨碍：

(a) 遵守该项义务，如果导致免除行为不法性的情况不再存在；

(b) 赔偿该行为所造成的物质损失。

2. 如果不存在免除行为不法性的情况，而受害国所遭受的损害有一部分是因为本身的过失，那么，救济或赔偿的程度应根据该国家缔约方过失所造成的损害而予以克减。

第60条区分了责任豁免的两种不同成因：一种是因为行为的违法性得到了排除所以无责；另一种是因为损害是全部或部分地由受害国的过失而造成的。

第1款　重申了一项既定规则，即某些特定情况可能会排除非法性。换句话说，通过某一种特定情况的介入，不当行为就成为了合法行为；根据国际法委员会《2001年条款》，特定情况包括有关国家的同意、正当防卫、针对某一国际不当行为的对抗措施、不可抗力、危难及紧急避险。如果某个国家缔约方不能履行本盟约中的某项义务，包括预防跨界环境损害的义务，那么，因为某一免除非法性的特定情况把这一行为的性质从不当转变为合法，所以行为国就无须承担责任。基于同样的原因，（a）项和（b）项与国际法委员会《2001 年条款》第 27 条的规定是一样的。**第 2 款**重申了一项规则，即在存在共同过失的情况下，也就是说如果受害国本身没有遵守谨慎行事的义务时，合理赔偿的数量应当被减少。

第 61 条　赔偿责任的例外

如果损害是在下列情况下发生的，则无须承担责任：

（a）由符合武装冲突规则和本盟约第 36 条之规定的敌对行动所造成的损害，但并不适用于由于违反禁止使用武力之规定而应承担的责任；

（b）直接原因是一个反常的、不可避免的自然现象；或

（c）损害是由受影响国方或第三方的行为或过失造成的。

第 61 条重申了那些在国际法中被广泛认可的免责事由（武装冲突、不可抗力、第三方介入），在大量环保公约中也存在着一些先例。① 本条有一点是与这些先例不同的，它给武装冲突导致的免责附加了一项要求，即必须履行本盟约第 36 条（军事和敌对活动），也就是说，那些违反第 36 规定而造成环境损害的行为就必须承担义务和责任。

第 62 条　管辖法院和准据法

1. 针对经营者民事责任之损害赔偿的诉讼只能在特定缔约国的法院提起，即受影响国、源起国或者被告拥有住所或惯常居所或有主要业务的国家。

---

① 参见 1963 年《维也纳核责任公约》第 4 条，1969 年《国际油污损害民事责任公约》第 3 条，1977 年《海床义务公约》，以及 1993 年《关于危害环境的活动造成损害的民事责任的卢加诺公约》。

2. 管辖法院应在实体法和程序法方面适用其内国法律，本盟约并不涉及这方面内容。

在提供给受害方何种司法管辖上，现有公约的选择是各不相同的。① 原告应当被允许在各管辖法院中进行选择，这取决于哪一个管辖法院的优点最为重要：（1）在源起国的法院，受害方可能更容易获取关于原始事故的证据；（2）在受害国的法院，可能更容易收集损害的证据，受害方也可能更熟悉相关程序，如果他们确实在那里常住的话。原告可能会发现，如果无须在远离居住地的地方来进行诉讼（考虑到这种诉讼的成本和不确定性），则对他来说就容易得多。第三种可能性是在原告的惯常居所地或者业务的主要发

① 《巴黎核责任公约》（第 13 条）和《维也纳核责任公约》（第 11 条）将选择的范围仅限于核设施所在国的管辖法院。1999 年《1989 年〈巴塞尔公约〉关于危险废物越境转移及其处置所致损害之责任及赔偿的议定书》第 17 条规定了管辖权的三个基础：（1）遭受损害地；（2）事故发生地；（3）被告的惯常居所地或业务主要发生地。这一议定书同时还要求各个缔约方必须确保它的法院拥有足够的能力以处理相关的赔偿诉求。《关于危害环境的活动造成损害的民事责任的卢加诺公约》第 19 条所规定的基础基本上是与《巴塞尔议定书》一致的，只是它的第三个基础仅限于被告的“惯常居所地”。《关于危险物品在公路、铁路和内陆航运的运输过程中造成的损害之民事义务的公约》第 19 条针对管辖权规定了四个基础：（1）遭受损害地；（2）事故发生地；（3）旨在预防或最小化损害的预防措施的实施地（本盟约第 55 条中的“应对措施”）；（4）承运者的惯常居所地。《关于外国航空器对地面第三方造成的损害的公约》第 20 条规定只有损害发生地所在国的法院才有管辖权，另有约定的除外。1976 年《关于海底矿物资源的勘探及开发而造成的油污损害的民事责任公约》第 11 条指出，管辖法院指的是（1）事故导致的损害的实际发生地所在国法院；（2）控制国的法院，公约第 1 条第 4 段对“控制国”的定义是对海底及其底土矿物资源的勘探及开发（勘探及开发的范围是在勘探设施所在区域之内或上方）行使主权管辖的国家，根据这一表述，“控制国”指的是进行污染活动的设施的所在地国家，这一规定似乎也符合本盟约中所说的“源起国”。

生地，这也是基于以上提及的相同原因。① 允许原告选择管辖权也就意味着允许他可以选择适用的法律：这两种选择权都有助于抵消在他国进行诉讼的不利条件。

① 在另一方面，似乎没有必要允许第四种选择，即应对措施实施地所在国的法院，因为所有事实都表明，在绝大多数情况下，实施措施都是在源起国或者受害国中实施的，所以不值得去考虑由第三国来开展实施措施这一微小的可能性。

第十部分　适用和遵约

这一部分的目的是确保本盟约能得到有效的实施，并将其置于更宽广的国际背景中。针对第一个目的，本盟约规定了报告制度、遵约以及争端解决机制。关于遵约机制的规定是特别具有创新性的。这一部分针对的是本盟约如何适应关于环境与发展的现行国际法框架的问题。通过直接或间接借鉴其他条约，本盟约表现出了其综合性、非排他性以及它的立法和框架特性。

第 63 条　其 他 条 约

鼓励缔约各方加入那些旨在达成本盟约目标的国际条约。

第 63 条认识到环境及其相关法律规范的动态性特征。本盟约草案针对的是已经被许多国际条约所规制的事项。这类条约无疑将在以后的数十年继续增加。本盟约草案并不是要去代替这些条约，而是要建立一个最低要求标准的整体法律框架以支撑现有的法律。因此，第 63 条鼓励缔约各方遵守其他相关条约。采用“致力于”这一术语是为了要求缔约各方作出善意的努力以遵守这些条约并继续留在这些条约之中。

当现有条约与本盟约的内容不完全相符时，就可能导致复杂情况的出现。如果先前条约的所有缔约方也都是本盟约的缔约方，根据 1969 年《维也纳条约法公约》第 59 条的规定，本盟约应当被看做一个后续条约，如果先前条约与本盟约不相符合，先前条约应当被中止或终止。① 为减少可能发生的冲突，针对先前条约中的条款，应当基于它们的目标及目的，对其进行广义的解读，以便使它们能尽可能地与本盟约中的义务保持一致。在起草将来的条约时，

① 根据 1969 年《维也纳条约法公约》第 41 条的规定，也可以把本盟约看成是旨在修订某个先前的双边协定的一个协定。

其严格程度至少要达到本盟约中规定的义务。① 参见本盟约第64条（更严格的措施）。

第63条还暗含了实施其他条约的义务，这也是“有约必守”这一国际法基本原则的一个具体适用。②

第64条　更严格的措施

1. 本盟约的规定不得影响缔约各方单独或集体采取及实施比本盟约的规定更加严格的措施。

2. 本盟约的规定不得妨碍缔约方在已加入的条约中承担更严格的义务，也不得妨碍缔约方在将来可能加入的条约中承担更严格的义务。

第64条与上一个条款密切相关，它反映出这样一种可能性，即在本盟约所规制的事项上，各国将会继续制定自身的和国际的环境标准。**第1款**规定了一个总体前提，即这类行动可以比本盟约的要求更加严格，而**第2款**则明确指出，其他条约规定的更严格的义务，无论是过去的还是将来的，都不得受到本盟约中任何规定的妨碍。

本盟约草案的目的其实是建立一套最低要求义务标准，在此基础上缔约各方可以在国内及国际层面上制定更为严格的规定。特别是，本盟约草案认识到世界范围内环境与发展的条件是千差万别的，在很多情况下，这些差异就需要更详细、更严格的义务，而当前文件所能规定的义务还是不够的。有必要根据具体的生态系统、污染威胁或社会经济因素来制定地方或区域性具体法规，而这类不

---

① 参见1992年《生物多样性公约》第22条；1982年《联合国海洋法公约》第237条。同时参见《联合国防治荒漠化公约》第8条，它要求在不同公约下所开展的活动之间必须进行协调。

② 参见1995年《关于执行〈联合国海洋法公约〉有关养护和管理跨界鱼类种群和高度洄游鱼类种群规定的协定》第34条：“国家缔约方应善意履行本协定规定的义务，并以一种不会构成权利滥用的方式来行使本协定认可的权利。”

同标准可能就是由这一必要性所导致的。① 由此，根据本盟约草案，更高的标准是可以容许的，而更低的标准则是不被容许的。

任何此类更高的标准都必须是基于善意的环保目的。正如本盟约第 34 条第 1 款（贸易与环境）的规定，这些规定不得是变相的贸易壁垒措施。②

第 65 条　国家管辖范围以外区域

在国家管辖范围以外区域，缔约各方应尽全力履行本盟约的条款。缔约各方应加强合作，确保这些地区在最大程度上受到起环境保护法律制度的保护。

第 65 条使本盟约明示的基本原则真正产生了效力，即各国都必须保护及保存国家管辖范围以外区域的环境［本盟约第 13 条第 1 款（国家）］,③ 以及全球环境是人类共同关切事项（本盟约第 3 条）。它是对本盟约第七部分的条款（跨界问题）的补充。国家管辖范围以外区域，也被当做是全球共同关切事项，包括了公海、深海海床以及外层空间。

国际法的许多规定已经为这些地区提供了保护。其中最综合的一项是关于海洋环境的，编纂于 1982 年《联合国海洋法公约》的第 7 部分（第 2 章节）和第 12 部分。在这一公约被通过之前，有

---

① 区域性法规有可能比一个国际公约的规定更严格，1972 年《防止倾倒废物及其他物质污染海洋的伦敦公约》第 8 条，1982 年《联合国海洋法公约》第 197 条以及 1989 年《巴塞尔公约》第 11 条具体体现了这一点。1973 年《野生动植物濒危物种国际贸易公约》第 14 条明确允许各个国家采取更严格的措施。

② 参见 2009 年《关于欧盟运作的里斯本条约》第 193 条，它允许各个成员国采取比条约相关规定更严格的保护措施，只要同时遵守了条约的其他规定。同时参见 1973 年《野生动植物濒危物种国际贸易公约》第 14 条第 1 款。

③ 同时参见 1972 年《斯德哥尔摩宣言》原则 21；《赫尔辛基最终法案》(1975 年)（关于环境的第 2 条）；1982 年《世界自然宪章》原则 3、原则 21 第 4 点和原则 21 第 5 点；以及 1992 年《里约宣言》原则 2。

几项国际协定已经在管理海洋资源的捕获问题①以及公海的污染问题②。管理外层空间的规范还不够具体，虽然已经存在了风险预防制度的某些要素。③

这里的“应尽全力”明确表明，根据一般国家法，缔约各方有权管辖其国家活动并应当对其承担责任，同时还包括了其公民④以及以其为船旗国的船舶的活动。⑤

第66条　与非缔约方的关系

缔约各方应鼓励非缔约方采取符合本盟约目标的行为方式。

第66条是基于这样一个观点，即条约制定中的互惠原则这一传统观念对实现可持续发展来说是不适合的。本盟约草案所规定的义务是反映了全球环境问题动态的、不能分割的及相互依赖的特性。国际社会作为一个整体都将会从本盟约草案的实施中受益，而不仅限于其缔约方。

---

① 例如，1946年《捕鲸公约》，1966年《大西洋金枪鱼公约》。同时参见1993年《联合国粮食与农业组织公海捕鱼协定》（1993年）。参见“白令海海豹仲裁案”；“渔业管辖权案”。

② 针对污染的不同来源，存在着各种国际规则和标准：例如，针对废物倾倒：《防止倾倒废物及其他物质污染海洋的伦敦公约》和1990年《保护东北大西洋海洋环境公约》；针对船舶造成的污染：1973年《防止船舶造成污染国际公约》及其1978年《伦敦议定书》，1974年《国际海上人命安全公约》；针对油污染：1969年《国际干预公海油污事故公约》，1971年/1992年《国际油污损害民事责任公约》以及1992年/2003年《基金公约》；针对核试验的放射性污染：1963年《禁止核试验条约》（参见核试验案）。

③ 参见1967年《关于各国探索和利用包括月球和其他天体在内外层空间活动的原则条约》第9条；1972年《空间物体责任公约》第2条；1975年《空间物体登记公约》第6条；1979年《月球协定》第7条。

④ 但是这只适用于特定情况，特别是在涉及刑法时。

⑤ 参见1992年《生物多样性公约》第4条第2款。同时值得注意的是，本盟约第36条第5款（军事和敌对活动）规定，所有的军事个人、航空器、船舶和设施也必须遵守环境保护的规则。

根据1969年《维也纳条约法公约》第34条的规定，① 本盟约第66条并不打算向第三国施加义务，除非本盟约的内容涉及对国际习惯法的宣示；第三国可以自由表明它们同意遵守本盟约草案规定的义务，而无须成为缔约方。本盟约草案也不会将缔约方享受的特殊利益给予非缔约方，除非这些非缔约方是某一缔约方在其履行盟约规定之义务的过程中获取的利益。例如，一缔约方并未被要求必须向非缔约方提供额外的开发援助，但是如果该缔约方决定提供这样的援助，那么它就必须先要进行一个环境影响评价［本盟约第52条（国际资金）］。同时，本盟约草案试图建立一套缔约各方通用的最低要求义务标准。由此，这一规定就可以用来预防非缔约方利用缔约方对盟约的遵守而获取任何重大的竞争优势。②

第67条　报　　告

缔约各方应向联合国秘书长定期提交报告，报告内容包括它们在履行本盟约规定义务的过程中所采取的措施、取得的进展以及遇到的困难。

第67条要求缔约各方就其实施本盟约的实践定期提交国家报告。这是为了帮助各个缔约方明确在那些领域还需要采取更多的措施，并估量各个缔约方对盟约的履行情况，它与本盟约［第68条（遵约与争端避免）］制订的不遵约程序密切相关。本条规定的一

---

① 值得注意的是，本盟约并不想成为这一规则的一个例外，1945年《联合国宪章》第2条第6款也规定了这一规则。

② 参见1973年《野生动植物濒危物种国际贸易公约》第10条，1989年《巴塞尔公约》第7条，以及1987年《蒙特利尔议定书》第4条。1995年《关于执行〈联合国海洋法公约〉有关养护和管理跨界鱼类种群和高度洄游鱼类种群规定的协定》第17条的规定则又进了一步。它规定，一个分区域或区域渔业管理组织的非成员国或非参与方，它不会同意遵守这类组织制定的保护及管理措施或安排，但是，它们并未被免除根据公约及协定进行合作的义务，这里的合作指的是相关跨界鱼种及高洄游鱼种的保护及管理。这类国家不允许那些使用其国旗的船舶从事针对跨界鱼种或高洄游鱼种的捕鱼作业，因为这类鱼种是处于此类组织制定的保护及管理措施或安排的保护之下。

个辅助性目标是把信息交换的义务加入到合作之中，它对有效的环境保护至关重要。① 它也将会帮助缔约各方决定它们资金的国际输送［本盟约第52条（国际资金）］。基于这些原因，国家报告已经成为当代国际环境协定的一个标准特征。②

本条对提交这些报告的时间间隔并未作出明确的规定，而是交由保管人与其他各方协商决定。它应当符合评估会议（本盟约第78条）所作出的决定。报告的内容可以依据各方根据本盟约第40条（行动计划）的要求所制订的行动计划，也可以依据其他环境条约所要求提交的报告。报告应当包括所有被采取措施的内容或摘要，包含国际协定、立法、法规、法令、规划、行动计划以及其他各方认为相关的措施。报告还应当包含一个针对上述措施之效果的评估。“取得的进展以及遇到的困难”包括了实际情况［如环境的状况，特别是在实施本盟约第44条（环境质量监测）之时环境的状况，以及针对所采取法律措施之功效的分析］。考虑到各方能力的差异性，缔约各方应当尽可能地就共同的办法及格式达成一致意见，同时也要允许各有不同。这一点允许可以在评估会议（本盟约第70条）期间加以讨论。

第68条　遵约与争端避免

在其作为缔约国（或类似地位）的环境条约的框架内，本盟约的缔约各方应维护、加强和促进程序和机制（包括询问及事实调查）的建立，以帮助和鼓励各国完全履行自己的义务并避免环境争端。该类程序和机制应促进和加强报告制度的要求，并尽吸收

① 同时参见本盟约第49条（信息和知识）。第78条第2.1款（管理）要求管理者必须传播这些报告，最好是传播到所有各方，实际上，第78条第2.2款所说的报告是基于国家报告之上的。

② 参见1979年《长程越界空气污染公约》第8条；1985年《关于臭氧层的维也纳公约》第5条；1987年《蒙特利尔议定书》第7条；1991年《〈南极条约〉之关于环境保护的马德里议定书》第17条；1972年《世界遗产公约》第29条；1992年《生物多样性公约》第26条，1992年《气候变化公约》第12条，1994年《多瑙河公约》第9条。

社会公众的意见。

第 68 条鼓励缔约各方根据它们的环境条约义务之框架来设计遵约与争端避免的机制。“环境条约”包括了涉及环境及发展问题的所有义务，也包含了本盟约草案。

第一个要件“遵约”，指的是旨在加强遵守的机制，而不是仅限于传统的争端解决机制。① 这是基于这样一个观点，即条约关系中传统的互惠观念不足以实现本盟约的目标。另外，国际法中的非互利领域，如人权和南极的保护，也长期采用了旨在加强条约义务之实施及预防争端的遵约机制。② 这些机制就使得无须再求助于那些明示的争端解决制度或一般国际法所提供的救济。③ 本盟约试图促进这一趋势，重申了《21 世纪议程》的要求。④

第二个要件“争端避免”，与遵约机制的利用密切相关，它代表了国际法的新发展，虽然国际法领域已经存在着一些争端避免机制。⑤ 这一义务的实现并不需要修正现有的条约，因为本条中规定的措施大部分都是非正式的，它们都可以被整合到那些文件的制度框架中。

就第一个要件而言，遵约机制可以在监督可持续发展目标的实

---

① 例如 1987 年《蒙特利尔议定书》；1992 年《气候变化公约》；根据 1979 年《长程越界空气污染公约》及其议定书而建立的实施委员会；以及 2002 年联合国环境规划署《关于多边环境协定之遵守及实施的准则》。

② 例如，1991 年《〈南极条约〉之关于环境保护的马德里议定书》（第 14 条）规定，必须建立一个检查程序以确定哪些国家提交了报告，并把这当成是确保遵守的一个附加的办法。

③ 参见 1969 年《维也纳条约法公约》第 60 条。

④ 参见第 39. 8-39. 10 段。

⑤ 参见 1995 年《关于执行〈联合国海洋法公约〉有关养护和管理跨界鱼类种群和高度洄游鱼类种群规定的协定》第 28 条（“各国应当加强合作以便预防争端：为达到此目标，各国应当针对有效和快捷的分区域及区域渔业管理组织的决策程序及安排达成一致意见，并应加强现有的决策程序。”）；1997 年《联合国水道公约》第 17 条规定“各国应当进行协商，在必要时还应谈判以便实现潜在争端的一个公平解决。谈判应当基于这样一个基础，即每个国家都应当善意地充分考虑到他国的权利及正当利益”。

现上发挥作用，同时还可以避免争端。一种非对抗的机制或“建设性对话”① 可以用来评估缔约各方为实施环境条约所采取措施的妥善性，还可以提供建议性措施以便进一步改进，特别是在措施的不足是由国家能力的缺失所导致时。这一措施特别适用于当代国际环境法的背景之下，当代国际环境法依赖于共同但有区别的责任原则，其义务经常是相互促进或相互关联的。② 鉴于这样的义务，有时候可能很难判断某一行为是否履行了义务。遵约机制可以对表现进行评估，还可以在国家间的争端出现以前用一种非对抗的方式提供建议。

总体来说，为了实现这一义务，并不需要对现有的环境条约进行修正，因为绝大多数环境条约的缔约方大会一般都有足够宽泛的职权来适应这一要求。事实上，为了保护臭氧层而建立的国际制度可以被当做是这一领域的一个模板，即使 1997 年《蒙特利尔议定书》本身并未建立一个遵约机制。③

遵约机制与有关信息交换及传播的规定紧密相连。④ 这些规定的重点被放在国家针对为实施条约义务而采取的措施所做的报告，而在本盟约则是在第 67 条（报告）对其作出了规定。就这一点而

---

① 例如，联合国人权委员会的评估程序。

② 1992 年《生物多样性公约》和 1992 年《气候变化公约》。

③ 对这一机制的唯一一次提及出现于 1987 年《蒙特利尔议定书》第 8 条，它指出：

“缔约各方在它们的第一次会议中，就应当考虑并批准相关的程序及制度机制，以便对未遵守本议定书之规定的行为作出判断，并对付那些被发现未遵守本议定书的缔约方。”

这一机制在缔约方的一个决议（联合国环境规划署/Ozl. Pro. 4? 15，1993 年 11 月 25 日）中得以建立。《蒙特利尔议定书》所建立的遵约机制可以由一方针对另一方而启动，也可以由相关条约的秘书处启动，还可以由某一方本身来启动。

④ 参见 1993 年《世界粮农组织公海渔业协定》第 6 条，它具体明确了哪些信息必须被交换。同时参见本盟约第 18 条（紧急事件）、第 37 条（跨界环境影响）、第 39 条（跨界自然资源）、第 44 条（环境质量监测）以及第 49 条（信息和知识）。

言，非政府组织就可以经常获取重要的环境信息；可预见的是，当遵约机制的作用进一步演进时，非政府组织也可以参与其中。

本条概述了遵约机制的三个必备特征：简单、透明及非对抗。1997 年《蒙特利尔议定书》在建立这一制度时也是着眼于这几点。《蒙特利尔议定书》中的一个积极性因素是，该如何对付违约的决定权交给了一个主要机构（缔约方会议）。

很明显，如果想要发挥更大的作用，则遵约机制就必须与其他条约组织进行合作，例如，它的秘书处和财政机制，以及相关的国际组织。遵约机制一旦被激活，可以采取的具体行动会根据所涉特定问题的情况而有所不同，它还必须在每个环境条约的框架之下进行设计。就本盟约草案而言，问题可以提交给评估会议（第 70 条）予以处理。

第二个要素——争端避免的理论根据是这样的一个共识，即在所有违反国际义务的案例中，有些种类的环境损害是不可能用金钱来计算的，想要完全恢复原状也是不可能的。① 于是，最好还是要预防此类损害的发生，而不是在事实发生后去寻求正式的争端解决。因此，第 68 条督促缔约各方在某一情况升级为一个正式的争端之前就采取行动。某些可行的做法可能包括提供资金、技术援助或技术转让。本盟约草案中涉及这些问题的相关条款应当继续用于应对违约。为了明确在何种情况下就必须采取此类活动，应当制定定期信息交换的机制及程序。② 与相关国际组织的协调与合作将会提高避免争端的能力。最后，争端也可以通过国内法院解决，国内法院所作出的决定也可在其他各方的管辖范围内得到强制执行。③

机构的安排可以有助于争端的避免。1991 年《欧洲经济共同

---

① 参见“邱作工厂案”（管辖权）。同时参见“邱作工厂案”（赔偿）。

② 参见 1991 年《美国—加拿大空气质量协定》第 7 条以及 1992 年《21 世纪议程》第 39.10 段所规定的事先通告及协商。还应当采取环境影响评价（参见本盟约第 42 条）及缓和由获批活动造成的环境损害的措施（参见 1991 年《美国—加拿大空气质量协定》第 5 条）。

③ 参见 1969 年《国际油污损害民事责任公约》；1990 年《加拿大—美国渔业实施协定》。

体关于跨界环境影响评价的公约》建立了一个调查委员会，当各方针对某一重大环境损害是否会发生无法达成一致意见时，任何一方都可以要求成立这样的调查委员会。① 把欧洲委员会当做一个解决争端的平台、而避免提交到欧洲法院，这种做法被证明是积极有效的。其他文件框架下建立的涉及遵约程序的实施委员会也可以在这个领域发挥作用，② 根据某些环境条约建立的技术机构也可以发挥作用。③ 与此相类似，某些条约所建立的、用于调查假定违约的核查程序，无论是通过一个秘书处④还是通过专业安排，⑤ 都会有助于那些旨在预防问题升级为一个正式争端的协商。最后，在某些特定案例中，也可以请求国家法院宣布不具约束力的咨询意见，作为对各国的指导。⑥

第69条 争端解决

1. 缔约各方在本盟约的解释或适用方面发生争端时，应采取和平的方式解决，包括协商、询问、调解、调停、仲裁和司法解决，并在可行时诉诸地区组织或区域安排，或者采用缔约各方选择的其他和平方式。

2. 在争端一方告知另一方争端存在的事实后，如果双方无法在一年以内达成协定，应争端一方的请求，争端应提交给一个仲裁

① 第3条第7款和附件4。

② 例如，根据1987年《蒙特利尔议定书》建立的委员会；1991年《关于环境保护的马德里议定书》第10条和第11条；1985年《〈长程越界空气污染公约〉减少硫磺排放的赫尔辛基议定书》第9条；1991年《美国—加拿大空气质量协定》第8条。

③ 参见1992年《生物多样性公约》第25条，它建立了一个科学、技术和工艺咨询事务附属机构。

④ 例如，1991年《禁止向非洲进口危险废物并在非洲内管理和控制危险废物越境转移的巴马科公约》第19条之规定。

⑤ 例如，1993年《禁止化学武器公约》之《核查附件》所作出的规定。

⑥ 参见1945年《联合国宪章》第96条和1945年《国际法院规约》第4章，它们规定了法院在何种情况下享有此类管辖权及其应遵守的程序。

机构（包括常设仲裁法庭）或司法解决（包括国际法院和国际海洋法法庭）。

第69条建立了一个并非详尽无遗的平台清单，缔约各方可以通过这些平台来寻求和平解决涉及本盟约的解释及应用的争端。① 与第68条相比，适用本条的前提是存在着一个正式的争端。它允许争端各方灵活地探寻和平的争端解决方式。本盟约草案中的灵活性是为了鼓励争端的解决。鉴于本盟约草案的非互利特性，缔约各方最好是通过这些机制来寻求救济，而不是行使一般国际法规定的任何权利来否定这一条约。②

第1款　与其他全球环境条约的表述非常接近。③ 它的创新之处在于提出了一个建议，即应当利用区域机构的调停或安排，特别是那些根据区域环境条约所建立的机构，因为当争端方都来自同一区域时，它们有能力达成一个令人满意的解决方案。如果想要快速有效地解决环境争端，缔约各方在诉诸司法解决之前，则应当探索采用“替代的”争端解决机制。

当争端所涉问题受到了另一个环境条约的规制时，如果启动了该环境条约的争端解决机制，本盟约规定的义务就会被免除。但是，只有本盟约所依据的原则可以被整合入那个争端解决机制的框架的情况下，才能求助于这一机制。

在满足三个条件的情况下，本条规定才适用。第一，存在着一个争端。争端这一概念应当从广义上去解读，必须符合国际法院的法官意见，即争端是“双方针对法律或事实的不同意见、双方法律观点或利益上的冲突”。④ 第二，争端发生在缔约各方之间，涉

---

① 这一点符合1945年《联合国宪章》第2条第3款所规定的义务，这也是宣示性传统国际法。

② 参见1969年《维也纳条约法公约》第60条关于实质违约的规定。

③ 参见1989年《巴塞尔公约》第20条；1992年《气候变化公约》第14条；1980年《南极海洋生物资源公约》第25条。

④ 参见“西南非洲（初步反对）案”；“马弗若麦蒂斯巴勒斯坦特许（管辖权）案”；“喀麦隆案”、“和平条约案”；“核试验案”；“总部案”。

及的可能是另一方（或依据本盟约所创立的任何机构）的某个行为。① 本条规定不适用于非缔约方之间或涉及非缔约方主体的争端，除非受到缔约方的同意。② 第三，至少在诉诸仲裁或司法解决的情况下，争端必须是那种相关各国都具备诉讼资格的争端，即相关各国在所涉问题上存在着一个法律利益。国际法的一般原则可以在诉讼资格的问题上提供帮助。国际法委员会采用了一种广义的视角来对待这一问题，它指出，某个多边条约的受害国指的是其权利受到某个国际不法行为损害的国家，"……如果那一条约明确规定了这一权利以保护所有缔约国的集体利益"。③ 因为环境是"人类共同关切事项"（本盟约第 3 条），所以所有缔约方在环境保护上都存在着一个共同利益。

第 2 款 的目的是确保争端的解决方式至少能满足争端方中某一方的需求。它规定，如果解决争端的努力一年以后还是以失败告终，任何一方都可以把争端提交给仲裁或者司法解决。它的目的是促使一个公正机构作出一个具有约束力的裁定。因为本盟约草案并不是要修正现有的环境条约，它赋予缔约各方自由决定解决争端的平台形式。缔约各方有进行善意合作的义务，一旦其他缔约方收到了这一意图的通知，它们就必须针对可接受的平台进行谈判。本条规定中所列举的机制只是一个举例说明，缔约各方可以自由设计其他的具有约束力的安排，包括求助于国家司法机构。所有争端方都必须把这类机构的裁决视为是有约束力的。

第 70 条　评估会议

本盟约生效后，联合国秘书长应每隔五年召开一次缔约方大会以评估其履约情况。联合国、其专门机构和国际原子能机构，任何非缔约方的国家及区域经济一体化组织可以以观察员的身份列席评估大会。世界自然保护联盟和国际科学理事会也可以以观察员的身

① 参见"国际民航组织理事会案"。
② 参见"马弗若麦蒂斯巴勒斯坦特许（管辖权）案"（希腊诉英国）。
③ 国际法委员会《条款》第 42 条（国家义务）。

份列席大会。联合国经济及社会理事会认可的、能胜任本盟约所涉事务的非政府组织，在符合评估大会有关程序规定的前提下，可以以观察员的身份列席评估大会的某个分会。

第70条规定了一个框架，通过定期会议的方式，缔约各方可以对本盟约草案的实施情况进行评估。讨论实施之具体情况的会议是有用的，因为本盟约草案规定的义务中有大量义务是结果义务，并未明确具体的方式。另外，国际社会或全球环境的不可预测之变化也使得有必要对本盟约草案进行调整。本盟约草案涉及的很多问题也是许多其他的国际文件所规制的，这些国际文件在实施中取得的重大进展也应当在本盟约的框架下予以考虑。最后，评估会议的目的是促使在所有需要缔约方相互合作的问题上都可以进行具体的多边讨论。

本条的文字表述特意忽略了评估会议的作用，而是交由缔约各方自己来决定这一作用以使它能够符合自身的需要。一个评估会议有可能作出决定去启动本盟约第71条（修正）所规定的正式修正程序。在其他情况下，也可以讨论一些不太正式的修正。评估会议也可能会针对某套规定通过一致解释。这对于本盟约草案是至关重要的，因为本盟约草案将会有一个长期的演进过程。最后，评估会议也可以针对已建立之遵约机制所作出的建议进行跟进或采取行动（参见本盟约第68条）。

通过在评估会议上获取的经验，缔约各方可能会认为有必要建立一个更详细的国际制度安排以便支持本盟约的实施。《禁止为军事或其他敌对目的利用改变环境的技术的公约》第8条规定，必须召开一个初始会议，如果各方同意也可能在将来再召开会议，则可以被看做是适用于本盟约的一个模板。鉴于本盟约所规制问题的重要性，也可对这一模式进行更改，定期召开评估会议，5年的时间间隔可以在保持连续性的同时而不显得频仍。

第66条针对那些以观察员身份列席评估会议的机构作出了规定。本条遵照了现有全球环境条约类似条款的文字表述，① 它分为

① 参见1992年《气候变化公约》第7条第6款。

四个方面：

第一，明文规定非缔约方的区域经济一体化组织可以以观察员身份列席评估会议。某个想成为缔约方的区域经济一体化组织有可能无法在第一次（甚至后续的）评估会议召开之时完成所有的必需程序。① 没有任何政策理由去把这类组织与那些尚未成为缔约方的国家进行有区别的对待。

第二，自动授权世界自然保护联盟和国际科学理事会可以以观察员身份列席评估会议：这反映了世界自然保护联盟与本盟约发展之间的紧密关系，同时承认世界自然保护联盟和国际科学理事会都有潜力为本盟约的实施作出贡献，这是基于它们广泛的专业知识及技术。

第三，在适用通用的标准（即非政府组织观察员必须可以胜任本盟约所涉事务）之外，这类非政府组织还必须是经过联合国经济及社会理事会认可的。联合国经济及社会理事会的观察员名单是很长的，但是它还是有限制，它可以把有权列席评估会议的非政府组织的数量控制在一个容易管理的数量上。

第四，许多先例明确指出，“除非有超过 1/3 的出席缔约方表示反对”，非政府组织就有权列席。这一点交由评估会议的议事规则来处理。缔约各方可以自由决定如何就议事规则达成意见，但是习惯的做法是，议事规则应当以协商一致的方式予以通过。②

---

① 例如，欧盟在 1989 年《巴塞尔公约》第一次缔约方会议时就发生了这一情况。

② 例如，1992 年《生物多样性公约》第 23 条和 1989 年《巴塞尔公约》第 15 条。

第十一部分 最后条款

因为本盟约草案的目标是成为一项具有约束力的全球条约，它必须包含一套技术规则，以便管理诸如成为缔约方、生效、修正等方面的事项。第十一部分确定了这些规则，绝大部分的标准条款都是基于国际环境法的既定先例。

第71条 修 正

1. 任何缔约方都可对本盟约提出修正案。修正案文本应提交给联合国秘书长，联合国秘书长应在6个月以内将其传达到所有缔约方。

2. 经1/3缔约方要求，联合国秘书长应当召集一个特别会议以讨论修正案。缔约各方应尽力以协商一致方式就本盟约的所有修正案达成协议。如果尽了一切努力仍无法以协商一致方式达成协议，则修正案最后应以出席并参加表决有关文书的缔约方2/3多数票通过；通过的修正案应由联合国秘书长送交所有缔约方批准、接受或核准。本条中所提到的出席及表决，指的是出席了特别会议并投了赞成票或者反对票的缔约方。

3. 关于修正案的批准、接受或核准书必须交存联合国秘书长。在联合国秘书长收到超过2/3缔约方的批准、接受或核准书后第90天，修正案即在接受修正案的缔约方之间生效。其后，任何其他缔约方向联合国秘书长交存其对修正案的批准、接受或核准书第90天之后，修正案即对它生效。

本条与其他先例唯一的一个不同点在于它的第2款的规定，即经1/3的缔约方要求，就必须召集一个特别会议以商讨盟约的修改。这一点与其他条约有关修正问题的一般规定有所不同，一般规定要求修正应当“在缔约方大会的一次会议中”进行。① 对举办一个特别会议作出明确规定是因为现在的盟约规定5年才开一次评估会议（本盟约第70条），而以前的先例一般都规定应定期召开缔约方会议，通常是每年一次。② 修正的通过程序是一个与其他环境条约相吻合的标准程序。1969年《维也纳条约法公约》的规定适用于某些国家不遵守一个已经生效的修正的情况，③ 同时也适用于在某个修正生效后加入本盟约这种情况。④

第72条　签　　署

1. 从________到________，本盟约应在________对所有国家或区域经济一体化组织开放签署。

2. 本盟约中的区域经济一体化组织是指由某一区域的一些主权国家组成的组织，其成员国已将处理本盟约范围内的事务的权力付托它并已按照其内部程序获得正式授权，可以签署、批准、接受、核准或加入本盟约。

第1款　并未具体指出本盟约开放签署的时间跨度，也未具体规定是否应该在一个以上的地点进行签署，因为这些都是应该由谈判各国去决定的政治问题。根据其他环境条约的习惯做法，签署并不是一个同意接受约束的表示。⑤ 在签署之后，在批准、接受或核准之前，各国和区域经济一体化组织被要求不得采取那些可能会破

---

① 例如，1992年《气候变化公约》第15条；1992年《生物多样性公约》第29条；1989年《巴塞尔公约》第17条以及1985年《保护臭氧层维也纳公约》第9条。

② 例如，1992年《气候变化公约》第15条；1992年《生物多样性公约》第29条；1989年《巴塞尔公约》第17条以及1985年《保护臭氧层维也纳公约》第9条；1982年《联合国海洋法公约》第313条。

③ 参见1969年《维也纳条约法公约》第40条第4款。

④ 参见1969年《维也纳条约法公约》第40条第5款。

⑤ 1969年《维也纳条约法公约》第12条规定了签署产生约束力的具体条件。

坏本盟约的目标及目的行动。①

第2款　对"区域经济一体化组织"的定义效仿了其他环境条约中的文字表述。② 这一定义的核心短语是"成员国将权力付托给它"。这就把一个区域经济一体化组织与其他国际组织区分开来。当前最显著的一个例证是欧盟。

第73条　批准、接受或核准

1. 本盟约应须由各国和区域经济一体化组织批准、接受或核准。批准、接受或核准书必须交存联合国秘书长保管。

2. 成为本盟约缔约方的区域经济一体化组织而该组织没有任何成员国是本盟约的缔约方，则该组织应受到本盟约规定的一切义务的约束。如果在某个区域经济一体化组织中，一个或多个成员国同时也是本盟约的缔约方，那么该组织和其成员国应就履行本盟约义务的各自责任作出决定。在此种情况下，该组织和其成员国不得同时行使本盟约所规定的权利。

3. 在其关于批准、接受或核准书中，区域经济一体化组织应声明其对本盟约所涉事项的权限。这些组织也应将其权限的任何有关变化通知盟约保管者。

环境条约的习惯做法③是要求各方通过批准、接受或核准来作出一个同意接受约束的表示（**第1款**）。④ 当前环境条约的这类条款通常都会明确规定条约义务是如何约束区域经济一体化组织及其成员国的。例如，这类条款已经让欧洲共同体成为了大量环境条约的缔约方。**第2款**的规定明确指出，就区域经济一体化组织及其成员国的关系而言，两者都应当遵守每一项义务，如果某一方已经履行了某项特定义务，那么另一方则无须再去履行该项义务。**第3款**

---

① 参见1969年《维也纳条约法公约》第18条。

② 例如，1985年《保护臭氧层维也纳公约》第1条第6款。

③ 《巴塞尔公约》第22条；《保护臭氧层维也纳公约》第13条；1992年《生物多样性公约》第34条以及1992年《气候变化公约》第22条。

④ 1969年《维也纳条约法公约》第14条对此作出了规定。

要求区域经济一体化组织必须在批准之时，而不像某些条约所规定的签署之时，① 宣布其对本盟约草案所涉事项的权限范围。

第74条　加　　入

1. 本盟约对所有国家和区域经济一体化组织开放加入。加入书应交存联合国秘书长。

2. 区域经济一体化组织应在其加入书中声明其对本盟约所涉事项的权限。这些组织也应将其权限的任何有关变化通知联合国秘书长。

有关加入的规定②是必需的，因为当前盟约决定为签署规定一个有限的时间段。这里的文字表述与已有的先例很接近。③

第75条　生　　效

1. 本盟约应于第21份批准、接受、核准或加入书交存之日以后第90天生效。

2. 对于在第21份批准、接受、核准或加入书交存后批准、接受、核准本公约或加入本盟约的国家（或区域经济一体化组织），本盟约应于该国（或区域经济一体化组织）的批准、接受、核准或加入书交存之日以后第90天生效。

3. 为以上第1款的目的，区域经济一体化组织交存的任何文书不得在该组织成员国所交存文书以外另行计算。

在条约启动生效所需缔约方数量这一问题上，本条遵循了已有先例的做法。已有先例在这个问题上的做法也是大不相同的：1982年《联合国海洋法公约》规定的数字是60个，④ 1985年《保护臭

---

① 例如，1982年《联合国海洋法公约》附件9第2条。

② 这是被1969年《维也纳条约法公约》第15条允许的。

③ 例如，1992年《气候变化公约》第22条；1985年《保护臭氧层维也纳公约》第14条；1989年《巴塞尔公约》第23条以及1992年《生物多样性公约》第35条。

④ 第308条第1款。

氧层维也纳公约》规定的数字是20个,① 1989年《巴塞尔公约》规定的数字是20个,② 1992年《气候变化公约》规定的数字是50个,③ 1992年《生物多样性公约》规定的数字是30个,④ 1987年《蒙特利尔议定书》规定的数字是11个（特定资格的限制)。⑤ 本条规定选择的数字是21，这是为了能够使盟约早日生效，同时，也要确保盟约是在足够多的国家加入之后才开始运作的。通常来说，区域经济一体化组织交存的任何文书不得在该组织成员国所交存文书以外另行计算。

第76条　保　留

不得对本盟约作出任何保留。

根据1969年《维也纳条约法公约》第19条，一国可以提出保留，除非"条约本身禁止保留"。环境协定通常都排除了条约保留。⑥ 在一些情况下，缔约方可以针对附件中的技术细节注册例外。⑦ 本盟约草案中的义务构成了一个统一的和平衡的整体，它的极端重要性就决定了对任何条款的保留都将会减损本盟约的目标及目的。

第77条　退　出

1. 任何缔约方于本盟约对其生效之日起2年之后的任何时间向联合国秘书长提出书面通知，可退出本盟约。

---

① 第17条第1款。

② 第25条第1款。

③ 第23条第1款。

④ 第36条第1款。

⑤ 第16条第1款。

⑥ 参见1992年《气候变化公约》第24条；1985年《保护臭氧层维也纳公约》第18条；1987年《蒙特利尔议定书》第18条；1989年《巴塞尔公约》第26条第1款。

⑦ 例如，1973年《野生动植物濒危物种国际贸易公约》第23条规定的具体濒危物种清单。

2. 这种退出应在联合国秘书长接到退出通知之日起 1 年后生效，或在退出通知是指明的一个较后日期生效。

在此问题上，本规定遵循了标准格式。与已有先例唯一不同之处在于，必须在充当缔约方一定的时段后，才可以获许退出本盟约。① 即使退出导致了缔约方的数量少于 21 个，本盟约也不会终止。②

第 78 条　盟约保管者

1. 联合国秘书长是本盟约的保管者。

2. 作为保管者，联合国秘书长应当：

(a) 为第 67 条所规定的定期报告的提交、评估和散发制定一个日程表；

(b) 就涉及本盟约实施方面的全局性问题向所有缔约方（包括相关国际组织）提交报告；

(c) 根据本盟约第 70 条的规定召集评估会议。

保管者的指定一般是在谈判过程中决定的。**第 1 款**的表述就使得谈判各国遵循了许多全球环境条约的做法，即指定联合国秘书长或某一国家为条约的保管者。③《维也纳条约法公约》针对保管者的规定在这里适用。④ **第 2 款**规定了秘书长的其他三项职能。⑤ 第

① 例如，1992 年《生物多样性公约》第 38 条规定的是 2 年；1992 年《气候变化公约》第 25 条规定的是 3 年；1989 年《巴塞尔公约》第 27 条规定的是 3 年；1985 年《保护臭氧层维也纳公约》第 19 条规定的是 4 年；《长程越界空气污染公约》（1979 年）及其议定书规定的是 5 年。有些环境条约并未对退出条约所需的合格时段作出规定，例如，1982 年《联合国海洋法公约》第 317 条以及 1973 年《野生动植物濒危物种国际贸易公约》第 24 条。

② 参见 1969 年《维也纳条约法公约》第 55 条。

③ 参见 1992 年《气候变化公约》第 19 条；1992 年《生物多样性公约》第 41 条；1989 年《巴塞尔公约》第 28 条；1982 年《联合国海洋法公约》第 319 条；1985 年《保护臭氧层维也纳公约》第 20 条。

④ 1969 年《维也纳条约法公约》第 77 条第 1 款。

⑤ 1969 年《维也纳条约法公约》第 77 条第 1 款允许向保管者授予为其量身定做的功能。

一项职能是落实本盟约第 67 条（报告）的规定，即缔约各方应当提交关于盟约草案实施情况的定期报告。应当在与缔约各方进行充分协商后制定一个报告提交的日程表。可能有必要给予发展中国家一定的灵活性，因为它们可能没有能力准备频繁的报告。由保管者自由决定报告的传播，最好的结果是报告能得到最大范围的传播。第二项职能源自于针对定期报告的考量的规定。它要求保管者必须整理出那些在盟约实施过程中出现的带有共性的普遍问题。这些是涉及大量缔约方的问题或问题模式。这些报告应当发至所有缔约方以及胜任的国际组织，把它们传播到其他各方也是不受禁止的。胜任的国际组织可以包括其他的联合国机构，例如，可持续发展委员会，也包括区域或双边环境机构以及其他国际环境条约的秘书处。这些报告的内容可以构成一个评估会议（参见本盟约第 70 条）的日程的基础，缔约各方也可以在这些会议上自由提出秘书长并未提及的那些问题。缔约各方也有权采用非正式的方式或者通过任何已建立的履行机制来解决任何困难［参见本盟约第 69 条（争端的解决)］。本条明示的第三项职能是召集本盟约设计的缔约方会议，即评估会议（本盟约第 70 条）以及讨论修正的会议（本盟约第 71 条)。

第 79 条　作准文本

本盟约的阿拉伯文、中文、英文、法文、俄文和西班牙文本均为作准文本。

为此，下列签名代表，经正式授权，在本盟约上签字，以昭信守。

在一般情况下，全球环境协定都是以联合国的六种官方语言的形式获得通过的。指定联合国秘书长担任盟约的保管者符合《联合国宪章》的规定。①

① 1945 年《联合国宪章》第 102 条。

国际法律文件列表*

《莱茵河流域大马哈鱼业管理条约》，1885 年 6 月 30 日(重印于 EmuT 885：48)[《莱茵河渔业公约》(1885 年)]

《可用于农业的鸟类保护公约》，巴黎，1902 年 3 月 19 日(30 Martens(2d)686；102 BFSP 969)(重印于 EmuT 902：22)[《巴黎鸟类公约》(1902 年)]

《美国和英国关于美国—加拿大边界水条约》，华盛顿，1909 年 1 月 11 日(4 AJIL(Suppl.)239)[《边界水条约》(1909 年)]

《禁止在战争中使用窒息性、毒性或其他气体和细菌作战方法的日内瓦议定书》，1925 年 6 月 17 日(UKTS 27(1930)，Cmnd 5280；重印于 EmuT 925：45)[《日内瓦气体议定书》(1925 年)]

《保护自然环境中动植物公约》，伦敦，1933 年 11 月 8 日(UKTS 27(1930)，Cmnd 5280；重印于 EmuT 933：83)[《动植物保护公约》(1933 年)]

《西半球自然保护及野生动物保护公约》(华盛顿)，1940 年 10

* 本评注中用所使用的简写术语，都在本列表中用方括号有所体现。EMuT，是指《国际环境法——多边条约集》(International Environmental Law—Multilateral Treaties)，由环境法国际理事会出版。

月12日(161 UNTS 193；重印于EmuT 940：76)[《西半球公约》(1940年)]

《联合国宪章》，旧金山，1945年(1 UNTS 16；重印于EmuT 945：47)[《联合国宪章》(1945年)]

《国际法院规约》，旧金山，1945年6月26日(UKTS 67(1946)，Cmnd 7015；USTS 993)

《捕鲸管理国际公约》，华盛顿，1946年12月2日，(161 UNTS 72；重印于EmuT 946：89)[《捕鲸公约》(1946年)]

《关税及贸易总协定》，1947年(55 UNTS 187；重印于EmuT 947：82)[《关贸总协定》(1947年)]

《鸟类保护国际公约》，巴黎，1950年10月18日(638 UNTS 186；重印于EmuT 950：77)[《鸟类公约》(1950年)]

《保护人权与基本自由公约》，罗马，1950年11月4日(213 UNTS 221；重印于EmuT 950：82)[《欧洲人权公约》(1950年)]；以及《第一议定书》，巴黎，1954年5月18日

《国际防止海上油污公约》，伦敦，1954年5月12日，(327 UNTS 3；重印于EmuT 954：36)[《油污公约》(1954年)]

《武装冲突情况下保护文化财产公约》，1954年5月14日(249 UNTS 240)[《海牙文化财产公约》(1954年)]

《北太平洋海豹保护临时公约》，华盛顿，1957年2月9日，(314 UNTS 105；重印于EmuT 957：11)(在后续的多个议定书中得以修订，包括15 UST 316，TIAS 5558；20 UST 2292，IAS 6774；

27 UST 3371，TIAS 8368；32 UST 5881，TIAS 10020)[《北太平洋海豹公约》(1957 年)]

《建立欧洲经济共同体条约》，罗马，1957 年 3 月 25 日(298 UNTS 11)(EmuT 957：23)[《欧共体条约》(1957 年)]；修订于《单一欧洲法案》，卢森堡，1986 年 2 月 17 日，海牙，1986 年 2 月 28 日(UKTS 31(1989)，Cmnd 9758)(EmuT 986：16)；以及《欧洲联盟条约》(《马斯特里赫特条约》)，马斯特里赫特，1992 年 2 月 7 日(官方公报第 C191 号，29. 07. 1992；重印于 EmuT 992：11)

《公海公约》，日内瓦，1958 年 4 月 29 日(450 UNTS 82；重印于 EmuT 958：33)[《公海公约》(1958 年)]

《南极条约》，华盛顿，1959 年 12 月 1 日(402 UNTS 71)[《南极条约》(1959 年)]；《关于环境保护的议定书》，马德里，1991 年 10 月 4 日(重印于 30 ILM 1461(1991)和 EmuT 959：91)[《马德里议定书》(1991 年)]；《〈南极条约〉之 1991 年〈关于环境保护的马德里议定书〉附件 6——环境紧急事件导致的责任》，斯德哥尔摩，2005 年 6 月 14 日(重印于 EmuT 991：74/A)

《印度河水条约》，卡拉奇，1960 年 9 月 19 日(1962 UNTS 126；重印于 EmuT 960：69)

《核能第三方责任公约》，巴黎，1960 年 7 月 29 日(956 UNTS 251)(修订于 1964 年议定书(UNTS 69(1968)，Cmnd 3755)；1982 年议定书(UKTS 6(1989)，Cmnd 659 and EMuT 960：57)[《巴黎核能责任公约》(1960 年)]；《关于修订 1963 年 1 月 31 日〈核能第三方责任公约〉补充公约的议定书》(经由《1964 年 1 月 28 日补充议定书》和《1982 年 11 月 16 日议定书》修订)，巴黎，2004 年 2 月 12 日(EmuT 并未重印)

《核动力船舶经营人责任公约》，布鲁塞尔，1962 年 5 月 25 日(国际原子能组织法律文件第 4 号(1966 年)以及 EMuT 962：40)

《关于核能第三方责任公约的布鲁塞尔补充公约》，布鲁塞尔，1963 年 1 月 31 日(1041 UNTS 358)；经由《1964 年议定书》修订(UKTS 44(1975)，Cmnd. 5948 以及 EMuT 963：10)[《布鲁塞尔核能补充公约》(1963 年)]

《核损害民事责任维也纳公约》，1963 年 5 月 21 日(1063 UNTS 265 以及 EMuT 963：40)[《维也纳核责任公约》(1963 年)]

《禁止在大气层、外层空间和水下进行核武器试验条约》，莫斯科，1963 年 8 月 5 日(480 UNTS 43 以及 EMuT 963：59)[《禁止核试验条约》(1963 年)]

《关于边界水资源利用的协定》，1964 年 7 月 17 日(552 UNTS 188)

《关于尼日尔河委员会以及尼日河河航行和交通的协定》，尼亚美，1964 年 11 月 25 日(587 UNTS 19 以及 EMuT 964：87)[《尼日尔河协定》(1964 年)]

《养护大西洋金枪鱼国际公约》，里约热内卢，1966 年 5 月 14 日(673 UNTS 63 以及 EMuT 966：38)[《大西洋金枪鱼公约》(1966 年)]

《公民权利和政治权利国际公约》(1966 年)，联合国大会第 2200 号决议(21)(附件)，1966 年 12 月 16 日(999 UNTS 171 以及 EMuT 966：93)[《公民权利和政治权利公约》(1966 年)]

《经济、社会和文化权利国际盟约》(1966 年)，联合国大会第

2200 号决议(21)(附件)，1966 年 12 月 16 日(993 UNTS 3 以及 EMuT 966：94)[《经济、社会和文化权利盟约》(1966 年)]

《关于各国探索和利用包括月球和其他天体在内外层空间活动的原则条约》，1967 年 1 月 27 日(610 UNTS 205；重印于 EMuT 967：07)[《外层空间条约》(1967 年)]

《养护自然和自然资源非洲公约》，阿尔及尔，1968 年 9 月 15 日(1001 UNTS 4；重印于 EMuT 968：68)[《非洲公约》(1968 年)]

《在洗涤及清洁产品中限制使用特定清洁剂的欧洲协定》，斯特拉斯堡，1968 年 9 月 16 日(788 UNTS 181；重印于 EMuT 968：69)[《欧洲清洁剂协定》(1968 年)]；修订后的议定书，斯特拉斯堡，1983 年 10 月 25 日(重印于 EMuT 968：69/A；UKTS 75 (1984)，Cmnd 9369)

《关于民事和商业事项判决的司法管辖和执行的公约》，布鲁塞尔，1968 年 9 月 27 日(官方公报第 L 304/77 号，1978；UKTS 10 (1988)，Cmnd 306；重印于 EmuT 968：75)

《维也纳条约法公约》维也纳，1969 年 5 月 23 日(1155 UNTS 331；重印于 EMuT 969：39)

《美洲人权公约》，圣何塞，1969 年 11 月 22 日(重印于 9 ILM 673673)[《美洲人权公约》(1969 年)]；以及《经济、社会及文化权利领域的补充议定书》，萨尔瓦多，1988 年 11 月 17 日(OASTS 69；重印于 28ILM 156(1989))

《国际油污损害民事责任公约》，布鲁塞尔，1969 年 11 月 29 日(973 UNTS 3；重印于 EMuT 969：88 和 969：88/A-C)[《油污民事责任公约》(1969 年)]；以及《议定书》，伦敦，1976 年 11 月 19

日(UKTS 26(1981))；以及《议定书》，伦敦，1992 年 11 月 27 日(国际海事组织文件 LEG/CONF. 9/15，1992 年 12 月 2 日)

《国际干预公海油污事故公约》，布鲁塞尔，1969 年 11 月 29 日(973 UNTS 3；重印于 EMuT 969：89)[《干预公约》(1969 年)]；以及《议定书》，伦敦，1973 年 11 月 2 日(UKTS 27(1983)，Cmnd 8924；重印于 EmuT 973：83)

《关于特别是作为水禽栖息地的国际重要湿地公约》，拉姆萨，1971 年 2 月 2 日(996 UNTS 245；重印于 EMuT 971：09 和 971：09/A)[《拉姆萨公约》(1971 年)]；1982 年 12 月 3 日于巴黎修订(Misc 1(1984)Cmnd 9113；重印于 22 ILM 698(1983))

《关于建立国际油污损害赔偿基金的公约》，布鲁塞尔，1971 年 12 月 18 日(1110 UNTS 58)；以及《1976 年议定书》、《1984 年 5 月 25 日《伦敦议定书》》(国际海事组织文件 LEG/CONF. 6/67)以及《1992 年 11 月 27 日议定书》(国际海事组织文件 LEG/CONF. 9/16)；重印于 EMuT 971：94 and 971：94/A-C[《基金公约》(1971 年)]；《〈关于建立国际油污染损害赔偿基金的公约〉之 2003 年议定书》，2003 年 5 月 16 日(并未重印于 EmuT)

《防止船舶和飞机倾倒引起的海洋污染公约》，奥斯陆，1972 年 2 月 15 日(UK Misc. No. 21(1972)，Cmnd. 4984)；修订于《1983 年议定书》(UKTS 59(1989))以及对其附件 1 和附件 2 的修订(1985 年)；(重印于 EMuT 972：12 和 972：12/A，B)[《奥斯陆海洋污染公约》(1972 年)]

《空间物体造成损害的国际责任公约》，日内瓦，1972 年 3 月 29 日(961 UNTS 187；重印于 EMuT 972：24)[《空间物体责任公约》(1972 年)]

《禁止开发、生产及储存生物武器公约》，伦敦/莫斯科/华盛顿，1972 年 4 月 10 日（1015 UNTS 163；重印于 EmuT 972：28）[《禁止生物武器公约》(1972 年)]

《保护世界文化和自然遗产公约》(1972 年)，巴黎，1972 年 11 月 16 日（1037 UNTS 151；重印于 EMuT 972：86）[《世界遗产公约》(1972 年)]

《防止倾倒废弃物及其他物质污染海洋公约》，伦敦，1972 年 12 月 19 日（1046 UNTS 120；重印于 EMuT 972：96）[《伦敦公约》(1972 年)]

《濒危野生动植物种国际贸易公约》，华盛顿，1973 年 3 月 3 日（993 UNTS 243；重印于 EMuT 973：18）[《华盛顿公约》(1973 年)]

《防止船舶污染国际公约》，伦敦，1973 年 11 月 2 日（联合国法律文件 ST/LEG/SER. B/18，461；政府间海事协定组织 74. 01；修订于《1978 年 2 月 17 日伦敦议定书》(重印于 17 ILM 546(1978) 和 EMuT 973：84 以及 973：84/A）[《防止船舶污染国际公约》(1973 年)]；以及《1973 年〈防止船舶污染国际公约〉之 1978 年《议定书》附件之修正案》(修订了第 13G 条规定，新增了第 13H 条规定，并对公约附件 1 的国际防止油污染证书的补充规定进行了相应修订，2003 年 12 月 4 日（并未重印于 EMuT）

《保护北极熊协定》，奥斯陆，1973 年 11 月 15 日（27 UST 3918；重印于 13 ILM 13(1974) 和 EMuT 973：85）[《北极熊协定》(1973 年)]

《北欧环境保护公约》，斯德哥尔摩，1974 年 2 月 19 日（1092 UNTS 279；重印于 EMuT 974：14））[《北欧公约》(1974 年)]

《保护波罗的海海洋环境公约》，赫尔辛基，1974 年 3 月 22 日(重印于 13 ILM 546(1974)和 EMuT 974：23)[《波罗的海公约》(1974 年)]

《防止陆源污染物污染海洋公约》，巴黎，1974 年 6 月 4 日(UKTS 64(1978)，Cmnd. 7251；重印于 EMuT 974：43)[《巴黎海洋污染公约》(1974 年)]

《国际海上人命安全公约》，伦敦，1974 年 11 月 1 日(1184 UNTS 3；重印于 EMuT 974：81)[《海上人命安全公约》(1974 年)]，修订于 1998 年

《向外层空间发射之物体登记公约》(1975 年)，纽约，1975 年 1 月 14 日(1023 UNTS 15；重印于 EMuT 974：83)[《层空间物体登记公约》(1975 年)]

《保护地中海免受污染公约》，巴塞罗那，1976 年 2 月 16 日(1102 UNTS NI-16908；重印于 15 ILM 285(1976)和 EMuT 976：13，976：13/C 以及 976：13/D)[《巴塞罗那公约》(1976 年)]；《保护地中海免受陆源污染议定书》，雅典，1980 年 5 月 17 日(重印于 19 ILM 869)；以及《关于地中海特别受保护区的日内瓦议定书》，日内瓦，1982 年 4 月 3 日(联合国环境规划署文件) UNTS Reg. No. 24079

《南太平洋自然保护公约》，阿皮亚，1976 年 6 月 12 日(重印于 EMuT 976：45)[《南太平洋自然阿皮亚公约》(1976 年)]

《保护莱茵河不受化学污染协定》，波恩，1976 年 12 月 3 日(1124 UNTS 375；重印于 EMuT 976：89)[《莱茵河化学品公约》(1976 年)]

《禁止为军事或其他敌对目的使用改变环境的技术的公约》，日内瓦，1976年12月10日(1108 UNTS 151；重印于 EMuT 977：37)[《改变环境公约》)(1976年)]

《关于因勘探和开采海床矿物资源而造成油污损害的民事责任公约》，伦敦，1977年5月1日(UK Misc No 8(1977)，Cmnd 6791；重印于 EMuT 977：33)[《海床责任公约》(1977年)]

《1949年8月12日〈日内瓦公约〉之第一附加议定书(有关国际武装冲突受害者)》，1977年6月8日(国际红十字委员会，《日内瓦公约》(1949年8月12日)之附加的议定书，日内瓦，1977年；1125 UNTS 3)(重印于 EMuT 977：43)[《第一附加议定书》(1977年)]

《1949年8月12日〈日内瓦公约〉之第二附加议定书(有关非国际武装冲突的保护)》(1977年12月12日)(国际红十字委员会，《日内瓦公约》(1949年8月12日)之附加的议定书，日内瓦，1977年，第89-101页；1125 UNTS 609)(重印于 EMuT 977：44)[《第二附加议定书》(1977年)]

《关于合作防止海洋环境污染的区域公约》，科威特，1978年4月24日(1140 UNTS 133)(重印于 EMuT 978：31)[《科威特地区公约》(1978年)]

《亚马逊合作条约》，巴西利亚，1978年7月3日(重印于 17 ILM 1045(1978)和 EMuT 978：49)[《亚马逊合作条约》(1978年)]

《野生动物迁徙物种保护公约》，波恩，1979年6月23日(Cmnd 7888；重印于 19 ILM 11(1980)和 EMuT 979：55)[《迁徙物种公约》(1979年)]；以及《保护瓦登海海豹协定》，波恩，1990年

10 月 16 日(重印于 EMuT 979：55/A)；《保护欧洲蝙蝠种群协定》，伦敦，1991 年 9 月 10 日(重印于 EMuT 979：55/B)[《欧洲蝙蝠》(1991 年)]；《波罗的海、东北大西洋、爱尔兰海以及北海小型鲸类物种保护协定》，纽约，1991 年 9 月 13 日(重印于 EMuT 979：55/C/1)[《小型鲸类物种协定》(1991 年)]及其修订，埃斯比约，2003 年 8 月 22 日(重印于 EMuT 979：55/C/2)；《非洲—欧亚迁徙水鸟保护协定》，海牙，1995 年 6 月 16 日(重印于 EMuT 979：55/E)[《非洲—欧亚水鸟协定》(1995 年)]；《黑海、地中海以及毗连的大西洋区域鲸类物种保护协定》，摩纳哥，1996 年 11 月 24 日(重印于 EMuT 979：55/F)[《黑海、地中海以及毗连的大西洋区域鲸类物种保护协定》(1996 年)]；《信天翁和海燕保护协定》，堪培拉，2001 年 2 月 2 日(重印于 EMuT 979：55/I)[《信天翁和海燕保护协定》(2001 年)]；《大猩猩及其栖息地保护协定》，巴黎，2007 年 10 月 26 日(重印于 EMuT 979：55/T)

《关于保护欧洲野生动物和自然栖息地的公约》，伯尔尼，1979 年 9 月 19 日(UKTS 56(1982)，Cmnd 8738；重印于 EMuT 979：70)[《欧洲野生动物伯尔尼公约》(1979 年)]

《核物质人身保护公约》，维也纳，1979 年 10 月 26 日(重印于 EMuT 979：80)；及《核物质人身保护公约》的修订，维也纳，2005 年 7 月 8 日(重印于 EMuT 979：80/A)

《日内瓦长程跨界空气污染公约》，1979 年 11 月 13 日(联合国文件 ECE/HLM. 1/R. 1；UKTS 57(1983)，Cmnd 9034)(重印于 EMuT 979：84 和 979：84/A)[《长程跨界空气污染公约》(1979 年)]；以及《关于大气污染物在欧洲长远程转移之监测及评估项目的议定书》，日内瓦，1984 年 9 月 28 日(重印于 24 ILM 485(1985))；《关于至少减少 30% 的硫磺排放或其跨界流动的议定书》，赫尔辛基，1985 年 7 月 8 日(联合国文件 ECE/EB. AIR/12)，1994 年通过的重新协商后的议定书(重印于 EMuT 979：84/B)；

《关于控制氮氧化合物的排放或其跨界流动的议定书》，索非亚，1988 年 10 月 31 日(重印于 27 ILM 698(1988)和 EMuT 979：84/C)；《关于控制挥发性有机化合物的排放或其跨界流动的议定书》，日内瓦，1991 年 11 月 18 日(联合国欧洲经济委员会，环境公约，1992；联合国文件 ECE/EB. AIR/30)(重印于 EMuT 979：84/D)；以及 1979 年《长程跨界空气污染公约》之《关于减少酸化、富营养化和地表层臭氧的议定书》，哥德堡，1999 年 11 月 30 日(重印于 EMuT 979：84/H)

《关于各国在月球和其他天体上活动的协定》，1979 年 12 月 5 日(UN Gen Ass Resn 34/68，GAOR，34th Sess，Supp 46，p. 77；(重印于 EMuT 979：92)[《月球协定》(1979 年)]

《消除一切形式的妇女歧视公约》，纽约(1979 年)(联合国大会决议 34/180，GAOR，34th Sess，Supp 46，p. 193；UKTS 2(1989)，Cmnd 643)

《西班牙与葡萄牙关于在影响到边界附近地区核设施安全的事项中进行合作的协定》，里斯本，1980 年 3 月 31 日

《南极海洋生物资源保护公约》，堪培拉，1980 年 5 月 20 日(UKTS 48(1982)，Cmnd 8714；重印于 19 ILM 837(1980)和 EMuT 980：39)[《南极海洋生物资源公约》(1980 年)]

《禁止或限制使用某些可被认为具有过分伤害力或滥杀滥伤作用的常规武器公约》，日内瓦，1980 年 10 月 10 日(联合国文件 A/CONF. 95/15 和 Corr 1-5；UK Misc. 23(1981)，Cmnd. 8370)[《非人道武器公约》(1980 年)]

《中西非地区海洋及海岸环境的保护及开发合作公约》，阿比让，1981 年 3 月 23 日(联合国文件 UNEP/ IG. 22/7；重印于 20

ILM 746(1981)和 EMuT 981：23)[《中西非海洋环境公约》(1981年)]

《非洲人权和民族权宪章》，班珠尔，1981 年 6 月 20 日(非洲统一组织文件 CAB/ LEG/67/3/Rev 5；重印于 21 ILM 52(1982))[《非洲人权宪章》(1981 年)]；以及《〈非洲人权和民族权宪章〉之非洲妇女权利议定书》，马普托，2003 年 7 月 11 日

《应对碳水化合物污染或紧急事件中其他有害物质污染的东南太平洋区域合作协定》，利马，1981 年 11 月 12 日(ND(Looseleaf), Doc. J. 18)(EMuT 981：85)[《东南太平洋碳水化合物协定》(1981年)]

《东南太平洋海洋环境及海岸地区保护公约》，利马，1981 年 11 月 12 日(联合国文件 UNEP-CPPS/IG. 32/4)(EMuT 981：84)[《东南太平洋海洋环境公约》(1981 年)]

《关于红海及亚丁湾环境保护的区域公约》，吉达，1982 年 2 月 14 日，(9 ELP 56(1982))以及《关于开展区域合作以应对油污染及紧急事件中其他有害物质污染的议定书》(联合国环境规划署文件；9 EPL 56(1992))(重印于 EMuT 982：13 和 982：14)[《关于海洋环境的吉达公约》(1982 年)]；《关于在红海和亚丁湾保护生物多样性保护以及建立保护区网络的议定书》，吉达，2005 年 12 月 12 日(重印于 EMuT 982：13/B)

《联合国海洋法公约》，蒙特哥湾，1982 年 12 月 10 日(联合国文件 A/CONF 62/122(有勘误表)；Misc 11(1983)，Cmnd 8941)(重印于 EMuT 982：92)[《联合国海洋法公约》(1982 年)]

《在应对北海油污染及其他有害物质污染中进行合作的协定》，波恩，1983 年 9 月 13 日(UK Misc. 26(1983)，Cmnd. 9104；重印

于 EmuT 983：68)[《北海油污染协定》(1983 年)]

《大加勒比海地区海洋环境保护和发展公约》，卡塔赫纳，1983 年 3 月 24 日(UKTS 38(1988)，Cmnd. 399；重印于 22 ILM 221(1983))和(EMuT 983：23，983：24 及 983：23/B)[《大加勒比海海洋环境公约》(1983 年)]；《关于合作防范大加勒比海地区油泄漏的议定书》(UKTS 38(1988)，Cmnd. 399；重印于 22 ILM 221(1983))；以及《关于特别保护区和野生动物的议定书》，金斯敦，1990 年 1 月 18 日(重印于 EMuT 990：85)

《保护臭氧层公约》，维也纳，1985 年 3 月 22 日(联合国环境规划署文件 IG. 53/5；UKTS 1(1990)，Cmnd 910 和 EMuT 985：22，985：22/A 及 985：22/B)[《臭氧层维也纳公约》(1985 年)]；《消耗臭氧层物质议定书》，蒙特利尔，1987 年 9 月 16 日(UKTS 19(1990)，Cmnd 977)[《蒙特利尔议定书(1987 年)]，后被修订为《消耗臭氧层物质的蒙特利尔议定书之调整与修订》，伦敦(重印于 30 ILM 537(1991))，以及哥本哈根(重印于 32 ILM 874(1992))

《东非地区海洋和海岸环境保护、管理和发展公约》，内罗毕，1985 年 6 月 21 日(联合国环境规划署文件；EMuT 985：46)[《东非海洋环境公约》(1985 年)]；《关于保护区和东非地区野生动植物的议定书》(重印于 EMuT 985：47)；《关于在东非地区开展合作以应对紧急事件中的海洋污染的议定书》(ND(Loose-leaf) Doc. J. 26)(重印于 EMuT 985：48)

《东盟自然和自然资源保护协定》，吉隆坡，1985 年 7 月 9 日(15 EPL 64)(重印于 EMuT 985：51)[《东盟协定(1985 年)]

《墨西哥—美国：关于环境项目和跨界问题、附件 3 以及有害废弃物及有害物质的合作协定》1986 年 11 月 12 日(重印于 26 ILM 25(1987))

《国家和国际组织间或国际组织间条约法公约》，维也纳，1986 年 3 月 21 日（联合国文件 A/CONF. 129/15）（重印于 EMuT 986：22）

《核事故或辐射紧急援助公约》，维也纳，1986 年 9 月 26 日（国际原子能组织文件 GC（SPL. 1）/2，Annex II；国际原子能组织 INFCIRC 336；（重印于 25 ILM 1370（1986）和 EMuT 986：72）[《核援助公约》（1986 年）]

《核事故及早通知公约》，维也纳，1986 年 9 月 26 日（国际原子能组织文件 GC（SPL. 1）/2，Annex II；国际原子能组织 INFCIRC 335；（重印于 25 ILM 1370（1986）和 EMuT 986：71）[《核通知公约》（1986 年）]

《南太平洋地区自然资源和环境保护公约》，努美阿，1986 年 11 月 24 日（重印于 26 ILM 38（1987）和 EMuT 986：87）[《南太平洋公约》（1986 年）]；《南太平洋地区预防倾倒造成污染的议定书》，努美阿，1986 年 11 月 25 日（重印于 EMuT 986：87/A）；以及《南太平洋地区在应对污染紧急事件中进行合作的议定书》（重印于 26 ILM 58（1987）和 EMuT 986：87/B）

《控制危险废物越境转移及其处置公约》，巴塞尔，1989 年 3 月 22 日（重印于 28 ILM 657（1989）和 EMuT 989：22）[《巴塞尔公约》（1989 年）]；以及《关于危险废物越境界转移及其处置所的损害之责任及赔偿的巴塞尔议定书》，巴塞尔，1999 年 12 月 10 日（重印于 EMuT 989：22/B）

《国际海上救助公约》，1989 年 4 月 28 日（重印于 EMuT 989：32）[《海上救助公约》（1989 年）]

《国际劳工组织关于独立国家中土著人和部落人民的第 169 号公约》，1989 年 6 月 27 日（重印于 28 ILM 1382（1989）和 EMuT 989：48）［《国际劳工组织土著人公约》（1989 年）］

《儿童权利公约》，1989 年 11 月 20 日（联合国大会决议 44/34（附件），1989 年 12 月 4 日；（重印于 28 ILM 1457（1989））

《禁止在南太平洋使用长流网捕鱼的公约》，惠灵顿，1989 年 11 月 24 日（重印于 29 ILM 1449（1990）和 EMuT 989：87）［《南太平洋流网公约》（1989 年）］

《非加太—欧共体第四号洛美公约》，1989 年 12 月 15 日（ETS 96（1990），Cmnd 1364；（重印于 29 ILM 738（1990）和 EMuT 989：93）［《第四号洛美公约》（1989 年）］

《加拿大—美国渔业执行协定》，1990 年（重印于 30 ILM 418（1991））

《保护东北大西洋海岸及水体不受碳氢化合物或其他有害物质污染的协定》，里斯本，1990 年 10 月 17 日（重印于 30 ILM 1227（1991）和 EMuT 990：79）［《东北大西洋污染公约》（1990 年）］［《在应对东北大西洋的保护中开展合作的协定》］

《国际油污防备、响应和合作公约》，伦敦，1990 年 11 月 30 日（重印于 30 ILM 735（1991）和 EMuT 990：88）［《国际油污防备公约》（1990 年）］

《禁止向非洲进口危险废弃物并在非洲内管理和控制危险废弃物越境转移的公约》，巴马科，1991 年 1 月 29 日（重印于 30 ILM 775（1991）和 EMuT 991：08）［《巴马科公约》（1991 年）］

《关于跨国界环境影响评价的公约》，埃斯波，1991 年 2 月 25 日(重印于 30 ILM 802(1991)和 EMuT 991：15)[《埃斯波公约》(1991 年)]；《〈关于跨国界环境影响评价的公约〉之战略环境评价议定书》，基辅，2003 年 5 月 21 日(重印于 EMuT 991：15/B)；以及《〈关于跨国界环境影响评价的公约〉的修正案》，察夫塔特，2004 年 6 月 4 日(重印于 EMuT 991：15/C)

《美国政府和加拿大政府关于空气质量的协定》，渥太华，1991 年 3 月 13 日(重印于 30 ILM 676(1991))[《美国—加拿大空气质量协定》(1991 年)]

《保护阿尔卑斯山脉公约》，1991 年 11 月 7 日，31 I. L. M. 767(重印于 EMuT 991：83)及其多项议定书(城乡规划及可持续发展、山区农业、自然保护及风景保护、山区森林、土壤保护、能源、旅游、交通以及争端解决)

《保护与利用跨界水道和国际湖泊公约》，赫尔辛基，1992 年 3 月 17 日(重印于 EMuT 992：20)[《欧洲经济委员会跨界水道公约》(1992 年)]；《关于水和健康的议定书》，伦敦，1999 年 6 月 17 日(EMuT 992：20/A)；《1992 年〈保护与使用利用水道和国际湖泊公约〉和 1992 年〈工业事故越界影响公约〉之工业事故跨界影响对跨界水域造成损害的民事责任和赔偿议定书》，基辅，2003 年 5 月 21 日(重印于 EMuT 992：20/B)；以及对《〈保护与利用跨界水道和国际湖泊公约〉第 25 条和第 26 条的修订》，日内瓦，2003 年 11 月 28 日(重印于 EMuT 2004：14)

《工业事故跨界影响公约》，赫尔辛基，1992 年 3 月 17 日(重印于 EMuT 992：22)[《欧洲经济委员会工业事故公约》(1992 年)]；《1992 年〈工业事故跨界影响公约〉之工业事故跨界影响对跨界水域造成损害的民事责任和赔偿议定书》，基辅，2003 年 5 月 21 日(重印于 EMuT 992：20/B)

《保护波罗的海海洋环境公约》，赫尔辛基，1992年4月9日；重印于 EMuT 992：28[《1992年波罗的海公约》]

《关于保护黑海免受污染的公约》，布加勒斯特，1992年4月21日(重印于 EMuT 992：30)；以及《关于保护黑海海洋环境免受陆源及活动影响的议定书》，索菲亚，2009年4月17日(重印于 EmuT 992：30/E)

《联合国气候变化框架公约》，纽约，1992年5月9日(联合国文件 A/CONF. 151/26 (Vol. I)；(重印于 31 ILM 849 (1992) 和 EMuT 992：35)[《气候变化公约》(1992年)]；《〈联合国气候变化框架公约〉之京都议定书》，1997年12月11日，(重印于 37 I. L. M. 22(1998)和 EMuT 992：35/A)[《京都议定书》(1997年)]；以及《〈京都议定书〉附件 B 的修订》，内罗毕，2006年11月17日(重印于 EMuT 992：35B)

《生物多样性公约》，里约热内卢，1992年6月5日(重印于 31 ILM 822 (1992) 和 EMuT 992：42)[《生物多样性公约》(1992年)]；《〈生物多样性公约〉之卡塔赫纳生物安全议定书》，卡塔赫纳，2000年1月29日(重印于 EmuT 994：42/A)[《生物安全议定书》]

《南部非洲发展共同体条约》，温特和克(1992年8月17日)(重印于 EMuT 992：62)；以及《关于野生动物保护及法律实施的议定书》，马普托，1999年8月18日(重印于 EMuT 992：62/E)

《保护东北大西洋海洋环境公约》，巴黎，1992年9月22日(重印于 32 ILM 1069(1993)和 EMuT 992：71)[《东北大西洋公约》(1992年)]

《北美自由贸易协定》，1992 年 12 月 17 日(重印于 32 ILM 289 and 605(1993)和 EMuT 992：93)[《北美自由贸易协定》(1992 年)]

《粮农组织关于促进公海渔船遵守国际养护和管理措施的协定》，罗马(1993 年)(重印于 EMuT 994：07)[《粮农组织公海渔业协定》(1993 年)]

《关于禁止发展、生产、储存和使用化学武器及销毁此种武器的公约》，1993 年 1 月 13 日(重印于 32 ILM 804(1993)和 EMuT 993：04)[《禁止化学武器公约(1993 年)]

《关于危害环境的活动造成损害的民事责任的公约》，卢加诺，1993 年 6 月 21 日(重印于 32 ILM 1228(1993)和 EMuT 993：19)[《欧洲理事会民事责任公约》(1993 年)]

《建立世界贸易组织的协定》，马拉喀什，1994 年 4 月 15 日(重印于 33 ILM 1144)[《世界贸易组织协定》(1994 年)]

《乌拉圭回合：与贸易有关的知识产权协定》，1993 年 12 月 15 日(重印于 33 ILM 81(1994))[《乌拉圭回合与贸易有关的知识产权协定》(1993 年)]

《联合国关于在发生严重干旱和/或沙漠化的国家特别是在非洲防治沙漠化的公约》，1994 年 6 月 17 日(重印于 33 ILM 1328(1994)和 EmuT 994：76)[《防治荒漠化公约》(1994 年)]

《国际热带木材协定》，1994 年 1 月 26 日(重印于 EMuT 994：07)

《多瑙河保护与可持续利用合作公约》，索菲亚，1994 年 6 月

29日(重印于 EMuT 994：49)[《多瑙河公约》(1994 年)]

《关于开展合作执法行动以便应对野生动植物非法贸易的协定》，卢萨卡，1994 年 9 月 8 日(重印于 EMuT 994：67)

《关于执行〈联合国海洋法公约〉有关养护和管理跨界鱼类种群和高度洄游鱼类种群规定的协定》，纽约，1995 年 8 月 4 日(重印于 EMuT 982：92/B)[《跨界鱼类协定》(1994 年)]

《关于禁止将危险废物和放射性废物输入太平洋岛国并控制在南太平洋内越境转移和管理危险废物的公约》。1995 年 9 月 16 日(重印于 EMuT 995：69)[《太平洋岛国危险废物公约》(1995 年)]

《〈保护地中海免受陆源污染的议定书〉序言的修正案》，锡拉库扎，1996 年 3 月 7 日(重印于 EMuT 976：13/I)

《关于与危险品及有毒物品海上运输相关的责任及损害赔偿国际公约》，1996 年 5 月 3 日(重印于 EMuT 996：34)[《有毒物品海上运输的责任》(1996 年)]

《全面禁止核试验条约》，1996 年 9 月 24 日(重印于 EMuT 996：71)

《北极理事会成立宣言》，渥太华，1996 年 9 月 19 日(重印于 35 ILM 1382(1996)

《联合国国际水道非航行利用法公约》，纽约，1997 年 5 月 21 日(重印于 EMuT 997：38)[《联合国水道公约》(1997 年)]

《关于禁止使用、储存、生产和转移反人员地雷以及关于它们的销毁的公约》，奥斯陆，1997 年 9 月 18 日(重印于 EMuT 997：

70)[《奥斯陆公约》(1997 年)]

《在环境领域获取信息、公众参与决策和诉诸司法的公约》，奥胡斯，1998 年 6 月 25 日(重印于 EMuT 998：48)[《奥胡斯公约》(1998 年)]；《〈奥胡斯公约〉之关于污染物排放和转移登记的议定书》，基辅，2003 年 5 月 21 日(重印于 EMuT 998：48/A)；以及《〈奥胡斯公约〉之修正案》，2005 年 5 月 27 日，阿拉木图(重印于 EMuT 998：48/B)

《关于国际贸易中特定有害化学品和杀虫剂之事先知情同意程序的鹿特丹公约》，鹿特丹，1998 年 9 月 10 日(重印于 EMuT 998：68)[《鹿特丹公约》]

《通过刑法保护环境的公约》，斯特拉斯堡，1998 年 11 月 4 日(重印于 EMuT 998：82)[《欧洲刑法公约》(1998 年)]

《关于中西太平洋高度洄游鱼类的保护和管理的公约》，檀香山，2000 年 9 月 5 日(重印于 EMuT 2000：67)

《国际船用燃料油污染损害民事责任公约》，伦敦，2001 年 3 月 23 日(重印于 EMuT 2001：23)

《关于东南大西洋渔业资源的保护和管理的公约》，温特和克，2001 年 4 月 20 日(重印于 EMuT 2001：30)

《关于持久性有机污染物的斯德哥尔摩公约》，斯德哥尔摩，2001 年 5 月 22 日(重印于 EMuT 2001：39)[《斯德哥尔摩公约》]

《信天翁和海燕保护协定》，堪培拉，2001 年 6 月 19 日(重印于 EMuT 979：55/I)

《南方共同市场环境框架协定》，亚松森，2001 年 6 月 22 日；及其议定书，亚松森，2005 年 11 月 3 日

《联合国粮食与农业组织关于粮农植物遗传资源的国际条约》，罗马，2001 年 11 月 3 日（重印于 EMuT 2001：82）

《东北太平洋地区海洋和海岸环境保护及可持续发展合作公约》，安提瓜岛，2002 年 2 月 18 日（重印于 EmuT 2002：14）[《安提瓜岛公约》（2002 年）]

《跨界雾霾污染东盟协定》，吉隆坡，2002 年 6 月 10 日（重印于 EMuT 2002：44）

《关于喀尔巴阡山的保护及可持续发展的框架公约》，基辅，2003 年 5 月 22 日（重印于 EMuT 2003：39）[《喀尔巴阡山公约》]；以及《〈喀尔巴阡山公约〉之关于生物多样性和景观多样性保护及可持续利用的议定书》，基辅，2003 年 5 月 22 日（重印于 EMuT 2003：39/A）

《坦噶尼喀湖可持续管理公约》，达累斯萨拉姆，2003 年 6 月 12 日（重印于 EMuT 2003：46）

《非洲自然及自然资源保护公约》，马普托，2003 年 7 月 11 日（重印于 EMuT 2003：52）

《关于在波罗的海地区能源项目中运用京都机制的实验场地的协定》，哥德堡，2003 年 9 月 29 日

《里海海洋环境保护框架公约》，德黑兰，2003 年 11 月 4 日（重印于 EMuT 2003：82）

《关于在国际运输中保护动物的欧洲公约》(修订)，基希讷乌，2003 年 11 月 6 日(重印于 EMuT 2003：83)

《关于加强由 1949 年美国与哥斯达黎加之间的公约所建立美洲热带金枪鱼委员会的公约》，华盛顿特区，2003 年 11 月 14 日(重印于 EMuT 2003：85)

《船舶压舱水和沉积物的控制及管理国际公约》，伦敦，2004 年 2 月 13 日(重印于 EMuT 2004：13)

《中部非洲森林生态系统的保护及可持续管理以及建立中部非洲森林委员会的条约》，布拉柴维尔，2005 年 2 月 5 日

《哥斯达黎加、多米尼加共和国、萨尔瓦多、危地马拉、洪都拉斯、尼加拉瓜和美国政府关于环境合作的协定》，特古西加尔巴，2005 年 2 月 18 日

《关于建立东盟生物多样性中心的协定》，曼谷，2005 年 9 月 12 日

《国际热带木材协定》，日内瓦，2006 年 1 月 26 日(重印于 EmuT 2006：08)

《南印度洋渔业协定》，罗马，2006 年 7 月 7 日(重印于 EMuT 2006：54)

《中亚环境保护及可持续发展框架公约》，阿什哈巴德，2006 年 11 月 22 日(重印于 EMuT 2006：87)

《修订〈欧盟条约〉及〈建立欧洲共同市场条约〉的里斯本条约》，里斯本，2007 年 12 月 13 日[《里斯本条约》(2007 年)]

《集束弹药公约》，都柏林，2008 年 5 月 30 日(重印于 EMuT 2008：40)

《国际可再生能源机构规约》，波恩，2009 年 1 月 26 日(重印于 EmuT 2009：08)

《关于港口国家采取措施以预防、制止及消除非法的、未报告的及未经管制的捕鱼协定》，罗马，2009 年 11 月 22 日